대한민국
국가발전전략:
선진화의 길

지금, 대한민국은 어디로 가고 있는가
우리는 어떤 나라를 다음 세대에게 물려줄 것인가

대한민국 국가발전전략: 선진화의 길

The Republic of Korea's National
Development Strategy:
The Path to Advancement

재단법인 한국선진화포럼 지음

PMB

"우리의 앞길에 장애물이 없다고 할 수는 없다.
우리는 온갖 어려움을 무릅쓰고 이 나라의 선진화를 촉진하는 데
최선을 다해야 한다. 특히, 우리는 허구적 관념을 배격하고
실사구시의 가치관으로 나라의 앞날을 개척해야 한다."

- 남덕우, 『한국, 과거를 딛고 미래를 보자』 p.509.

지금, 대한민국은 어디로 가고 있는가.

그리고 우리는 어떤 나라를 다음 세대에게 물려줄 것인가.

이 책은 그 물음에 대한 한국선진화포럼의 응답이다.

창립 20주년을 맞아 펴내는 이 책은, 대한민국이 다시 한번 도약하기 위해 지금 반드시 짚고 넘어가야 할 질문들, 그리고 그 질문 끝에 도달한 치열한 고민과 해법의 기록이다.

한 분의 국가 원로가 있었다.

나라를 위해 헌신하면서도 따뜻함을 잃지 않았고, 세상의 이치를 조용히 설파하되, 결코 오만하지 않았다. 가난한 조국을 부강한 나라로 이끌었지만, 늘 국민을 먼저 생각하고 자신을 뒤로 두었던 분.

그분, 남덕우 국무총리께서는

"자유롭고, 살기 좋고, 기업하기 좋으며, 공평한 사회"를

선진화의 지향점이라 말씀하셨다.

총리님께서 설립하신 한국선진화포럼은 지난 20년간 쉼 없이 걸어왔다. 그분의 철학을 따라 정책을 제안하고, 방향을 제시하며, 시민의식과 제도, 교육과 문화 등 우리 사회 곳곳에 '선진화'라는 바람을 불어넣어 왔다.

그러나 지금, 우리는 다시 물어야 한다.
"우리는 지금 어디에 서 있는가?"

글로벌 질서는 빠르게 재편되고, 경제는 요동치며, 공동체의 신뢰는 흔들리고 있다. 이 거대한 격변 앞에서 대한민국은 길을 헤매고 있다.

그리고 누가, 어디서, 그 해답을 찾을 수 있을까.

이 책은 바로 그 해답을 찾고자 만든 미래의 나침반이다.
남덕우 총리님의 철학을 계승한 국가 원로와 정책 전문가 37인, 그리고 내일의 대한민국을 짊어질 청년 미래 전문가 11인의 지혜와 통찰이 이 한 권에 오롯이 담겨 있다.

많은 분이 한결같이 말한다.
"총리님을 그리워해서 이 글을 썼습니다."

그분의 자상하고 온화한 미소, 높은 자리에 있을수록 더 깊어지던
관용, 국정을 운영하면서 단 한 사람의 삶을 결코 가볍게 여기지 않던
품격. 남덕우 총리님의 존재 자체가 우리 모두에게 하나의 기준이자,
하나의 울림이었다.

우리는 선진화를 단지 부유한 나라가 되는 것으로 여기지 않는다.
더 정직하고, 더 따뜻하며, 더 품격 있는 사회로 나아가는 것. 그것이
우리가 꿈꾸는 '선진화'다.

자율과 책임, 창의와 도전, 협력과 품격 —
이 시민적 덕목이 우리 사회의 중심에 뿌리내릴 때, 우리는 비로소

진정한 선진국이라 불릴 수 있을 것이다.

지금 이 시대, 당신과 나, 우리가 반드시 알아야 할 대한민국의 과거와 현재, 그리고 미래가 이 책에 담겨 있다.

이 뜻깊은 작업에 흔쾌히 동참해 주신 모든 필자 여러분께 진심 어린 감사를 전하며, 이 책이 대한민국의 다음 20년을 여는 첫 번째 문이 되기를 간절히 바란다.

2025년 8월

한국선진화포럼 이사장 이 종 구

차례

국가 정책 전문가

3부

청년 미래 전문가

4부　　　　　　　　　　　　　　　　　　회고

부록

1부

국가 원로

'R(Recession)의 공포'를
'R(Rebound)의 희망'으로 바꾸는 길

류진 한국경제인협회 회장

경기침체Recession, 이른바 'R의 공포'가 현실화되고 있다. 한국 경제는 올해 1분기에 -0.2%의 역성장을 기록했다. 주요 19개국 중 꼴찌이다. KDI는 올해 전망치를 0.8%로 하향 조정했고, 일시적 경기둔화를 넘어 구조적 침체가 시작됐다는 우려가 커지고 있다.

최근 출장으로 해외에 머무는 시간이 많았다. 현지에서 치밀하게 미래를 설계하는 정부, 과감하게 투자하는 기업, 창업에 뛰어드는 청년들을 볼 때마다 걱정이 앞선다. 전 세계가 미래를 향해 달려가는데, 우리는 어떤가? 주력 산업 노후화와 신산업 부재, 혁신 기술 경쟁력 저하까지 맞물려 성장엔진이 꺼져간다. 혁신의 공백이 성장의 정체로 이어질 것이다.

정체는 곧 추락이다. 더 늦기 전에 '침체Recession의 R'을 '재도약

Rebound의 R'로 바꿔야 한다. '공포의 현실'을 '희망의 미래'로 바꾸는 일이다. 그 최선의 길은 새로운 패러다임에 걸맞은 산업구조 재편 Renovation이다. 이미 경쟁국들은 미래 성장동력 확보와 경제안보를 위해 국가전략 차원의 산업구조 재편에 나섰다. 특히 민간의 혁신역량과 정부의 대대적인 투자를 결합해 시너지를 노리는 미국의 사례가 눈여겨볼 만하다.

세계 최고의 혁신생태계를 보유한 미국, 첨단산업에 대한 천문학적 정부 지원으로 시너지 기대

미국은 수십 년 전부터 세계 최고 수준의 벤처 생태계를 구축해 첨단산업 혁신을 선도해 왔다. 대학, 연구소, 벤처캐피털, 기업이 유기적으로 연결된 실리콘밸리가 그 아이콘이다. 스탠퍼드 대학과 UC버클리는 기술 기반 창업의 요람이 되었고, 풍부한 벤처 자금과 전 세계에서 몰려든 인재가 더해져 애플, 구글, 메타, 엔비디아 같은 첨단 혁신기업이 탄생했다. 혁신이 혁신을 낳는 선순환이 정착된 것이다.

실패를 용인하고 도전을 장려하는 문화 역시 혁신을 이끄는 원동력이다. "빨리, 자주 실패하라Fail fast, Fail often" 실리콘밸리 정신을 대표하는 말이다. 이곳에서 실패는 끝이 아니라 더 나은 시도의 과정이다. 헛스윙을 두려워하면 홈런을 칠 수 없다. 실리콘밸리의 도전 정신은 수많은 혁신기업의 탄생과 기술 진보를 이끌었다.

이에 더해 미국 정부는 2022년부터 반도체, AI, 전기차 등에 4,217억 달러(약 590조 원)라는 천문학적 투자를 단행하고 있다. 민간의 기술·혁신 역량에 제조업 기반 확충을 위한 정부의 전략적 투자를 결합함으로써 첨단산업의 글로벌 패권 경쟁에서 한 걸음 앞서가고 있다. 단순한 경제정책을 넘어 산업구조 재편을 추구하는 미국의 국가적 전략이다.

혁신 첨단산업 중심 산업구조 재편을 위한 과제
① 선도적 정부투자, ② 규제 혁파, ③ 스케일업 산업 생태계,
④ 기업인 존중 문화

우리도 첨단산업 중심의 산업구조 재편에 적극 나서야 한다. 먼저 미래 전략산업에 대한 정부의 과감하고 선도적인 투자가 필요하다. 첨단 신산업은 불확실성이 크고 막대한 투자가 필요한 만큼 민간의 역량만으로는 한계가 있다. 초기 R&D부터 인프라 구축, 인재 양성 등 산업기반 조성에 공공의 역할이 중요한 이유다. 미국, 중국, 일본은 전력·용수·도로 등 필수 인프라는 물론 자국 첨단기업에 정부가 보조금을 직접 지원하고 있다.

둘째, 혁신을 저해하는 규제를 혁파해야 한다. 과거의 제도로는 글로벌 경제·산업 패러다임의 격변을 감당할 수 없다. 19세기 영국은 마차 위주의 낡은 제도를 고집하다가 자동차산업 주도권을 독일에 넘겨줬다. 유명한 '적기조례Red Flag Act'의 실패 사례이다. 시대에 뒤처진 낡은 규제, 한국에만 있는 갈라파고스 규제의 해소가 시급하다. 새로운 기술과 아이디어가 현실에 안착할 수 있도록 제도의 유연성을 높이고 혁신을 포용할 새 그릇을 마련해야 한다. 규제시스템 자체를 재설계하는 발상의 전환이 필요하다.

셋째, '스케일업Scale up 산업 생태계'를 만들어야 한다. 창업부터 상용화, 글로벌 플레이어 도약에 이르기까지 기업이 끊임없이 성장할 수 있는 시스템, 튼튼한 성장 사다리 구축이 필요하다. 성장 의욕을 꺾는 기업 규모별 차별규제부터 정비해야 한다. 기업의 피터팬 증후군을 해소하려면 정책의 패러다임을 '작은 기업 보호'에서 '성장하는 기업 지원'으로 과감히 전환해야 한다.

매우 중요한 한 가지가 더 있다. 기업인을 존중하는 사회문화 조성이다. 기업이 없으면 일자리도 없고 국민소득도 없다. 위험을 감수하며 사업에 도전하고 기업을 성장시키는 일이야말로 진정한 애국이다. 물론 기업인들도 존중을 받을만한 역할과 책임을 다해야 한다. 준법과 윤리경영을 넘어 '노블레스 오블리주'의 모범을 보여야 진정한 존중이 뒤따른다. 이러한 사회적 공감대가 조성될 때, 유능한 젊은이들이 창업에 뛰어들 수 있다. 새로운 기업이 시장을 선도하고 튼튼한 산업 생태계가 미래 먹거리를 만들어 내는 선순환이 완성될 수 있는 것이다.

"산중수복 의무로山重水複 疑無路, 유암화명 우일촌柳暗花明 又一村" 한국선진화포럼 설립자인 남덕우 전 국무총리가 자신의 서예집에 남긴 구절이다. 산이 겹치고 물이 막혀 길이 없어 보여도, 그 너머에는 꽃피는 마을이 있다는 뜻이다. 구조적 침체의 먹구름이 드리운 오늘, 두려움을 희망으로 바꿔내야 할 우리에게 주는 가르침이다.

올해 창립 20주년을 맞은 한국선진화포럼은 남 총리의 실사구시 정신을 계승하며 자유시장경제의 토대 위에서 국가전략과 정책혁신을 선도해 왔다. 그 역할이 어느 때보다 절실한 시기이다. 한국 경제의 성장엔진을 되살려 '침체Recession의 공포'를 극복하고 '재도약Rebound의 희망'으로 나아가는 길에 한국선진화포럼의 큰 공헌을 기대한다.

진정한 선진국으로 가는 길

손병두 대한민국역사와미래재단 이사장, 제12대 서강대학교 총장

남덕우 총리와 한국선진화포럼

남덕우 총리가 대한민국의 선진화를 염원하여 선진화포럼을 창립한 지 20년이 되었다. 총리께서 돌아가신 지도 12년이 되었다. 내가 포럼에 이사로 선임된 것이 2010년 12월이었고 회장으로 취임한 것이 2012년 12월이었다. 회장이 되고 남 총리님을 이사장으로 모시고 일한 것이 고작 4개월에 불과했다. 그 사이에 몇 가지 기억나는 일이 있다.

지암선진화아카데미 선발 면접 때는 남 총리께서 꼭 참석하시는 열의를 보이셨다. 마지막으로 임종을 앞두고 영동세브란스 병원에 계실 때 우리가 문병하러 갔다. 그때 마침 박근혜 대통령이 UN에서 연설하고 있었는데 그것을 들으시고 참 잘했다고 흐뭇해하시던 모습이 생생하다. 남 총리는 박근혜 대통령 후보 시절 후원회장을 맡으셨고

박정희 대통령에 대한 한결같은 충성심은 변함이 없으셨다. 교수 때는 교수로, 장관으로, 총리로 공직에 계실 때는 고위공직자로서의 모범을 보이셨다. 자신의 한계를 지키고 정치권을 넘보지 않으셨다. 공직자가 정치에 뛰어들어 성공하신 분들도 있지만 그렇지 못한 분들도 많았다. 그분의 훌륭한 처신 때문에 오늘날 모든 국민에게서 존경받고 공직자들이 칭송해 마지않는 본보기가 되신 것이다.

경제가 발전하면 물질적으로는 풍요로워질지 모르나 정신적으로 함께 성숙하지 못하면 불행한 나라가 된다는 것을 알고 미리 대처한 분은 박정희 대통령이셨다. 1968년 12월 국민의 도덕성과 애국심, 충성심, 근면성 등을 강조한 국민교육헌장을 제정했다. 우리나라 철학자, 사학자 등 석학들 74명이 머리를 맞대고 논의하여 국민교육의 갈바를 밝혔다.

1978년 6월에는 경제개발 못지않게 정신문화가 중요하다고 생각하여 한국정신문화연구원을 설립했다. 고위공직자, 기업인들, 사회 각계 지도자들이 합동 연수를 통해 국민정신의 재무장 교육을 받았고 전통문화와 정신을 연구하는 우수한 학자들을 길러냈다. 박정희 대통령의 경제정책을 올바르게 뒷받침하며 대한민국의 성공을 이끌었던 남 총리도 이점을 깊이 깨닫고 있었다. 그리하여 2005년 9월 포럼을 참석하게 된 것이다.

대한민국을 선진화시키는 데는 물질적인 선진화도 중요하지만, 정신적 선진화도 병행해야 한다고 생각하셨다. 막스 베버가 그의 저서 『프로테스탄티즘의 윤리와 자본주의 정신』에서 근대 자본주의 발전 원인을 종교적, 문화적 요인에서 찾았듯이, 지금도 자본주의 시장경제가 발전하려면 탄탄한 윤리적, 도덕적 기반 위에서 가능하다고 본다. 내가 회장이 되자 이점에 역점을 두고 2013년 2월에 이배용 전 이화여대 총장을 위원장으로 하는 시민의식 특별위원회를 발족시켰다. 이배용 위원장은 역사와 문화적 접근을 통해 시민의식의 선진화 프로그램을 운영하였다. 이 과정에서 사무총장을 맡았던 고 김윤형 박사의 노고가 컸다. 이 기회에 그분에 대한 감사를 드린다.

진정한 선진화의 과제들

남 총리가 염원했던 한국 선진화는 완성된 것이 아니고 아직 진행형이다. 경제적 성과는 세계 10위권의 경제 대국이 되었지만, 진정한 선진화 과제는 미해결로 남아 있다. 이에 대해 국민으로부터 존경받았던 김수환 추기경께서 말씀하신 것에서부터 이야기를 풀어가고자 한다.

김수환 추기경은 2006년 2월 16일 선종하셨다. 그때 명동성당 빈소에는 조문 행렬이 이어져 추운 날씨에도 불구하고 3~4시간씩 기다리며 40여만 명이 다녀갔다. 김 추기경이 돌아가시기 전에 성모병원에 1년여 입원하고 계셨는데 정신이 혼미하셨다고 한다. 그런데 정신이 돌아오면 나라 걱정을 하셨다. 한번은 교회당국에서 추기경님에게 나라 걱정만 하지 마시고 어떻게 하면 좋겠느냐고 여쭈었더니 "내가 지금 이야기하는 것을 서강대 손병두 총장한테 잘 전달해라"라고 하셨다. 그래서 간병하던 신치구 신앙생활연구소 소장과 김호권 조카사위인 카이스트 교수 두 분이 날 찾아와서 추기경님의 말씀을 전달했다.

"우리나라는 자유민주주의와 시장경제 제도를 택하여 눈부신 경제발전과 민주화를 이룩했다. 그러나 아직 선진국 수준에는 못 미친다. 우리에게 부족한 것이 있다. 국민의 기본적인 선진시민의식이다. 첫째 부지런하나 정직하지 못하다. 즉 거짓말을 잘하고 진리와 진실을 외면한다. 둘째 남을 배려 할 줄 모른다. 너무 이기적이고 남의 탓만한다. 셋째 법을 잘 지키지 않는다. 약속도 잘 지키지 않는다. 넷째 감사할 줄 모른다."

요약하면 우리가 함양해야 할 기본적인 시민의식은 정직, 배려, 준법, 감사라고 지적한 것이다. 우리가 선진국이 되기 위해서 무엇이 필요한지를 제대로 진단한 말씀이 아닐 수 없다.

우리의 현실을 살펴보자. 첫째 우리 사회는 거짓말이 일상화된 사회다. 부모가 받기 싫은 전화를 피하려고 아무렇지 않게 아이에게 "아빠 없다고 해"라며 아이에게 거짓말을 가르친다. 그런데 미국 어린이들 사이에 가장 큰 욕이 "너 거짓말쟁이야"다. 미국 부모들은 어릴 때부터 거짓말해서는 절대 안 된다는 것을 철저히 가르친다. 닉슨 대통령이 워터게이트 사건 때 거짓말한 것 때문에 대통령직에서 물러나지 않았는가? 그런데 우리나라 현실은 어떤가? 거짓말과 범죄 혐의가 많은 사람도 대통령이 될 수 있는 나라가 아닌가?

둘째, 시기와 질투가 가득하고 내 탓보다는 남의 탓으로 돌리는 것이 당연시되고 있는 사회다. '사촌이 땅을 사면 배가 아픈' 사회다. 장애인, 외국인 노동자, 다문화 이주민, 탈북자에 대한 편견과 차별이 유달리 심한 나라다.

셋째, 법치주의가 파괴되고 공권력이 무력화되고 있다. 사법 불신도 크다. 우리 국민의 준법정신은 참으로 한심한 수준이다. 심지어 법을 만들고 지켜야 할 국회의원부터 법을 지키지 않는다. 우리 사회는 노조가 불법집회를 하고 교통을 마비시켜도 경찰이 그냥 쳐다보고 있다. 이제는 노란봉투법까지 만들어 불법 시위로 인한 사용자 측의 손해배상 청구도 못 하게 하겠다고 한다. '법 위에 헌법이 있고, 헌법 위에 국민정서법이 있고, 국민정서법 위에 뗏법이 있다'라는 말이 있다. 떼만 쓰면 통한다는 말이다. 그만큼 법을 존중하지 않는다.

도산 안창호 선생은 "준법정신이야말로 국민 생활의 제일 조건이며 의무다. 국가란 법 위에 세워진 것이다. 법이 권위를 상실하면 그 국가는 와해하고 만다"고 가르치셨다. 그런데 지금 우리 현실은 어떤가? 사법부가 스스로 법의 권위를 무너뜨리고 있지 않은가?

넷째, 우리 국민은 은혜에 감사할 줄 모른다. 옛날에는 동방예의지국이라는 칭호도 들었고 은혜를 모르는 사람을 배은망덕한 짐승만도 못한 놈이라고 했다. 그런데 요즘은 국민이 은혜에 감사할 줄 모르는 것이 체질화된 것 같다. 우리 일상생활에서 "감사합니다"라는 말을 하는 것에 매우 인색하다. 미국 사람들은 "Thank you"라는 말을 입에 달고 산다. 그들은 감사한 마음을 표시하는 것이 체질화되어 있다. 그리고 실제로 감사한 마음을 행동으로 표현한다. 하나의 예로 안타까운 것은 반미 세력의 행동을 볼 때다. 우리가 해방과 건국 과정, 6·25 전쟁 때, 그 후 전후 복구와 원조, 한미동맹과 안보 등 오늘의 번영을 누릴 수 있는 것은 미국의 도움 덕분이다. 그런데 맥아더 장군 동상을 끌어 내리겠다, 미 대사관저에 불을 지르겠다는 사건들을 보면서 이를 어떻게 이해해야 할까? 은혜를 모르는 국민이 세계로부터 존경을 받을 수 있을까?

| 어떻게 해야 하나?

모든 해법은 교육으로 통한다. 교육구국教育救國의 실천이다. 인성 교육을 통해 시민의식을 고양 시켜야 한다. 특히 4차 산업혁명 시대, AI 혁명 시대에 와서는 인성 교육, 마음 교육이 더욱 중요해지고 있다. 그러면 어디서부터 시작해야 할까?

① 가정교육 : 당연히 가정교육부터 복원해야 한다. 그다음 학교교육 그리고 종교교육, 직장교육, 언론매체, 시민단체, 다양한 문화 활동을 포함한 사회교육이다. 가정은 사회구성의 기본단위이기 때문에 여기서부터 시작해야 한다. 옛말에 가화만사성家和萬事成이라고 했다. 가정이 화목하게 되면 모든 사회문제를 일거에 해결할 수 있다. 이혼율은 줄어들 것이고, 출산율은 높아질 것이며, 청소년 범죄는 줄어들 것이고 건전한 시민이 양성될 것이다. 예컨대 부부 화합을 위해 세계적으로 효과가 입증된 메리지 엔카운터Marriage Encounter(ME) 교육 같은 것은 지금 세계 100여 개의 나라에 보급되어 가정 성화에 큰 일익을 담당하고 있다. 이런 교육을 종교단체, 지방자치단체 등에서 적극 권장 추진할 필요가 있다.

② 학교교육 : 지금 학교에서는 옛날같이 도덕과 같은 과목은 가르치지 않고 있다. 대신에 양성평등 교육을 함으로써 초등학생들에게까지 조기 성교육을 시키고 그 폐해도 크다. 학교에서는 결혼 전 순결교육, 가정의 중요성, 정직과 준법정신, 배려와 봉사 정신, 건전한 시민의식 교육뿐 아니라 이를 위한 동아리 활동도 권장해야 할 것이다.

③ 언론매체, 시민단체, 문화, 영화, 연극, 연예계에서 건전한 시민의식 함양을 위한 기사나 프로그램들을 제작 보급함으로써 사회 전체 분위기가 건전한 방향으로 바뀌도록 노력해야 한다. 이러한 노력이

서로 작용하면서 선순환을 이룰 때 우리 사회가 명실상부한 선진국 사회가 될 수 있을 것이다.

선진국이 되는 길, 기본으로 돌아가자

앞에서 시민의식 선진화를 위한 몇몇 처방을 말했지만 먼저 국가가 그 방향으로 목표를 세우고 각종 정책을 시행해야 한다. 김수한 추기경이 지적한 기본적인 덕목은 선진 일류 국가가 되기 위한 필수 요건이다. 이 덕목들은 경제학에서 말하는 사회적 자본 또는 도덕적 자산이다. 우리 사회는 이러한 사회적 자본의 축적이 빈약하다. 『신뢰』라는 책을 저술한 프랜시스 후쿠야마 교수는 "사회적 자본은 사람들을 협력할 수 있게 도와주는 능력이다"라고 했다. 정직하면 서로 신뢰할 수 있고 신뢰하면 소통이 가능해지고, 소통할 수 있으면 협력과 화합을 할 수 있다. 바로 사회통합도 가능하다. 이것이 남 총리가 바랐고 우리도 염원하는 행복한 나라, 선진 일류 국가다. 기본으로 돌아가자.

언어의
국격

신숙원 제5대 도서관정보정책위원회 위원장

"소상공인? 이제 로컬크리에이터", "로컬은 현상이다." "임팩트 투자도 '로컬'로 쏠린다." '애국 신문'임을 강조하는 어느 신문의 2019년 8월 12일 자 기사 제목이다.

우리나라 4대 신문의 하나인 또 다른 신문에는 다음과 같은 광고가 실려 있다. "올캔두잇! 원원One Won 뱅크"라는 우스꽝스러운 표현은 농민을 대상으로 하는 NH농협의 광고 문구다. Won은 우리나라 화폐 단위를 표현하는 것이라고 생각된다. 이를 제대로 이해하는 농민들이 많이 있을까? 이것을 '재치' 있는 결합이라고 웃어넘겨야 하는가? '더 리치The Rich', '오리지널The Original Mind'이라는 제목을 달고 나온 번역들은 또 어떠한가?

나는 영어 전공자다. 따라서 영어가 우리 생활에서 활성화되는 것이 나쁠 리 없다. 그러나 요즘 우리나라의 신문 방송 매체를 위시하여 일상생활까지 침투해 온 '꼴불견' 외국어(주로 영어) 사용을 보면 도를 넘어섰다고 생각된다. 이들 매체가 영어와 외국어를 아는 지식인들만을 위한 전용 매체인가? 위의 제목을 편안한 마음으로 읽고 이해할 수 있는 소상공인과 농민, 그리고 일반 독자는 얼마나 될까?

자국어가 있다는 것은 얼마나 자랑스러운 일인가? '한글(훈민정음)'은 우리 국민의 자긍심의 대표 주자다. 한글의 우수성에 대한 격찬은 국내외 신문 방송 매체에 자주 실리고 있다. 국보 70호로 지정되어 있을 뿐만 아니라 1997년 10월 유네스코 세계기록 문화유산으로 등재되어 있는 한글은 우리에게 문화국민으로서의 자존심과 자긍심을 심어주고 있다. 우리는 10월 9일 '한글날'을 국경일로 제정하여 온 국민이 한글의 우수성을 기린다. 세계에서 이렇게 자국어의 창제일을 국경일로 제정하고 온 국민이 이를 기리는 나라가 몇이나 있을까!

그런데 최근 과연 우리나라 사람들이 진정으로 한글의 우수성에 대한 자긍심이 있는가? 에 대한 의문이 자주 든다. 신문, 방송, 공문서 등의 거의 모든 매체와 우리의 일상에서 너무나 무분별하게 잘못된 외국어의 한글 표현으로 한글을 오염시키고 있고 한글과 외국어, 특히 영어가 무분별하게 조합되어 쓰이기 때문이다. 단순한 실수에서부터 편의를 위한 의도적인 변형, 그리고 무지에서 기인한 언어의 오염이다.

대체로 외국어는 외국어가 지닌 특별한 의미나 뉘앙스를 국어로 제대로 표현하기 어려울 때 빌려 쓰는 것이 일반적이다. 그러는 과정에서 자주 쓰다 보면 우리의 언어 속에 자연스럽게 녹아들어 외래어로서의 자리를 굳히게 된다. 그런데 외국어를 쓰는 경우에는 바르게 써야 하지 않을까. 왜냐하면 언어는 인격체로서 그 언어를 쓰는 개인과, 사회와 국가의 격을 대표하기 때문이다.

요즘 우리 사회에 범람하고 있는 외국어의 사용을 보면 절실한 필요에서 쓰는 것이 아닌 경우가 많다. 멀쩡한 자국어 표현이 있음에도 외국어를 남용하는 경우가 허다하다. 이는 글로벌 시대에 대부분의 국가가 영어를 제일 외국어로 쓰고 있기 때문에 자연스러운 현상이라고 이해할 수도 있다. 또한 우리나라에서 대학입시를 비롯하여 좋은 직장에 들어가기 위해서는 영어가 절대적으로 필요하기 때문에 영어에 대한 유별난 관심과 필요로 인해 이러한 현상이 생긴다는 것도 충분히 이해가 간다.

그럼에도 이러한 우리말과 외국어 조합이 마음에 내키지 않는 이유는 우리말로 충분히 표현할 수 있는 용어를 조금의 고민도 없이 마구 외국어로 쓰고 있기 때문이다. 영어 실력을 자랑한다고 보기에는 너무나 일차원적인 표현들일 뿐만 아니라 틀리게 사용되고 있는 경우가 허다하다. 자국어, 외국어 가릴 거 없이 언어 자체에 대한 폭력이고 기본적인 예의조차 없다는 생각이 든다. 그 당당한 무지함이 정말

황당하다.

몇 개의 예를 더 들어보자. 우리나라의 교육과 문화를 책임지고 있는 교육부와 문체부의 공문서에서 '니즈'는 이제 우리말이 되었다. '수요, 필요성' 같은 쉬운 우리 말이 있는데 왜 '니즈'라고 쓰고 있는지 이해가 가지 않는다. 그것도 국가 기관의 공문서에서.

'멘트', '아이러니', '어젠다'라는 말도 이제 우리 말이 된 지 오래다. 처음에는 언론매체에서 주로 사용되기 시작하더니 점차로 일상 용어로 널리 사용되고 있다. '멘트'는 '코멘트Comment'의 줄임말이다. '코'하나 줄인다고 이 단어가 그리 짧아지는가? 이 단어는 '언급하다, 평하다'라는 동사와 '언급, 평' 등의 의미를 지닌 명사로 쓸 수 있는 용어다. '멘트Ment' 자체는 독립적인 단어가 아니다. 이는 동사를 명사로 변경시킬 때 동사 다음에 부치는 접미어로서만 쓸 수 있다. '아이러니하다'도 틀린 표현이다. '아이러니컬하다' 또는 '아이러닉하다'가 맞는 표현이다. 이 대신 '역설적이다'라는 말이 훨씬 더 귀에 쏙 들어오지 않는가?

언어는 인격체다. 다양한 얼굴을 가진 인격체다. 언어를 정보와 의사 전달의 매개체로만 본다면 가치중립적인 무인격체로 보는 시선도 있겠지만 언어는 분명히 인격체다. 사용자의 개인적 인격과 사회와 국가의 품격과 문화적 수준을 대표하기 때문이다.

언어의 일차적 용도는 '소통'이다. 그러나 그 소통에도 다양한 수준이 있다. 기본적인 정보와 사실에 대한 정보를 제공하는 일차적인 수준을 넘어서면 지적, 문화적, 감성적 차원에서의 소통이 요구되거나 주고받는다. '행간을 읽는다', '아 하고 어가 다르다' 등의 말들은 언어에 여러 단계의 의미가 숨어있다는 것을 말한다. 그러려면 정말 상황에 맞는, 상대에 맞는 언어를 찾아 바르게 표현해야 할 것이다.

요즘 우리나라에서 너나 할 것 없이 쓰고 있는 언어를 보면 덕지덕지 화장한 천박한 얼굴이 떠오른다. 이목구비가 수려한 미인의 아름다운 얼굴은 우리의 감각적인 눈을 즐겁게 한다. 그러나 품격 있는 언어는 우리의 마음을 움직이며 감동을 준다. 고대 그리스·로마시대 때부터 서양에서 수사학을 최고의 학문으로 높이 사는 이유는 언어가 진실이라는 것을 가장 그 본질에 가깝게 표현할 수 있다고 믿기 때문이다. 우리 모두 언어의 인격을 인식하면서 보다 품격 있는 언어를 쓰는 일에 적극 동참하기를 소망한다.

십자로에 선 한국 경제: 지암(芝巖)은 어떻게 대처할까

안충영 중앙대학교 석좌교수, 제3대 동반성장위원회 위원장

하위고소득국 함정과 지암의 혜안

한국 경제는 지금 하위고소득국 함정Lower-high income country trap에 빠져 있다. 세계은행 통계에 의하면 1인당 소득 4만 달러 이상을 기록한 상위고소득 선진국들의 발전경로를 보면 1인당 소득 3만 달러에서 평균 3~4년 만에 4만 달러 고지를 통과하였다(영국, 프랑스, 독일, 싱가포르 등 미국은 7년 소요). 그러나 한국은 2014년 1인당 소득 3만 달러 대를 통과 후 11년째 1인당 소득 3만 달러 대에 고착되어 있다. 2024년 한국의 1인당 소득은 36,624달러를 기록했다. 앞으로 수년 내 4만 달러를 넘어설 것으로 한국은행은 전망하고 있다. 그러나 세계 경제 불확실성과 우리 경제의 서비스 부문의 저생산성을 고려 한다면 그것도 불확실하다. 자칫하면 더 오랫동안 하위고소득국 함정에서 주저앉을는

지 모른다.

이와 같이, 절박한 절체절명의 순간에 지암 남덕우가 생존하여 있다면 어떠한 처방을 내릴까? 지암은 재무부 장관, 경제기획원 장관, 부총리, 국무총리, 그리고 무역협회 회장 등을 두루 거치고 공직을 떠난 후 한국선진화포럼 이사장으로 차세대 시장경제 파수꾼 양성에도 몰두하였다. 그동안 지암은 시종일관 시장주의, 효율과 경쟁, 세계 시장에서 경쟁우위를 향한 개혁 등 우리 경제의 명실상부한 선진화를 추구하였다. 우리 경제가 지금 하위고소득국 함정에 처한 위기를 보면서, 지암은 한국의 기술 선도 업종에서 초격차 기술우위를 보유하고, 사회경제적 약자에 대한 포용적 성장Inclusive growth과 선순환 관계를 맺는 정책 주문을 할 것으로 확신한다. 지암은 지금 이념적으로 명확히 갈라진 보수와 진보의 정치권에서 횡행하는 분배지향 인기영합주의를 경고하고 국가의 중장기 국가경쟁력 배양과 포용적 성장Inclusive growth과의 균형을 강조할 것이다.

하강일로의 잠재성장률과 사회적 갈등 심화

흔히 우리는 일본의 잃어버린 30년을 이야기한다. 한국도 비슷한 경로를 밟을 조짐을 보인다. 최근 한국은행의 추계에 의하면 우리나라의 잠재성장률은 급격한 하강 곡선을 그리고 있다. 한국의 잠재성장률은 2000년대 초반 5% 내외에서, 2010년대 3% 초중반, 2016~2020년 2% 중반, 그리고 2024~2026년에는 2% 수준으로 하락했다. 하락 추이는 지속되어 향후 20년 뒤 2045~2049년에는 0.6% 대로 추락할 전망이다. 잠재성장률은 한 나라 경제가 자원(노동, 자본 등)을 최대한 활용했을 때 달성할 수 있는 성장률을 의미하며 경기 순환적 요소를 배제하고 있어서 한나라 경제의 구조적 특질을 잘 나타내고 있다.

현재 한국은 OECD 국가들 가운데서 가장 낮은 출생률을 기록하고, 초 고령화사회 진입으로 노동스톡 증가율은 하강일로로 치달아, 20년 뒤 드디어 노동스톡의 성장기여도는 -0.4 %로 역기능을 할 전망이다. 자본스톡 역시 친기업 투자유인 정책이 없으면 성장세에 기여하기가 어렵다. 국내기업들은 국내 고임금과 강성노조, 고지가를 피하여 해외투자를 더욱 선호하고 있다. 총요소생산성Total factor productivity은 기본적으로 한나라가 지니고 있는 R&D능력, 교육환경, 준법정신, 노사관계, 기업가 및 근로정신에 의하여 결정된다. 지금 한국은 미국과 중국에 비교하여 21세기 AI 등 기술사회에 맞은 인력공급에서 크게 뒤지고 있다. 한국의 잠재성장률 3대 지표에서 모두 경고등이 켜진 셈이다.

한국은 기적의 압축성장 기간을 지난 이후 도처에 사회적 갈등이 표출되는 성장통을 앓고 있다. 사회적으로 금수저와 흙수저의 신분 계층화는 깊어지고 있다. 교육, 의료, 금융의 수도권 집중은 계속 가

열화되어 수도권의 비대와 지방경제의 쇠퇴는 점점 벌어지고 있다. 따라서 이 모두를 아우르는 포용적 성장을 추구해야 하는 당위적 과제를 안고 있다. 가계부채는 GDP 대비 100%에 이르고, 우리나라의 국가부채 비율 또한 GDP 대비 2024년 54.5%를 기록했다. 비기축통화국인 한국은 이제 국가부채 증가 속도를 관리하지 못하면 대외 신뢰도 하락의 리스크도 안고 있다. 따라서 방만 재정 운영에 대한 경고 등 또한 커지고 있는 셈이다.

지금 한국의 역대 정부는 분배지향인가, 경쟁력 강화 지향인가에 따라 이념적 스펙트럼이 분명하게 갈라져 있다. 분배지향 정권은 친노동정책에 초점을 두어 노동생산성을 상회하는 최저임금도 급격하게 인상시키고 노동시장의 유연성은 더욱 경직시키며, 저소득층에 대한 복지 이전지출은 확대하고 있다. 주 52시간 근무제에 이어 주 4.5일제 근무가 논의 되고 있다. 경제력 집중을 막고 투명경영을 명분으로 상법개정을 통하여 재벌기업의 지배구조 개선을 강력히 추구하고 있다. 분배지향 정권에서 소득분배 개선의 명분 아래 소득주도 성장 등 대중적 인기영합주의 정책은 관성을 가지고 진행되었고 그 잔재는 도처에 남아있다.

미국 제일주의와 中國夢 격돌

대외적으로 우리 경제는 미국 제일주의를 표방하는 미국 트럼프 대통령의 일방적 통상정책에 의하여 지금 심각한 도전을 받고 있다. 미국의 일방적 고관세 정책은 자동차, 철강, 반도체 등 한국 주력상품의 대미수출에 먹구름을 안기고 있다. 이에 못지않게 또 하나의 심각한 도전은 중국의 2049년 중국몽中國夢이 가시화되고 있다는 점이다. 세계적 패권국을 향한 미중 격돌은 세계 경제를 분절화시키고 자유질서를 흔들어 초불확실성 시대로 몰아가고 있다.

금융과 IT 기업 위주의 서비스산업 주도의 미국에 비교하여 중국은 제조업에서 세계의 공장 역할을 하고 있다. 모양과 가격이 좋아 무심결에 필자가 매입한 일용품의 레이블을 보면 대부분 중국산Made in China이다. 14억 인구의 중국은 그 여세를 몰아 이제 AI와 Big Tech 분야 도약에 국가 동원령을 내리고 있다. 중국 정부의 적극적 기술 굴기 정책과 고급 두뇌 인해전술로 한국의 프리미엄 수출 상품을 국제시장에서 밀려나고 있다. 품질은 말할 것도 없고 가격도 저렴하기 때문이다. 프리미엄 휴대전화, TV, 냉장고 등 가전제품, 전기자동차에서 그렇다. 이제 AI, 반도체, 자율주행차, 원자력발전, 조선, 철강 등에서 중국은 우리를 앞질렀거나 우리를 바짝 뒤쫓고 있다.

중국이 무서운 도전은 국가 주도 과학기술 굴기를 통한 고급 두뇌 인해전술에 있다. 지난 5년여 동안 AI 최상위 콘퍼런스 논문은 중국이

4,000편 이상을 발표하여 미국을 앞질렀다. 한국은 고작 200~300편이었다. 중국은 이제 AI와 Big Tech 양성을 위하여 국가의 총역량을 집중하고 있다. 중국은 매년 30,000명 이상의 AI 학부 졸업생을 배출할 때 한국은 1,500~2,000명 정도에 불과하다. 중국의 AI 고급 두뇌가 양적·질적으로 한국을 완전히 압도하고 있다. 이미 중국은 철저한 산학 연계를 구축했다.

반도체와 AI 선두권을 둘러싼 국제적 경쟁은 치열하다. 여기에 살아남으려면 초대형 투자를 그것도 기업이 적기에 해야 한다. 한국의 대기업이 과감한 대형 투자를 할 수 있도록 친 투자 정책으로 기업인을 정부가 독려해야 한다. 반기업 마인드 세트로는 중국의 기술 대국주의에 우리는 머지않아 무릎을 꿇을 수밖에 없다.

┃ 초격차 기술 창조와 흙수저 인간 자본화

지암의 세계관은 한국의 미래를 국제적 지형 변화에 맞추어 선각자적 대응에서 찾을 수 있다. 필자도 여러 차례 참여하였던 한국의 동북아 물류 허브화와 이를 위한 지암의 동북아개발은행東北亞開發銀行 창설 제안에서도 잘 나타나고 있다. 1997년 아시아 금융위기를 거치면서 침체기에 접어든 우리 경제의 활력을 불어넣고, 수출 상품의 대외 경쟁력을 높이기 위하여 산지에서 무역항까지 이동하는 국내 물류비용을 떨어뜨려야 한다는 점에 착안, 효율적 물류 네트워크 건설을 주장하였다.

뜻이 맞는 나라끼리 기술 융복합을 위하여 양질의 외국인직접투자 유치를 지암은 제안할 것이다. 필자가 참여한 선진화포럼 조찬 세미나에서 외국투자기업 패널 CEO들의 투자 환경 개선안을 지암은 적극 수용하였다. 바이든과 트럼프 대통령은 세계적 기업들의 수장을 백악관에 초청하여 미국으로 고가 반도체 투자유치에 직접 나섰다. 우리도 반도체 전공정과 후공정에 외투기업을 적극 유치하여 한국 나름의 반도체 스마일 커브를 완성해야 한다(Choong Yong Ahn, South Korea and Foreign Direct Investment: Policy Dynamics and the Aftercare Ombudsman, Routledge 2024 참조). 우리는 추락하는 잠재성장률을 만회하고 총요소생산성을 올리며 R&D와 첨단소재 생산을 위한 외국인직접투자에 총력을 질주해야 한다. 이를 위하여 AI 인재개발, 노동시장 유연성 등 투자환경 개선 등 규제 혁파로 FDI 흡수능력을 배양해야 한다.

지암이 생애를 두고 추진한 선각자적 대외 지향의 세계관은 우리 나라가 영구히 지켜가야 할 생존 전략이기도 하다. 미중 기술패권 격돌 속에서 일어나는 지경학적 분절화Geoeconomic fragmentation 속에서 다양한 소자주의 협력 정책을 촘촘히 엮어 가야 한다. 대만의 호국 신사 TSMC처럼 아무도 넘 볼 수 없는 고슴도치형 초격차 기술을 보유해야 한다. 그리고 사회적 약자, 자영업 소상공인들의 디지털화를 촉진하고, 혁신형 벤처창업에 수직형 AI가 스며들도록 정책 설계를 하며 그 기초 위에 포용적 성장의 돌파구를 열어야 한다. 대대적 교육혁신을 통하여 흙수저 출신들을 AI 영재로 인간 자본화해야 한다. 지암의 대외 지향과 경쟁우위 정신이 좌우 이념을 초월하여 모든 정부에서 구현되어야 상위고소득 선진국으로 한국이 다시 태어나게 될 것이다.

대변혁의 시대와
지암 철학

유장희 제2대 동반성장위원회 위원장, 대한민국학술원 회원

한국선진화포럼은 벌써 창립 20주년을 맞았다. 남덕우 총리님이 돌아가신지도 12년이 지났다. 남 총리님이 우리 곁을 떠나신 게 엊그제 같은데 세월은 정말 유수와 같다. 지금 한국이 겪고 있는 나라 안팎의 불확실성과 엄청난 변혁을 생각할 때 남 총리님의 철학과 혜안이 너무나 아쉽다. 지금 우리 곁에 계셨다면 우리가 미처 생각지도 못한 해법을 명쾌히 제시해 주시지 않았을까 상상해 본다.

세 가지 키워드: 자유, 성실, 국민

필자가 회고하기에 남 총리님이 한결같이 품고 계셨던 철학과 이상은 다음 세 가지로 설명되지 않을까 생각한다. 첫째는 자유다. 한국

선진화포럼이 창립될 때는 2005년이었다. 그때 한국 정부는 경제를 개혁한다는 명분으로 정경유착을 차단하고 관치경제를 청산하며 부정부패를 척결하고 정부의 인사행정 및 예산 집행 시스템을 대폭 쇄신하겠다고 선언하였다. 얼핏 들으면 당연한 얘기 같으나 사실상 이러한 정책은 정부 각 부처는 물론 민간 시장에게도 적지 않은 부담과 압력으로 느껴졌다. 이를테면 모두가 새로 등장한 정부의 '성향'을 파악하느라고 눈치를 보기 일쑤였고 정부 공무원들과 민간 기업들은 새로운 일을 벌이지 않으려는 분위기였다. 결국은 경제가 꽁꽁 얼어붙을 정도가 되었다. 이때 남 총리께서는 새 정부가 청렴과 정직을 강조하는 것은 좋지만 이러한 정책들이 시장경제에서 필수적인 자유를 억압하는 수준까지 가면 안 된다고 생각하셨다. 특히 주요 기업들을 세무사찰을 하면서 다른 기업들도 움츠리게 하는 정책은 옳지 않다고 생각하셨다. 현존하는 법의 테두리 내에서 철저히 감시하면 되는 것이지 몇 개 기업을 희생양 삼아 다른 기업들을 위협하면 안 된다는 말씀을 여러 번 하셨다. 자본주의의 근본은 "자유"임을 늘 강조하셨다.

둘째는 성실이다. 우리나라 공직자 중에 남 총리만큼 성실한 분은 찾기 힘들다. 경제 부총리를 하실 때나 총리를 하실 때 그 바쁜 일정에도 불구하고 국가 발전을 위해 도움이 되고 원칙에 맞는 일이라면 지극히 세심하게 도와주시고 또 챙겨 주신다. 우리나라가 동북아 지역의 중심 국가가 되어야만 한다는 총리님의 소신과 이론은 실로 확고하셨다. 동북아경제포럼을 주도하셨고 또 동북아개발은행 창립의 필요성도 강조하셨다. 한번은 이러한 총리님의 구상과 일치하는 국제 행사가 송도에서 열렸는데 이를 중요하게 생각하시고 그 추운 날씨에 직접 오셔서 축사해 주셨다. 이것이 계기가 되어 인천 송도는 미국의 세계적인 바이오 기업인 제넨테크사와 긴밀한 협업 관계를 맺기도 하였다는 일화도 있다. 총리님의 성실하심 때문에 외국 기업인들도 한국 정부를 믿고 투자 결심까지 해 준 것이다.

셋째는 국민이다. 총리님의 마음속에는 우리나라를 이렇게 당당한 경제 대국으로 발전시킨 것은 우리 국민의 근면성, 높은 애국심, 남다른 교육열, 그리고 창의성이라고 평소에 강조하셨다. 이런 일화가 있다. 필자가 미국 대학의 교수로 재직했을 때의 일이다. 재미 경제학자들과 한국 경제학자들의 합동 콘퍼런스가 서울에서 열렸을 때였다. 첫날에 총리님께서 축사해 주셨고 필자가 답사했던 일이 있었다. 총리님의 축사는 물론 높은 수준의 감동적인 내용을 많이 담고 있었다. 필자가 답사하는 중에 우리나라 경제의 건실한 발전을 이끌어 주신 남덕우 총리님에게 깊은 감사의 말씀을 드린다는 내용이 있었다. 개회식이 끝나고 총리님이 자리 뜰일 때 필자가 배웅했다. 총리님과 같이 복도를 걸어 나오는데 총리님이 내 등을 두드리시면서 "유 교수, 답사 참 고마웠어요. 그런데 답사 중 한 군데 고칠 내용이 있어요. 우리나라 경제발전을 이끌어 온 것은 내가 아니고 우리나라 국민입니다.

국민이 훌륭했기에 오늘의 성공이 가능했던 겁니다. 이를 잊지 마시기를 바랍니다"라고 충고하시는 것이었다. 그리고 한국 경제는 앞으로도 수많은 고비를 겪을 터인데 이러한 우수한 국민이 있는 한 모든 난관을 잘 극복하리라 믿는다는 말씀도 하셨다.

위의 자유, 성실, 국민 세 키워드만 가지고 남 총리님의 인품을 어찌 다 설명할 수 있으랴. 선진화포럼을 창립하시고 이끌어 오시면서 우리에게 보여주신 포용의 마음, 인내심, 겸손, 그리고 차분하면서도 심금을 울리는 설득력 등등 우리가 기리고 닮아야 할 덕목이 한둘이 아니다. 이를 선양하며 전수해 나가기 위해 지암선진화아카데미가 설립되고 지금도 청년을 상대로 운영되고 있음을 본다. 총리님은 당대의 대한민국이 발전하는 것도 물론 중요하지만, 국가 미래의 장기적 발전을 위해선 인재 양성이 무엇보다 중요하다는 것을 절실히 느끼셨다.

오늘 필자가 이 글을 쓰고 있는 시점에서 대한민국의 정치, 경제, 외교, 안보, 통상의 질서는 우려스러울 정도로 혼미한 상태다. 대변혁의 시대를 겪고 있다. 이럴 때일수록 이 나라에 좋은 길을 밝혀 주실 큰 어른이 계셨으면 하는 아쉬움이 크다. 극락에 가 계실 남 총리님께서 꿈에라도 우리 앞에 나타나 주셔서 우리 민족이 크게 깨닫고 슬기롭게 길을 찾아갈 수 있도록 귀띔이라도 해 주셨으면 한다. 남 총리님이 몹시 그립다.

역사 잊은 민족은
미래가 없다

이배용 제13대 이화여자대학교 총장, 국가교육위원회 위원장

"역사 잊은 민족은 미래가 없다" 하였다. 역사는 시작과 결말을 다 볼 수 있기 때문에, 바로 역사를 통해서 미래를 향한 교훈과 지혜를 얻을 수 있다. 그래서 역사는 '오래된 미래'라는 이야기를 하는 것이다. 또 한편 글로벌 시대에 우리 것을 필히 알아야 세계적 경쟁력을 확보할 수 있다. 역사 속에 인간이 걸어온 과정이 다 들어 있기 때문에 미래의 길을 찾는 나침반이라 할 수 있다. 우리 역사에 자긍심을 가질 때 미래의 희망을 열어 갈 수 있다. 한국의 역사와 문화에 내재해 있는 이러한 정신적 가치를 분석하여, 미래에 우리가 추구해야 할 삶의 방식과 지향점을 논해 보고자 한다.

첫째, 한국의 창조적 역사 발전은 소통과 화합의 인문 정신을 기본으로 하며 조화를 이루어 왔다는 점을 알 수 있다. 소통과 화합의 정

신을 실천한 대표적 인물로는 신라시대 선덕여왕을 들 수 있다. 632년에 즉위한 선덕여왕은 정확한 시대적 통찰력을 가지고 통일을 가장 중요한 과제로 설정하였다. 그리하여 김춘추(604~661), 김유신(595~673)을 앞세워 화랑도를 중심으로 통일의 역군을 양성하고, 유연한 외교력을 발휘하여 통일을 위한 기반을 하나하나 갖추어 나갔다. 또 어떤 무기보다 무서운 것은 분열이라는 철저한 인식 아래, 통일을 위해서는 신라 내부의 단결과 민생 안정이 중요하다고 판단하였다.

그리고 백성들의 생활을 안정시키기 위해 동양 최초의 천문 관측대인 첨성대를 건립하였다. 첨성대는 뛰어난 과학문화유산이라는 점뿐만 아니라, 백성의 삶을 풍요롭게 하려고 선덕여왕이 백성에 대한 배려의 마음으로 탄생시킨 민생의 문화유산이라는 점에서 더 가치가 크다. 이는 과학적 창의성도 인문주의 정신과 조화를 이룸으로써 진정한 정신문화유산으로서 자리매김할 수 있음을 보여주는 것이다. 한편 신라를 향해 쳐들어오는 9적을 제압한다는 의지로 황룡사에 거대한 9층 목탑(80m)을 세워 국가의 정체성과 국방·안보의 역할을 강조하였다.

둘째, 한국의 정신문화는 인간주의 정신으로 희망의 세계를 제시해왔다. 한국의 역사에서 주로 이념 축으로 작용해 왔던 유교는 인간 중심을 표방하고 있는 사상이다. 조선의 제4대 임금인 세종대왕은 조선이 지향하고 있던 인간주의적 이상을 실제 정책에 성공적으로 구현하여 한국 역사상 최고의 리더로 꼽히고 있을 뿐만 아니라, 세계적 리더의 표상이다. 그의 인간주의 정신은 수많은 찬란한 문화유산을 만들어 냈다. 그중에서도 가장 뛰어난 발명품은 한글이다. 한글이라는 인류의 위대한 과학적 문화유산이 탄생하게 된 것은 백성에 대한 깊은 이해와 진정한 사랑 때문이었다. 세종은 약자를 배려하는 정신으로 노비 출산휴가, 양로연 등 다양한 복지 정책을 시행하였다.

셋째는 자연과 인간의 소통과 조화의 지혜이다. 16세기에 살았던 신사임당은 그림, 글씨, 학문, 바느질, 자수 등 여러 분야에서 뛰어난 재능을 발휘하였고, 현재까지도 몇몇 예술 작품들이 남아있다. 그림 하나를 통해서도 세밀한 관찰을 토대로 자연을 묘사하고, 자연을 통해 생명 존중의 가치관을 예술로 승화시켰다. 우리는 하나의 건축물을 세우거나 정원을 꾸밀 때에도 반드시 자연과의 조화를 우선시하였다. 과도한 인공 조경을 피하였을 뿐만 아니라, 인간을 자연의 일부로 해석하여 자연의 아름다움을 즐기는 동시에 궁극적으로 자연과 하나 되는 일치감을 느낄 수 있게 하는 것을 원칙으로 삼았다. 우리나라 교육 유산의 위대한 창조이고, 서원에 가 보면 입구에서부터 소나무, 은행나무 등의 고목들과 어우러진 강학당, 사당의 위용을 보면 저절로 우주·자연의 질서의 미덕과 순리의 지혜를 터득할 수 있다. 바로 이것이 인성 교육인 것이다. 이러한 진정성의 소중한 의미로 세계 유네스코 문화유산으로 등재하는 운동에 열정을 모은 결과, 2019년 한국의 서원 9곳이 유네스코 세계문화유산으로 등재되는 쾌거를 올렸다.

넷째로 나눔과 베풂, 배려의 정신을 바탕으로 인간을 향한 따뜻한 마음을 실천해 왔다. 조선 후기 제주 여성 만덕의 일생은 나누고 배려하는 삶의 대표적 표상이다. 『조선왕조실록』에는 제주 기생 만덕이 재물을 풀어 수천 명의 굶주리는 백성들의 목숨을 구했다는 내용이 있다. 만덕은 여성임에도 불구하고 선행으로 역사에 그 이름을 남겼다. 여성의 몸으로 힘들게 모은 재산이었지만, 어려운 이웃들을 외면하지 않고 함께하려는 만덕의 베풂, 경주 최부잣집의 나눔의 정신은 오늘날에도 시사하는 바가 크다.

다섯째, 충효 사상을 바탕으로 하는 애국심도 우리가 이어받아야 할 가장 소중한 정신유산이다. 임진왜란 때 목숨을 바쳐 지켜냈던 이순신 장군의 투혼 등 국난 때마다 나라를 지키고 시련을 극복했던 선조들의 열정, 일제 시기 나라를 다시 찾기 위해 온몸을 바친 애국선열들의 희생을 우리는 길이 기억해야 할 것이다.

아무리 소중한 역사와 문화가 있어도 나라가 없으면 지켜낼 도리가 없다. 나라 있음에 생명도, 문화도, 역사도, 민족도, 평화도 지킬 수 있다. 내 나라의 소중함을 알고 주인의식을 가지고 함께 뛸 때 더 큰 대한민국을 만들어 인류 평화에 기여할 수 있다.

*이 글은 2021년 행복에너지에서 출간한 이배용 『역사에서 길을 찾다』 중에서 발췌

선진화와
선진문화

이승훈 서울대학교 경제학부 명예교수, 제15대 한국가스공사 사장

한국선진화포럼은 '자유민주주의, 시장경제, 복지국가, 그리고 선진문화'를 선진화의 4대 축으로 규정한 바 있다. 처음 3개 항목은 가시적 제도화가 가능한 만큼 정의도 명료하나 마지막 선진문화는 매우 추상적이다. 그러나 선진 제도 작동의 성패는 시민 역량에 달려있고 선진문화는 시민 역량을 결정하는 매우 중요한 요인이다. 자유민주주의, 시장경제, 그리고 복지국가의 틀을 갖추었어도 시민 역량이 후진적이면 선진화는 어렵다. 후진국을 벗어나는 과정의 문화적 충격만으로 선진국이 된 듯 착각하는 개도국의 후진적 행태는 모두 선진문화의 결함에서 비롯한다.

자유와 민주에 대한 시민 인식은 선진화의 기본

선진문화의 핵심인 자유와 민주는 후진국에서는 외래 개념이다. 문화의 선진화는 이 개념에 대한 시민 인식을 선진국 수준으로 끌어올리는 과정이라 해도 지나치지 않다. 자유의 가장 중요한 본질은 구속의 거부다. 그러나 각자 마음대로 하도록 허용하면 그 결과는 서로 수시로 충돌하는 '만인의 만인에 대한 투쟁'이다. 충돌은 서로 남의 자유를 존중할 때 피할 수 있으므로 각자 자유는 그렇게 행사하도록 제한되어야 한다. 자유 사회에서 자유 허용 범위는 원칙적으로 다른 이의 자유를 침탈하지 않는 한도 이내로 제한된다. 폭력은 강제로, 도둑질은 부당하게, 그리고 사기는 속임수로 각각 상대를 내게 복종하도록 강요하므로 전형적 자유 침탈이다. 그러므로 선진문화는 폭력, 도둑질, 그리고 사기 등을 행사할 자유를 당연히 금지한다.

물량이 유한하고 원하는 사람은 많은데 내가 먼저 가져 버리면 다른 이가 가질 자유를 잃는다. 이처럼 어떤 이가 가지면 그 때문에 못 가지는 이가 반드시 생기는 상황에서도 개인별 자유는 서로 충돌한다. 마을 우물은 마을 사람들이 공유하고 문전옥답은 주인이 따로 있다. 선진문화는 공유해야 한다면 이용 규칙을, 그리고 사유를 허용한다면 가질 자격과 절차를 합의하고, 합의한 대로 사용하고 가지도록 조치함으로써 충돌을 막는다. 선진 사회는 남의 자유를 침탈하는 자유는 금지하고, 부족한 물량을 이용하거나 가질 요건은 다수결로 정한다.

다수결은 목표가 자유 창달이지만 내용이 자유의 제한이다. 문화가 후진적이면 민주적 다수결은 자유의 기반을 약화하거나 때로는 야만적 결정으로 퇴행하기도 한다. 다수결이 소수의 권리를 박탈하더라도 통제할 방도가 없다. 다수결의 횡포를 막는 제도적 방법은 다수를 과반수로, 나아가서 2/3 찬성 등으로 의결을 어렵게 만드는 방법뿐인데 의결을 주도한 다수의 생각을 2/3 이상의 다수가 공유해 버리면 허사다. 압도적 다수의 의식이 야만적이면 다수결은 사회를 야만적 결정으로 몰아간다. 히틀러의 나치를 지지한 독일이 좋은 예다.

자유 제한에 대한 시민의식이 적대적으로 양극화하여 서로 팽팽히 맞서면 다수결은 일관성을 상실하고 그때그때 양극단을 오고 간다. 자유 제한의 지침이 수시로 바뀌어 개인은 자유 행사를 계획하기가 어렵고 사회도 혼란에 빠진다. 선진 제도를 잘 갖추어 두고서도 개인은 능력을 제대로 발휘하지 못하고 사회적 협력은 방향을 잃고 침체한다. 흥분한 대중이 한쪽의 선동에 휘말리기라도 하면 다수결은 반대파를 말살의 위기로 몰아갈 수도 있다.

선진적 민주주의는 적과의 공존이다

그렇다고 다수결을 버림으로써 민주주의를 포기할 수도 없다. 유일한 해법은 서로 다름이 극한적으로 대치하지 않으면서 서로 수용하는 조화로 공존하는 길을 찾는 것이다. 서로 반대하고 미워하되 공존의 틀 속에서 반대하고 미워하면 적대적 대치도 자생적 질서로 진화한다. 마르크스의 사적 유물론을 동원하지 않더라도 인간 사회의 역동적 발전은 끊임없는 이질적 분화를 동력으로 삼는다. 한쪽의 멸절이 적대의 종말은 아니므로 선진화한 해법은 척결 아닌 공존이다. 일단 합의한 공존의 틀을 다수결의 변덕으로 극단을 오가게 방치하면 자유 행사가 혼란에 빠진다. 공존의 틀은 개헌처럼 장기간의 연구 토론 과정을 거쳐서 고치도록 의무화하는 것이 관례다.

양심과 언론의 자유, 그리고 인신의 자유 등은 어떠한 이유로도 제한할 수 없는 인간의 기본적 자유다. 사람마다 생각이 다를 수 있는 문제에 대한 사회적 결정에서 다수결은 가장 민주적인 방식이지만 다수결의 본질은 다수가 소수를 압도하는 것이다. 현실에서 기본적 자유를 보장하는 것이 헌법이다. 개헌 절차가 복잡해도 결국 찬성 비율이 높은 다수결로 개정할 수 있으므로 기본적 자유를 다수결의 횡포로부터 보호할 제도적 방법은 없다. 다수결의 민주주의는 압도적 다수가 마음만 먹으면 기본적 자유조차 언제든 짓밟는 위험을 대비해야 한다.

선진화 도중의 후진국들은 시민이 후진적 관행을 벗어나지 못한 채 선진문화에 대한 이해가 부족하다는 특징을 공유한다. 문화의 선진화는 후진적 관행을 벗어던져야 가능한데 각자 남의 관행적 잘못은 비판하면서 내 잘못은 '관행'이라는 이름으로 옹호한다. 전형적 사례가 한국이다. 한국은 87년 체제가 출범한 이후 우파와 좌파가 선거를 통해 평화적으로 정권을 교체해 오면서 산업화에 이어 민주화도 성공한 사례로 평가받아 왔다. 그러나 건국 당시 제정된 법규는 너무 이상에 치우쳐서 정부조차 준법할 수 없는 정도였다. 예컨대 1970년의 한국은 넘쳐나는 농촌의 유휴 인력이 최저 생계비 임금이라도 취업하겠다고 공장으로 몰려드는 판이었는데 노동법은 근로 시간과 초과 근무 수당을 의무화하고 있었다. 공장이 더 많이 생겨야 취업 희망자를 더 많이 채용하므로 정부는 노동법의 강제 시행을 유예할 수밖에 없었고 전태일 청년의 분신은 이에 분개한 항의였다. 당시 한국인들은 항의에 공감했으나 선뜻 정부를 탓하지도 못하였다. 준법의 가치와 탈법의 현실이 빚는 모순을 체념하는 후진적 관행의 예다.

길지 않은 헌정사에 최초로 탄핵당한 박근혜 전 대통령은 문화재단 설립에 대기업 출연을 촉구한 것이 전례에 비추어 과연 탄핵 사유인지 아직도 이해하지 못할 것이다. 탈법은 당연한데 그보다 더한 일들을 자행한 전임들은 모두 무사하였기 때문이다. 그만큼 후진적 탈법 관행의 뿌리는 깊다.

후진적 관행을 버려야 선진문화

조국 전 법무부 장관 사건에 수많은 사람이 "내가 조국이다"를 외치며 나섰다. 그와 같은 행동을 한 사람이 많은데 법원이 그 행동을 유죄로 평결한 데 대해 반발했기 때문이라고 한다. 2심에서 유죄 판결을 받은 그가 창당한 정당은 지난 총선에서 비례대표만으로 제3당으로 도약하는 이변을 연출하였다. 여고생 제1 저자의 학술 논문이 의학 저널에 게재되는 현실은 어떻게 보아도 정상이 아니다. 여고생이 자력으로 만든 결과일 리는 없고 그 부모와 연구를 실제 진행한 교수의 합작임이 분명한데, 같은 유형의 비리가 보편화된 관행이라는 이유로 무죄라는 시민의식은 과연 선진적일까? 관행상 크게 문제 되지 않을 사안이라도 범법이라 대통령 탄핵의 사유가 된다면 아무리 다수가 저지르는 관행이라도 법원 평결이 유죄면 유죄로 받아들여야 선진 사회다.

선출되지 않은 법관이 선출된 대통령이나 국회의원을 단죄할 수 있느냐는 물음의 바탕에는 민주주의를 다수결 만능으로 보는 생각이 깔려 있다. 이 시각이 보는 민주적 재판은 법치적 재판이 아니라 인민재판이다. 적들이 함께 공존하는 틀을 결정하는 규칙이 법인데 다수결이 법치를 무시하면 공존의 틀도 무너진다. 이재명 대통령의 민주당은 압도적 의석으로 의회를 지배하면서 검수완박, 줄 탄핵, 그리고 예산삭감 등으로 정부를 압박해 왔지만, 정작 그가 당선할 때의 대선 득표율은 50%에도 이르지 못했다. 좌도 우도 시민의 압도적 지지를 얻는 데는 성공하지 못하고 있다는 뜻이다.

다수결을 좌우하는 표심이 공감의 조화보다 팽팽한 대결로 치달으면 민주주의가 자유 행사를 위축시키기에 딱 좋은 상황이다. 선진화의 4대 축 가운데 앞의 3개 축을 달성하더라도 시민의식이 사회적 가치에서 극심하게 분열되면 이 역설을 피하기 어렵다. 아마 선진문화의 창달은 선진화의 4대 축 가운데 가장 중요하면서도 해내기 어려운 과제일 것이다. 시민이 외래 개념인 '자유'와 '민주'를 깊이 이해하고 공존의 자생적 질서를 수용해야 한다. 그 첫걸음이 법치를 무시하는 후진적 관행에서 벗어나는 것인데 모두 남의 관행만 탓하는 '내로남불'이 문제다.

한국선진화포럼, 그 시작을 회고한다

이종찬 광복회 회장

│ 선진화포럼!

오늘, 이 포럼은 숨어서 차분히 대한민국의 발전과 새로운 미래를 설계하는 일로 실로 바쁘다. 남들이 알아주거나 말거나, 경험과 이론에 밝은 분들이 모여 포럼을 통해 새로운 시대의 나아갈 길을 찾고 희망을 이야기하고 있다. 이 귀중한 포럼은 어떻게 출발했을까? 궁금한 분들을 위해 옛이야기를 더듬어 회고해 본다. 시작의 첫 테이프를 끊으려면 아무래도 지암 남덕우芝巖 南悳祐 선생을 빼놓을 수 없다.

선생은 정부에서 은퇴한 이후 조용히 하와이 호놀룰루 동서문화센터East-West Center에서 시간을 보내셨다. 숙소는 앰버서더 호텔이었다. 우리는 앰버서더 호텔을 "안 비싸다" 호텔이라고 불렀다. 장기 체류하면 그다지 비싸지 않은 소박한 호텔이라 절약하며 한두 달 머무는 데

무리가 없었다. 골프는 주로 퍼블릭 코스를 자주 찾았다.

우리나라 경제를 쥐락펴락했던 남덕우, 이승윤, 박성상, 강경식, 진념, 이봉서, 김윤형 등 내로라하는 인물들이었다. 이 그룹의 좌장은 동서문화센터 이사장으로 계셨던 조이제 박사였다. 그를 중심으로 동아시아포럼(NEAFE)에서 세미나를 주관했다. 그때 우리들의 주된 관심은 앞으로 한국 미래의 먹거리로 무엇을 찾을 것인가였다. 2000년에 처음 거론된 것은 물류物流였다. 당시 부산항은 세계 3위권의 컨테이너항으로 부상하며 동북아 물류의 중심지로 자리매김했다. 인천공항이 개장하자마자 세계의 관심 대상으로 떠올랐다. 우리는 이런 저력을 발판으로 '물류'라는 과제가 한국의 미래 먹거리로 적합한지 여러 번 토론을 벌였다. 세계적인 석학들의 조언을 들었고 국내 전문 연구소도 동원되었다.

우리는 시찰단을 조직하여 네덜란드 로테르담, 독일 함부르크, 벨기에 앤트워프, 중동의 유명한 두바이, 일본 요코하마 등을 둘러보았다. 공항으로는 네덜란드 스키폴공항, 독일 프랑크푸르트공항, 싱가포르 창이공항 등 물류 중심지를 찾아다녔다. 그리고 동북아 물류 중심이 미래의 먹거리로 적합할까라는 주제로 하와이 동서문화센터에서 세미나를 개최했다. 이 세미나에는 중국 학자도 참석했다. 그때만 해도 중국은 문화혁명 이후 경제발전을 위해 한국의 성장 스토리를 귀중하게 듣던 시기였다. 한국의 경제발전과 동북아 경제 공동체도 꿈꾸며 많은 논의가 있었던 때였다.

하루는 남덕우 선생이 참여한 국제 세미나에서 한국이 물류 중심이 되는 프로그램을 설명하고 중국인 학자에게 의견을 물었다. 그런데 뜻밖에도 중국 학자는 즉답을 피하며 다음 날 답하겠다고 하는 것이 아닌가. 우리는 의아했다. 다음 날, 중국인 학자는 준비해 온 원고를 읽으며 "한국은 한국대로 물류 중심이 되고 중국은 중국대로 중심이 될 것"이라는 엉뚱한 답을 내놓았다. 도대체 중심이 어떻게 여러 개가 될 수 있단 말인가. 우리는 그 답의 진의를 알 수 없었다. 그런데 그 중국인은 그 답을 하기 위해 밤에 본국에 훈령訓令을 받으려 국제통화를 했던 것이고, 본국에서 마련한 답을 우리에게 읽어 전한 것이었다. 우리는 놀랐다. 그는 외교관이 아니고 민간인 신분의 학자였다. 물론 하와이까지 왔으니 공산당원이기는 하겠지만, 학문적 문제의 답까지 본국 정부의 지시를 받고 한다니 참으로 놀라웠다.

도광양회(韜光養晦)의 의미를 몰랐던 미국

오늘날 중국의 발전은 국가가 주도하는 경제다. 자유기업이 있기는 하지만, 공산당이 지도하는 자유기업이다. 아마 이런 이유로 미국은 그런 중국의 경제가 세계를 지배하는 것을 허용하지 않는 듯하다. 그런데 1972년 닉슨이 기습적으로 중국을 방문하고 1979년 국교가 정상화된 그 신화, 키신저가 만든 그 신화가 상당 기간 미국을 꿈속에 헤매게 했다. 덩샤오핑鄧小平이 '도광양회韜光養晦'를 말했는데도 진정한 그 뜻을 몰랐다. "칼을 갈되 칼의 번쩍이는 빛을 감추라"는 뜻이다.

그런데 2001년 미국은 성급하게 중국을 세계자유무역기구(WTO)에 가입시키고 모든 혜택을 누리게 했다. 중국에 무슨 자유기업이 있었던가. 그들은 세계자유무역이라는 바다에서 마음껏 이득을 보도록 허용되었다. 30년이 지난 이제야 미국은 중국이 칼을 갈고 있었음을 알아차렸다. 그래서 부랴부랴 트럼프 대통령이 관세 정책으로 자유무역 전체를 파괴하고 있다.

하지만 남덕우 선생은 그때 이미 중국의 정체를 알게 되었다. 그래서 귀국하여 '한국선진화포럼'을 만들어 우리 스스로 길을 찾자고 서두르게 된 것이다. 선생은 "우리나라는 산업화와 민주화에 성공한 나라다. 이제 우리가 갈 길은 나라 전체를 선진화의 길로 가는 것"이라고 말씀하셨다.

선진화의 길: 개방과 혁신의 힘

선진화의 길은 틀림없이 옳다. 80년대 국회의원으로 있을 때였다. 정부에서 화장품 시장 개방을 선언하자 전국의 화장품 업계가 일제히 국회로 몰려왔다. 당시 태평양화학 서성환 회장이 대표로 선두에

섰다. 필자가 "시장을 개방하지 않고 문 닫고 살면서 어떻게 무역 입국을 합니까?"라고 물었더니, 서 회장이 이렇게 답했다. "의원님, 우리 산업계에 대해 깜깜하시군요. 우리 화장품이 세계 시장에서 살아남을 품목은 딱 한 가지밖에 없습니다. 갈치의 비늘로 만든 매니큐어 한 가지밖에 없습니다. 나머지 품목은 전멸합니다." 그렇게 말했는데, 오늘날 아모레퍼시픽 화장품은 세계를 누비고 있다.

김대중 대통령이 일본의 오부치 게이조 총리와 정상회담 후 대중문화를 개방한다고 공동 선언했을 때도 마찬가지였다. 음반 제작회사 대표들이 찾아와 항의했다. "이제 우리는 모두 문 닫게 되었습니다. 일본의 엔카戀歌가 홍수처럼 몰려오면 무슨 수로 막습니까?" 그런데 오늘날 우리의 K-컬처는 일본을 휩쓸고 있다. 한국 드라마가 세계를 휘어잡고 있다. 오죽하면 북한의 김정은 위원장이 한국 드라마를 보는 자를 처벌하려 할까.

"선진화가 개방화이고 세계화"라고 남덕우 선생은 우리에게 가르쳤다. 그 길잡이를 위해 오늘도 한국선진화포럼은 우리 국민에게 조용히 타이르고 있다. "한국인은 가두어 두면 안 된다. 자유롭게 놓아두면 세계를 지배한다." 오늘날 AI가 전 세계의 화두가 되었다. 만약 지금의 규제를 풀고 우리 업계가 자유롭게 뛴다면, 또 한 번의 기적을 만들게 될 것이라고 확신한다.

'한강의 기적'은 이승만이 시작했다

인보길 뉴데일리 회장

50년대 경제발전 자료들, 정치 편향에 매장되다

이승만은 건국 대통령, 호국 대통령, 교육 대통령으로 평가받지만, 정작 '경제 대통령'이었음을 아는 국민은 많지 않다. 지금까지 우리는 '한강의 기적' 하면 박정희 대통령의 '수출입국'을 먼저 떠올린다. 이는 1950년대 경제를 '미국 원조로 겨우 연명한 극빈 시대'로 단정하고 연구 대상에서조차 배제했기 때문이다. 좌익 진영의 '이승만 지우기' 역사 왜곡과 맞물려, 이승만 시대의 경제발전 자료는 매장되었고, 국내 학계 또한 박정희의 산업화 혁명에 가려 대한민국의 경제성장이 박정희 시대에 와서야 비로소 시작된 것으로 오인했다. 그 결과, 성장의 토대였던 50년대를 철저히 외면하게 된 것이다.

그러나 보라! 50년대 언론 보도만 훑어봐도, 한국 경제의 고도성장과 산업화가 이미 이승만 시대부터 활발히 진행됐음을 확인할 수 있다.

사진 왼쪽: 이승만 정부가 발표한 '부흥 백서'를 조선일보가 발췌하여 1958년 6월 14일부터 6회 연재. 오른쪽: 1953~58년 기간 '국민소득 분석' 기사. 조선일보 1959년 8월 24일부터 6회 연재. ⓒ조선DB

50년대 경제 성장률 최고 8.7%, "70년대 못지않다."

1948년 8월 15일 건국 직후, 이승만 정부는 '산업부흥 5개년 계획', '물동 5개년 계획', '농업증산 3개년 계획'을 추진했다. 그러나 6·25 전쟁 발발로 모든 계획이 무산됐다. 휴전을 결사반대하며 평생 목표였던 '한일동맹'을 성사시켜 안보의 철벽을 구축한 그는 미국의 대규모 원조를 이끌어냈다. 동시에 '전후 복구'와 '경제 부흥'이라는 두 마리 토끼를 잡기 위해 총력전을 벌였다.

그 결과, 경제성장률은 1957년 8.7%, 1958년 7.9%에 달했다. 기업 수는 급증했고, 국민총생산은 1954년과 1955년에 각각 45.7%와 66.7%를 기록했다. 국민소득 증가율도 1954년 9.5%, 1955년 5.6%,

1956년 0.6%(최악의 흉년), 1957년 9.4%, 1958년 6.6%, 1959년 5.6%로 고속 성장을 이어갔다.

1958년 무렵이면 이미 전전戰前 수준을 넘어섰고, 본격적인 경제개발 단계에 진입했다는 평가가 나왔다. 이 평가는 4·19 후 집권한 장면 정권이 유엔에 제출한 보고서에서도 확인된다. 또한 명지대 김두얼 교수는 연구를 통해 50년대 경제성장과 산업화 속도가 "70년대 못지 않았다"는 결론을 발표했다(『한국 경제사의 재해석』, 2017).

사진 왼쪽: 1957년 9월26일 문경 시멘트 공장 준공식에서 점화봉을 들고 있는 이승만 대통령(왼쪽)과 송인상 부흥부 장관 및 김일환 상공부 장관(매일신문 DB). 오른쪽: 1958년 1월 20일 인천 판유리 공장이 처음 생산한 유리를 경무대에 보내 이승만 대통령이 감개 어린 표정으로 보고 있다(대한뉴스 제147호, K-TV 화면 캡처).

'수출 5개년 계획' 실시…. 경부고속도로 추진

이승만은 "10년 안에 자립경제를 이루자"며 수입대체와 수출진흥 정책을 동시에 밀어붙였다. 학계는 그간 그의 경제정책을 '수입대체'

로만 규정하며, 수출진흥 성과가 박정희 시대보다 미약했다는 이유로 무시해 왔다. 그러나 당시 수출부양 정책의 상당 부분은 이승만 정부가 원조였다.

1956년: '수출 5개년 계획' 확정, 농산물·중석·해산물 증산 추진

1957년 1월: '무역진흥법' 개정, 수출불 링크제 및 각종 인센티브 도입, 금융지원 확대

1957년 7월: 부산항 확장, 경부고속도로 건설 추진

1958년 3월: 주요 수출국과 무역협정 체결, 해외시장 개척 지원

1958년 5월: 수출장려금 지급, 조세 특례 확대

1960년 1월: 수출 5개년 계획 평가 및 후속 목표 발표, 법인세·소득세 면제, 원료 물품세 반려, 영업세·교육세 면제, 수출입은행 설립, 수출보험제 도입, 수출진흥공사 설립, 해외 세일즈 인력 양성, 외국기업 투자 유치

휴전 직후 부흥부復興部를 설치한 이승만은 전쟁에 폐허가 된 국가 재건에 전력투구한다. 미국 원조가 소비재 위주임을 비판, 일본 시장 중심의 구매 강요에 "이런 원조 안 받겠다"라고 미국과 싸우면서 원조 자금을 생산공장 건설에 투입하였다. 자금 증대를 위해 '환율전쟁'을 벌이며 단돈 100달러도 직접 결제한 그는 인력 양성을 위한 해외유학생 파견엔 아낌없이 달러를 썼다. 전후 복구가 마무리되었음을 확인한 1958년 3월 '산업개발위원회'를 발족시킨 이승만은 '경제개발 3개년 계획'을 마련, 1960년 집행에 들어간다.

그러나 4.19로 중단된 개발계획은 장면 정권이 이어받았다가 몰락하고, 박정희가 5개년 계획으로 완전 가동, 중화학공업 성공으로 경제혁명이 완성되었다. 이것이 '유신 혁명'이요, 5.16 군사 쿠데타가 '혁명'이 되는 까닭이다.

경공업 및 중공업의 연평균 산업 생산 증가율, 1953-1958

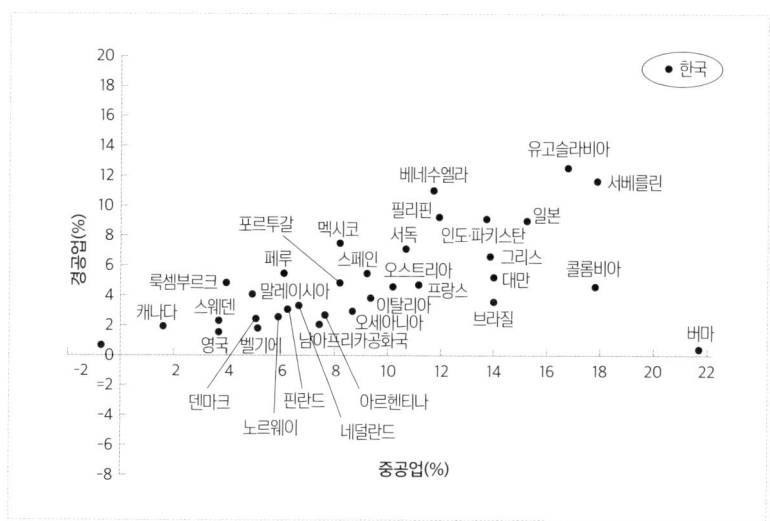

자료: United Nations(1960); Amsden(1989), p.41에서 재인용.

도표: 이승만 집권기 휴전 후 1953~1958년 기간 세계 각국의 경공업-중공업 산업 생산 증가율. 유엔 자료, 김두얼 지음 『한국 경제사의 재해석』, p119. 한국은 타국보다 월등한 20% 선에 육박하고 있음을 보여준다(오른쪽 맨 위 원내).

박정희보다 60년 앞선 이승만의 '수출입국'

이승만은 '준비된 경제 대통령'이었다. 20대 청년 시절 농자農耉 대신 '상자천하지대본'商耉天下之大本 이론을 발표하고 한성 감옥에서 몰래 쓴 명저 『독립정신(1904)』에서 농경사회 구한말에 '자유통상 무역 입국론'을 선창한다. 그때 이미 이승만은 박정희보다 60여 년 앞서 '수출입국'을 부르짖은 글로벌 자유시장경제의 선구자요, 자본주의 신봉자였다.

건국 직후 농지개혁과 귀속재산 불하를 서둘러 농민 해방을 단행, 경제 자유권을 가진 '국민'으로 통합시켰으며, 일본이 남긴 적산敵産 약 23억 달러(당시 평가, 북한엔 29억 달러)를 국회의 '국유화' 요구를 물리치고 민간에게 모두 불하함으로써 경제발전의 동력으로 삼았다. 남한보다 많은 귀속재산을 떠안은 북한은 계급투쟁과 공산화 전쟁으로 탕진하고 말았다.

전쟁 중 '은행법'을 제정하여 한국은행 외에 산업은행을 설립한 이승만은 비료·시멘트·판유리 등 3대 산업의 건설을 비롯하여 6·25로 박살 난 발전·배전 시설과 탄광의 보수—증강과 산업철도 건설을 중점 지원한다. 일찌감치 수출 5개년 계획을 밀어붙이며 '수출입은행'을 따로 세우고 수출진흥공사까지 만들어 세계 시장을 개척해 나갔던 이승만 대통령, 정경政經일체의 글로벌 지도자 아니랴.

대한민국 최고의 축복…. 이승만-박정희 '바톤 터치'

건국 혁명가 이승만의 유산을 물려받은 부국 혁명가 박정희! 대한민국 국민은 참 복도 많다. "이승만이 깔아놓은 철길을 달린 박정희"란 말처럼, 건국기에 단절 없이 '바톤 터치'한 두 거인의 악수는 신생국 최대의 축복이 아닐 수 없다. 지도자를 잘 만나 5천 년 민족사 최초로 '선진국의 기적'을 일궈낸 박정희 사단의 영웅들에게 당부하고 싶다. 이제라도 정치 편견을 버리고 대한민국 신화의 거대한 뿌리를 원상 복구해야 하지 않을까. 역사 문맹의 물신주의 포퓰리즘에 빠진 국민정신의 선진화를 위하여!

사진: 이승만 대통령(오른쪽 중절모자)이 1955년 11월3일 3군단 훈련을 시찰하면서 육군 제5사단장 박정희(왼쪽 중앙) 장군과 악수하고 있다.

에너지 안보와 지속가능한 전환을 위한 선진적 해법의 모색

허동수 GS칼텍스(주) 명예회장, 학교법인 연세대학교 이사장

에너지는 산업, 경제, 외교, 국방 등 국가의 전방위적 영역과 맞닿은 핵심 전략 자산으로 간주되어왔다. 그리고 2025년, 세계는 이런 에너지의 중요성과 본질적 가치를 다시 한번 되새기고 있다.

미국 트럼프 행정부는 에너지 독립과 공급망 자율성 강화를 강조하며, 자국 중심의 안정적 에너지 체계를 구축하는 방향으로 정책 기조를 조정 중이다. AI 기술이 발전하며 글로벌 빅테크들이 에너지 분야에 대규모 투자를 시작했다. 동시에 중동 지역의 지정학적 불안정성이 커지며 에너지 수급에 대한 불확실성도 다시 커지고 있다. 특히 석유 수송의 요충지인 호르무즈 해협을 포함한 해상 물류 안정성 문제는 전통적 에너지 안보의 중요성을 더욱 부각시키고 있다.

이는 글로벌 에너지 시장에 또 다른 변곡점이 왔다는 신호이며, 에

너지 자원의 90% 이상을 수입에 의존하는 대한민국에 중요한 시사점을 던지고 있다.

점진적 에너지 전환과 한국의 현실적 탄소중립 전략

재생에너지 확대, 전기차 보급, 수소경제 인프라 구축 등 에너지 전환은 세계적 흐름이다. 그러나 이러한 전환은 기술적·경제적·사회적 제약 속에서 점진적으로 진행되고 있으며, 화석연료의 전략적 가치는 여전히 중요하다. 오히려 최근의 지정학적 갈등과 공급망 위기는 석유와 가스 등 기존 에너지원이 국가안보와 산업 안정의 핵심 자원이라는 점을 다시금 상기시키고 있다.

이 같은 복합적 현실을 고려하면, 우리는 전통적인 에너지 자원을 기반으로 한 바이오연료, 수소, 탄소 포집·활용 및 저장(CCUS), 소형모듈원자로(SMR)와 같은 저탄소 전환형 에너지 기술의 중요성에 더욱 주목해야 한다. 특히 정유·석유화학 기반의 인프라를 충실히 갖춘 우리나라 산업구조에서는 기존 자원을 활용한 바이오연료, 저탄소 수소 생산, CCUS 기술이나 SMR 기술이 실질적인 탄소중립 방법이 될 수 있다.

균형 잡힌 에너지 전략과 체질 개선

이러한 복합 위기 속에서 대한민국이 지속가능한 발전을 이루기 위해서는 보다 현실적이고 균형 잡힌 에너지 전략이 절실하다. 단기적으로는 급변하는 국제 정세 속에서도 에너지를 안정적으로 확보하고, 가격의 급등락을 완화하는 정책이 시급하다. 에너지 수급 위기를 막기 위해서 기존 자원에 대한 관리와 전략적 비축이 필수적이며, 다변화된 수입선 확보와 유연한 정책 대응이 요구된다. 이는 단순한 경제 논리를 넘어 국가 생존을 위한 안보 과제로 인식되어야 한다.

중장기적으로는 에너지 소비 구조 자체를 '저소비-고효율' 체계로 전환해 나가야 한다. 이는 기술과 제도, 시민의식까지 모든 차원에서의 혁신을 의미한다. 에너지 효율 개선은 온실가스 감축과 비용 절감, 그리고 국가 에너지 안보를 동시에 강화할 수 있는 핵심 전략이며, 산업계와 일상생활 전반에서 동시에 이루어져야 한다.

글로벌 전환 흐름 속 한국의 대응 과제

산업계 또한 현실적 대응과 미래 준비를 동시에 추진할 필요가 있다. 기업은 기존의 손익 중심 사고에서 벗어나, 장기적인 관점에서 저탄소 산업 전환을 미래 성장 동력 확보의 기회로 삼아야 한다. 탄소 감축 기술에 과감히 투자하고, 새로운 시장을 선점하기 위한 전략을 체계적으로 수립해야 한다.

독일은 에너지 믹스를 다변화하고, 분산형 재생에너지 시스템을 통해 에너지 자립도를 높이고 있으며, 노르웨이는 수소, CCUS 기술 등에서 선도적인 입지를 다지며 새로운 에너지 시장을 개척해 나가고 있다. 유럽연합(EU)은 2023년 SMR을 탄소중립을 위한 효과적 수단으로 인정했다. 이는 선도 기술을 넘어, 일관된 정책 추진과 국민적 공감대 형성을 통해 변화의 흐름을 주도하고 있다는 점에서 중요한 시사점을 제공한다. 대한민국도 에너지 포트폴리오 선진국의 정책과 기술 접근 방식을 벤치마크하여, 우리 실정에 맞는 실용적·현실적인 전략을 설계하고 실행에 옮겨야 한다.

결국, 정부, 기업, 시민 모두가 함께 변화에 동참하지 않으면 안 된다. 기업은 미래 기술 확보를 위해 적극적인 투자에 나서야 하고, 정부는 정책적·제도적 지원과 함께, 기업이 중장기적 계획을 세울 수 있도록 규제의 일관성과 투명성을 갖춘 환경을 마련해야 한다. 시민 역시 일상 속에서 에너지 절약과 효율 향상을 실천하며, 변화의 주체로서 역할을 다해야 한다. 이처럼 모든 주체가 함께 힘을 모은다면, 우리는 지금의 에너지 위기를 기회로 전환하고, 보다 탄탄하고 지속 가능한 저탄소 사회로 나아갈 수 있을 것이다.

신경제질서하의 새로운 경제정책 모델을 기대하면서

현오석 전 부총리 겸 기획재정부 장관, 제13대 한국개발연구원 원장

글로벌 경제 지형이 요동치고 있다. 세계 곳곳에서 일상화된 지정학적 갈등에 트럼프 2.0까지 겹치면서, "아침에 저녁 상황을 예측할 수 없게朝不慮夕 조불려석" 됐다. 말 그대로 초불확실성Hyper-uncertainity의 시대다. 주요국 모두 변화의 방향을 예측하고, 대응 전략을 탐색하고, 정책 공간을 확보하기 위해 분주한 모습이다.

우리 경제도 급격한 대내외 환경 속에서 다양한 도전과제에 직면해 있으며 과제의 난도도 점점 높아지고 있다. 대내적으로는 추격형 모방경제 시대의 종언에 따른 저성장 추세, 저출산·고령화에 의한 인구·사회 문제, 구조개혁 지체에 기인한 비효율의 누적, 정치적 불확실성 등 수많은 문제가 우리를 위협하고 있다.

대외적으로는 불확실성과 불안정성이 지각변동 수준으로 진행 중

이고, 경제·기술·안보가 상호 연동하는 경제안보 시대를 헤쳐가야 한다. 이러한 측면에서 살펴볼 때, 태생적으로 글로벌 분업 질서에 편입돼 상대적으로 안정된 고도성장을 구가해 온 우리로서는 미증유의 도전에 직면한 셈이다.

그러나 위대한 경제학자 케인스 말처럼 피할 수 있는 위기도 없지만, 극복 못 할 위기도 없다. 특히, 자본주의 시장경제에는 '보이지 않는 손'과 함께 시장 기능이 원활하게 작동하도록 돕는 '보이는 정부 정책'이 매우 중요하다.

정부는 글로벌 경제의 대변혁기에 맞는 경제정책 청사진을 분명하게 제시하고, 판박이 정책을 만병통치약처럼 꺼내 쓰지 말고, 새로운 정책환경에 맞서 일관성 있고 효율적인 카드를 마련해야 할 것이다.

지금 우리가 어떻게 대응하고 주도력을 확보하느냐가 우리의 미래를 결정할 것이다. 그 핵심은 정책 경쟁력이다. 경제정책 담당자는 막연한 미움과 향수에서 벗어나야 한다. 미움에서 벗어나는 것은 이념과 진영을 떠나 접근하는 것이고, 향수에서 벗어나는 것은 과거의 성공 경험에 갇히지 말고 바뀐 세상을 직시하는 것이다.

특히 표를 겨냥한 대중영합적인 정책의 나열은 마치 한밤중에 잃어버린 자동차 열쇠를 찾기 위해 가로등 밑에서 서성대는 것과 같다. 가로등 아래에서 열쇠를 잃어버렸다기보다는 그곳이 가장 밝은 곳이니 맴도는 것이다.

우리 경제의 나아갈 길과 해야 할 일을 경제정책에 제대로 담으려면, 출발점이 무엇보다도 지금 진행되는 정책환경의 변화가 무엇인지 살펴보는 것이다.

첫째는 포용성이다. 20세기 대처 수상이나 레이건 대통령은 자유시장경제와 글로벌리즘이 모두에게 번영을 가져온다고 확신했을지 모르나, 21세기 정치지도자는 확대되는 불균형의 시정에 정책 초점을 맞춰야 한다.

둘째, 기업 전략의 변화이다. 과거에 기업은 이윤 극대화를 위해 글로벌 공급망 구축을 포함하는 공격적 경영전략을 구사했지만, 이제는 지정학적 위험 및 팬데믹 같은 재난에 대비하는 복원력Resilience이 매우 중요하다. 이와 함께 기업의 사회적 책임도 재정립되고 있다. 주주 자본주의Shareholder capitalism가 이해관계자 자본주의Stakeholder capitalism로 완전히 대체되었다고 할 수는 없으나, ESG 경영에서 보듯이 사회적 가치 기반의 혁신이 강조되고 있다.

셋째, '국가의 귀환'이란 표현에서 보듯이 정부의 역할에 대한 새로운 인식이다. 소비자와 기업 등은 독립된 경제 주체로서 정부의 간섭 없이 서로 경쟁하지만, 사회적 도전 상황에서는 정부와 협력 파트너십을 발휘해야 한다. 백신의 개발·보급, 기후변화 대응, 기술 경쟁 등이 모두 그런 영역이다.

넷째, 경제안보 시대의 도래이다. 지금의 국제경제 질서는 글로벌

리즘의 퇴조, 미중 경제와 기술 경쟁의 심화, 가치공유에 따른 새로운 경제동맹 모색 등으로 특징지을 수 있다. 그동안 세계화 속에서 세계 경제의 성장을 견인한 경제적 효율성보다는 국가안보의 중요성이 더욱 주목받게 되고 '경제를 위한 안보Security for economy'가 아닌 '안보를 위한 경제Economy for security'에 방점이 찍힌다.

다섯째, 산업정책의 부활이다. 주요 선진국은 이제 자국 산업 기반 강화, 동맹 파트너국과의 탄력적 공급망 구축 및 새로운 협력체제의 모색 등을 포함하여 경쟁력 강화와 안보를 결합한 새로운 산업정책을 수립하여 첨단산업의 초경쟁력 증대를 도모하고 있다.

그러면 이러한 정책환경의 변화 속에서 새로운 경제정책 담당자는 어떠한 정책 틀을 마련하는 것이 바람직할 것인가? 여러 가지 논의가 있을 수 있으나 혁신과 경제안보 그리고 형평이라는 세 가지 축을 기둥 삼아 경제 재도약의 방안을 담아야 할 것이다.

세 가지 축: 혁신, 경제안보, 그리고 형평

우리 경제의 미래는 기술혁신이 결정한다는 점에 이의가 있을 수 없으며, 혁신에 관하여 세 가지 점을 지적하고자 한다.

첫째, 혁신은 연구개발에 바탕을 두어야 하나 전략은 새로운 관점에서 재정립되어야 한다. 자연과학뿐만 아니라 행태과학, 인문학, 역사, 디자인 등 보다 광범위한 분야에서 연구개발이 이루어져야 하고 이들 간에 상호 학제적Interdisciplinary 접근이 필요하다.

둘째, 혁신은 경제 분야에서만 이루어지는 것이 아니라 AI 등의 활용에서 보듯이 사회적 혁신도 크게 대두될 것이다. 교육, 건강, 교통 등 생활과 밀접한 혁신이 경제혁신과 결합되어 국가 전체의 생산성을 제고하는 만큼, 매우 포괄적인 혁신 전략이 요구된다.

셋째, 산업정책에 대한 새로운 인식과 효율화가 필요하다. 과거의 산업정책은 경제발전의 순기능도 하였으나 정부 주도의 산업 선정과 지원으로 중복투자의 비효율성, 정경유착, 대기업 집중도 심화, 도덕적 해이와 부실기업의 증대, 인플레 만연, 금융기관의 경쟁력 취약 등 부작용이 많았던 것도 사실이다. 그러나 경제안보 시대의 새로운 산업정책은 신기술에 의한 산업의 융합을 통해 산업 생태계의 확산과 발전을 유도하고, 민간의 혁신성장을 금융 측면에서 효율적으로 지원하여야 하며, 양적확장보다는 질적인 혁신성장에 초점을 맞추어야 한다.

또 다른 축은 경제안보이다.

경제안보의 정책적 함의도 셋으로 나눠 살펴볼 수 있다. 첫째, 외교정책 기조는 경제안보 관점에서 재편돼야 한다. 경제안보에 기반한 통상외교정책의 방향은 궁극적으로 비차별적인 자유무역주의의 기본 원칙이 훼손되지 않는 방향으로 국제무역체제를 정립하는 것이 기본 방향일 것이다. 그러나 다자무역체제에 대한 신뢰가 무너져 있는 현 상황에서의 차선책은 산업에 실효적인 영향을 미칠 수 있는 지역 차원의 무역체제 및 부문별 협력의제를 중심으로 협력할 뿐 아니라 주도적 역할을 강화해야 할 것이다.

이러한 측면에서 국제경제 질서의 현황을 고려할 때 인도·태평양 경제프레임워크(IPEF)와 반도체 공급망의 국제 공조를 위한 협력체제 구축 등과 같은 소다자적Minilateralism 무역체제에 적극적으로 참여하는 것도 바람직한 전략이라 할 수 있다.

둘째, 포괄적인 경제안보 전략을 마련해야 한다. 경제안보의 중요성은 첨단기술 관련 산업뿐만 아니라 원자재 등 천연자원, 식량, 환경 등도 해당되는 광범위한 이슈이므로 선진국뿐 아니라 개도국의 이해관계도 모두 반영된 균형적인 접근방식이 필요하다. 이러한 측면에서 공급망 리스크에 대한 전략 마련에 있어서도 경제안보 강화를 위한 공급원의 다변화 등 보편적인 접근방식과 함께 아시아 지역 공급망 강화 등 상황에 맞는 특수성을 동시에 추구해야 한다. 정책 수단에 있어서도 수입 규제 및 수출 통제 등의 통상정책 수단뿐 아니라 투자규제조치를 비롯하여 공급망 재편과 산업육성정책과 같은 포괄적 형태의 경제안보 전략이 강구되어야 하겠다.

셋째, 국제경제 규범 수립에 적극 참여해야 한다. 우리나라는 그동안 규범 수립을 주도하는 국가Rule-maker가 아니었으나 이제는 디지털 경제, 인프라 및 공급망 분야 등에서의 새로운 규범 수립 과정에 더욱 주도적으로 참여하여 국제규범 수립을 통한 대외적 영향력을 확대하여야 할 것이다.

이와 함께 경제안보 목적에 최대한 부합하는 방향으로 규범화 노력에 동참하면서 자유시장 경제체제의 보편적 가치를 토대로 국내 제도와 관행의 선진화에 기여할 수 있도록 필요한 변화를 적극 수용하는 유연한 입장을 견지해야 한다. 경제안보 시대에는 패자부활전이 없다는 점을 명심하여야 할 것이다.

또 하나의 축은 형평이다.

균형 경제의 중요성은 아무리 강조해도 지나침이 없을 것이다. 불균형 문제에 대한 여러 논의가 있지만 세 가지 점을 지적하고자 한다. 첫째, 불균형의 시정에 접근하는 데 있어 우선 불평등이 성장의 부산물이라는 잘못된 견해를 버려야 한다. 경제의 양극화는 불공정할 뿐만 아니라 자원배분의 비효율성을 보여주는 것이다.

둘째, 균형 경제로 가는 첫걸음은 안정적인 고용기회의 확대에 있다. 일자리 창출은 궁극적으로 시장과 기업 부문에 달려있다. 시장 기능이 제대로 작동하지 않고 기업이 투자하지 않으면 일자리는 생겨나지 않는다. 정부는 보완적인 역할을 강화하여 노동 부문의 유연안전성Flexicurity 제고와 직업능력 향상 및 시장에서의 불공정한 여건을 시정하여야 할 것이다.

셋째, 기술변화, 글로벌 현상의 심화, 인구 구조의 변화 등으로 유발되는 소득과 부의 불평등 심화에 대한 대응은 사후적 재분배 기능 Re-distribution과 병행하여 사전적 불평등 악화 개선Pre-distribution과 관련된 제도의 정비도 필요할 것이다.

지금까지의 논의를 요약해 보면 신경제질서하에서의 경제정책은 미움과 향수에서 벗어나 혁신과 경제안보 및 형평이라는 세 축을 기둥으로 삼아야 할 것이다.

달을 더 잘 보려고 사람들이 망원경 성능 경쟁을 하고 있을 때, 어떤 사람은 "직접 가서 보지 뭐"라며 달나라로 가는 탐사선을 만들 생각을 하기도 한다. 망원경에서 탐사선으로 목표가 바뀌었기 때문에, 생각도 임무도 일하는 방식도 다를 것이다. 이렇듯 "지금 아니면 언제? 내가 아니면 누가?"라는 심정으로 우리 경제를 재충전할 때 우리 경제의 재도약도 불가능하지 않을 것이다. 목마른 사람이 우물을 파듯이, 정책담당자를 포함하여 우리 모두가 패러다임의 전환에 목마른 자가 되길 진심으로 기대한다.

2부

국가 정책
전문가

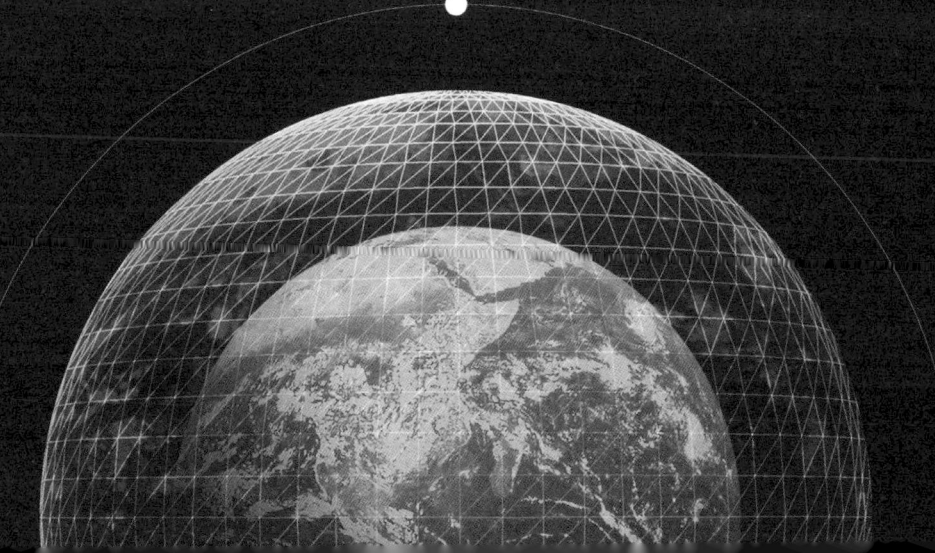

한국의 미래 문명의 운명은 밝지 않다

강규형 명지대학교 교양학부 교수, EBS 이사

아널드 토인비는 문명은 생명체와 마찬가지로 발생·성장·쇠퇴·소멸의 과정을 밟으며, 인간의 역사는 인류 문명의 생성과 소멸 과정이라 보았다. 그러나 각 문명의 생명주기는 다른 생명체들과 마찬가지로 다양한 모습을 띤다고도 했다. 한 문명의 운명은 창조적 소수에 달려있으니, 그들은 도전에 적절히 응전해야 하며, 그들의 모범을 대중이 따르는 것을 '미메시스(모방)'라 규정했다. 그러나 새로운 도전에 제대로 응전하지 못하면 문명은 쇠퇴한다. 현재의 성공에 도취해 새로운 도전에 안이하게 대처할 때 문명은 쇠퇴의 과정을 겪으니, 토인비는 이것을 오만·자아도취라는 뜻의 단어 '휴브리스Hubris'로 설명했다. 토인비의 계시적인 교훈은 문명뿐 아니라 국가·사회·집단·개인에 이르기까지 적용될 수 있다.

이러한 토인비의 주제는 여러 형태로 변주됐다. 폴 케네디 예일대 교수는 저서『강대국의 흥망』에서 이것을 제국帝國에 대입했다. 그 어떤 제국도 영원할 수 없다는 점에서 케네디는 옳았다. 미국도 예외가 될 수는 없다. 그러나 1980년대 욱일승천하는 일본과 서독의 기세에 놀란 그는 미국의 시대가 빨리 저물 것이라 속단했다. 여기에 대한 여러 반론이 제기됐다. 그중 대표적인 예는『21세기 미국 파워(원제 Bound to Lead)』란 책에서 "미국의 전성기는 아직 시작일 뿐"이라고 주장한 조지프 나이Nye 하버드대 교수였다. 1980~90년대 분위기는 압도적으로 케네디의 의견을 더 지지했다. 그러나 시간이 흐른 후 최종 결과는 나이의 압승이었다. 현재도 이 논쟁은 시간대와 차원을 달리해 진행되고 있다. '미국 쇠퇴와 중국 대세론'은 니얼 퍼거슨 하버드대 교수가, 미국의 전성기가 더 갈 것이라는 예상은 조지 프리드먼 박사가 각각 이끌고 있다.

한반도를 문명이란 키워드로 분석해 본다면 엄청나게 긴 기간 중국이라는 압도적인 거대 문명권의 궤도에서 벗어나지 못했다. 그러나 중국의 쇠퇴와 한반도의 1945년 해방 이후 남쪽은 의도했건 안 했건 중국의 대륙문명권에서 벗어나 개방적인 해양 문명권의 영향을 받은 특수한 시기였고, 서구 문명과 전통 문명이 융합되는 과정을 통해 새로운 문명을 창출하는 수준까지 발전했다. 유사 이래 최전성기를 구가했고, 20세기 후반과 21세기 초반부는 중국에 큰소리치는 역사상 매우 이례적인 20여 년을 구가했다. 그러나 이제 그 전성기가 끝나간다는 우려가 생겨나고 있다. 토인비에 대해 강의하면 학생들이 "한국이 바로 휴브리스에 빠져 있는 것은 아닌지요?"라고 예리한 질문을 하기 시작했다. 1세기가 넘는 깊은 수렁에서 헤어나 다시 강력해진 중국에 굴종하는 사실상 신新 조공 체제로의 전환을 요구하는 목소리도 커지고 있다.

한국은 안팎으로 거대한 도전에 직면해 있지만 불행히도 여기에 응전할 준비가 전혀 돼 있지 않다. 그렇다면 힘들여 키워온 한국 문명은 필연적으로 쇠퇴와 소멸을 맞을 수밖에 없다. 그것이 토인비가 얘기한 문명사의 철칙이었다. 몇 년 전에 김인규 한림대 교수의 글에 인용된 아일랜드 문호 예이츠의 시「재림再臨」에서 세상의 종말을 예언한 부분을 읽다가 심장이 멎는 줄 알았다. '최고의 인물들은 신념을 잃어가고/ 최악의 인간들은 광기狂氣로 가득하네.' 훗날 역사가들은 지금 이 시대를 '혼란의 시기'로 표현할 것이며 역설적으로 작금의 대다수 역사가를 광기로 가득한 자들로 묘사할 것이다. 사회를 이끌 현자賢者들은 매도되고 신념을 잃어가며 점차 사라져가고 있다. '최악의 인간'들이 광기를 내뿜고 판친다. 대중은 현자를 모방하지 않고 무책임한 선동가들을 맹목적으로 따른다. 예이츠의 묵시록적인 시의 광경과 참으로 비슷하지 아니한가.

눈을 돌려 한반도의 북쪽을 바라보면 훨씬 더 암울한 풍경이 펼쳐진다. 북한은 인류 역사상 최악의 체제 중 하나로 기록될 것이 확실하다. 조선 왕조 체제, 일본 천황제, 그리고 공산 전체주의 체제의 기묘한 혼합물에 극단적으로 폐쇄적인 울트라 민족주의가 가미된 세계 문명사의 미아迷兒로 평가될 것이다. 그곳에는 광기가 일상사가 된 세상이 있다. 그리고 그 체제를 동경하고 옹호하는 사람들로 넘치는 한국의 여러 집단의 광기가 결합한 이중의 장애물을 넘어야 하는 도전 앞에서 우리는 너무나 무력하다. 이 혼돈의 끝은 어디일까? 문명사의 많은 경우처럼 외생적 충격으로 돌파구를 찾을지도 모른다. 그러나 그것은 희망 섞인 기대일 뿐이다. 우리는 잠시 반짝였던 한국 문명의 전성시대를 그리워하는 신세로 전락할지도 모른다. 문명의 성장을 가져온 근본적인 이유를 모르고 이해하지 못하는 집단엔 당연한 귀결일지도 모른다.

한 인간의 리더십 또는 한 세력의 역량만으로는 해결 불가능한 과제가 쌓여 있다. 첫째는 북한 문제다. 과거 좌파 정권에서 쓴 '돈 퍼주고 입 막는 방식'은 안 된다. 북한의 레짐 체인지(권력 변화)를 이뤄낼 만한 능력과 철학을 가진 사람도 안 보인다. 사실 우리 사회의 역량이 그 정도가 안된다.

다음은 경제성장이다. 1960년대 중반 이후 오일 쇼크와 외환 위기 등을 겪었지만 크게 봐서 중단 없는 성장을 해왔다. 이제 고도성장 시대는 끝났고 현재를 유지하는 것도 힘들 도전이 눈앞에 있다. 이제는

고 남덕우 총리님께서 늘 강조하던 한국 사회의 선진화가 절대적으로 필요하다.

성장동력은 멈춰가고 노령화가 급속히 진행되는 사회가 팽창하는 것은 불가능하다. 사회 구성원 사이의 공통 가치도 해체된 상태에서 방향을 제시하는 나침반은 고장 나 있다. 굶주림과 영양실조를 염려하던 세계 최빈국이 불과 20~30년 만에 비만과 영양 과다를 염려하는 사회가 됐다. 그러나 한국인은 행복하지 않다. 기대 수준이 폭발했고 상대적 박탈감이 무한대로 올라가 욕구 불만이 도를 넘었다. 한마디로 통치가 거의 불가능한 사회가 됐다. 거기에다 정치권은 이런 기대 수준을 채워준다는 오히려 인기영합적인 선심성 정책을 쏟아낸다.

나는 기회 될 때마다 "한국의 우파는 보수가 아니고 한국의 좌파는 진보가 아니다"라고 말한다. 한국 우파엔 보수주의자가 지녀야 할 품위 있는 철학이 없다. 그 대신 개화파의 DNA를 이어받아 대외 지향적이었고 엄청나게 빠른 사회 변화를 이끌어 낸 '진보적'이고 개방적인 집단이었다. 반면 한국 좌파의 뿌리는 위정척사衛正斥邪의 수구파였기에 반反국제주의를 표방했다. 그래서 퇴행적이고 폐쇄적인 모습을 자주 띠었다. 그러나 그들은 폐쇄적 민족주의와 대중영합주의라는 강력한 무기를 결합시켜 사회 내의 진지들을 견고하게 구축했다. 반면, 미래는 알 수 없고 꺼진 불도 다시 봐야 하는 게 한국 정치이지만 한국 우파는 재기가 의심될 정도다.

그들은 산업화를 이뤄놓고 나서 대안을 내놓는 데 안이했다. "잘 살아보세." 이후에 어떻게 살 것이냐의 문제에 대해 고민한 흔적이 별로 없다. 정치 세력으로서 우파에게 제일 큰 관심은 자신들의 재선再選과 권력 유지인 듯 보인다. 대중영합주의에 결연히 맞서 싸운 마거릿 대처의 결단력과 철학도 없다. 데이비드 캐머런의 유연성도 없다. 캐머런은 영국 노동당이 블레어리즘이란 '제3의 길'로 새 모습을 보이고 집권하자, 변화한 노동당의 장점을 흡수하며 "따뜻한 보수"를 기치로 변신해 보수당 집권에 성공했다. 그동안 한국 우파엔 위기 때마다 대개 좌파 운동권 출신 인재들이 혜성처럼 갑자기 나타났다. 그러나 이들은 일정 역할을 한 이후 사라지는 일회성이어서 지속성이 미약했다.

인재의 중요함도 모르고 사람을 끌어다 소모품으로 쓰기에 바빴고 새로운 리더 군群을 형성하는 데 실패했다. 한국 우파 진영에 필요한 것은 비전과 과감함이다. 불행히도 그런 능력을 갖추고 있지 못하다.

한국 우파에 유리한 사실은 세계사의 조류가 우군友軍이라는 것밖에 없다. 한반도에서 냉전과 끔찍한 공산 전체주의를 종식하고 자유 통일로 나아가는 것은 막을 수 없는 흐름이다. 여기에 역행하는 친북·종북세력과 다수 국사학계는 급속하게 역사의 유물이 될 것이다. 그러나 이것만 믿으며 사는 것은 감 떨어질 날을 기다리며 감나무 밑에서 입만 벌리고 사는 것과 다름이 없다. 좌파의 '헛발질'에 편승해서 이기는 것은 큰 의미가 없다. 자기 혁신의 과정을 거치지 못했다. 외생적인 충격이 새로운 동력을 마련해줄지 몰라도, 준비가 안 된 상태에선 기회가 와도 그것을 잘 활용하기 어렵다. 자기 힘으로 새로운 동력을 얻어야 한다. 그러기 위해선 속히 젊고 유능한 지도자들을 키워야 한다. 그 과정은 예상보다 어려울 것이며 긴 시간이 필요할 것으로 보인다.

한국이 진정한 선진국으로 나아가기 위한 과제

강성진 고려대학교 경제학과 교수, 차기 한국경제학회 회장

대한민국이 지난 60여 년간 이룬 경제적 성과는 명실상부한 선진국 대열에 올라섰다고 해도 지나친 말이 아니다. 1인당 명목 국내총생산(GDP)을 살펴보면, 1960년에는 158달러로 110개국 중 72위에 불과했지만, 2023년에는 33,121달러로 195개국 중 41위에 올랐다. 자원부국인 산유국을 제외할 경우 30위권에 해당해, 경제적으로는 분명히 선진국 반열에 들어섰다고 평가할 수 있다.

그럼에도 국민이 실제로 체감하는 행복감Happiness은 경제 수준의 세계 순위와 큰 차이를 보인다. 유엔 지속가능발전네트워크(SDSN) 등 세 기관이 공동 발표한 『2025년 세계 행복보고서』에 따르면, 한국의 행복 순위는 147개국 중 58위로, 경제력에 비해 상대적으로 낮다. 행복을 구성하는 세부 지표를 보면 현재 한국의 상태를 좀 더 구체적으

로 파악할 수 있다. 1인당 GDP는 26위, 기대수명은 4위로 매우 높은 편이지만, 부패에 대한 인식은 56위, 관대함은 82위, 사회적 지원은 84위이며, 특히 삶의 선택 자유는 101위로 크게 뒤처져 있다.

이러한 결과는 행복감 상위 국가들이 어떤 공통점을 가졌는지 생각해 보게 한다. 핀란드는 8년 연속 1위를 기록했고, 덴마크(2위), 아이슬란드, 스웨덴, 네덜란드 등 북유럽 국가들이 상위권을 차지하고 있다. 이들 국가는 사람 간의 신뢰 수준이 높고, 사회 안전망이 잘 구축되어 있으며, 공동체 문화가 뿌리내려 있는 것이 공통점이다. 이는 한국이 앞으로 국민의 행복감을 높이기 위해 어떤 방향으로 나아가야 할지를 암시해 준다.

명실상부한 선진국으로 자리매김하기 위한 정책적 방향은 국제경영개발대학원(IMD)이 발표한 국가경쟁력 지표를 통해서도 살펴볼 수 있다. IMD가 평가한 종합 순위에서 한국은 67개국 중 27위로 상대적으로 높은 경쟁력을 보였다. 세부 항목을 보면, 경제성과는 11위, 인프라는 21위로 우수한 반면, 정부 효율성은 31위, 기업 효율성은 44위로 다소 낮게 나타난다. 구체적으로 보면 인프라 항목 중 과학 인프라는 2위로 가장 높지만, 정부 효율성 중 기업 여건은 50위로 가장 낮고, 기업 효율성에서는 경영 관행이 55위로 가장 뒤처져 있다.

이 같은 결과는 경제성과 인프라 같은 물질적 지표는 세계적인 수준에 도달했지만, 이를 뒷받침할 제도적 신뢰, 행정과 기업의 운영 효율성 등 질적 요소는 여전히 부족하다는 점을 시사한다. 진정한 선진국으로 나아가기 위해서는 단순한 경제지표를 넘어서, 신뢰·자유·공동체성과 같은 비물질적 가치에 대한 정책적 관심과 투자가 함께 이루어져야 할 것이다.

다양한 지표를 종합하면, 미래 세대에게 우리가 선진국으로서 그에 걸맞은 행복을 체감할 수 있는 지속가능한 사회를 물려주기 위해 해결해야 할 과제가 분명하다. 경제성과나 과학 인프라 등 물적 지표의 성과는 분명하지만, 정부와 기업의 효율성을 높이기 위한 제도적 보완이 필수적이다. 이러한 질적 요소는 국가 차원의 제도를 의미하며, 대런 아세모글루D. Acemoglu와 제임스 로빈슨J.A. Robinson이 『국가는 왜 실패하는가』에서 주장한 '포용적 제도'와 연결된다. 이들은 지속가능한 성장을 이루기 위해서는 정치·경제·사회 제도가 더욱 포용적으로 전환되어야 한다고 강조한다.

포용적 제도를 정착시키고, 지속 가능하고 행복한 사회를 미래 세대에게 물려주기 위해 우리 사회가 풀어야 할 과제는 다음과 같다. 빠르게 진행 중인 저출산·고령화 문제, 빠른 속도로 늘어나는 가계·기업·정부 부채, 소득재분배 효과가 낮은 사회보장정책과 연금의 지속가능성, 대기업 중심의 경제구조, 혁신지표는 높지만 산업화 정도는 매우 낮은 혁신생태계, 과도한 대외 의존형 경제성장 전략, 정부 의존도가 높은 경제구조 등이 효과적으로 해결되어야 한다.

이러한 과제를 극복하고 지속가능한 발전을 달성하기 위해서는 우리 사회의 물질적·정신적 유연성Flexibility이 함께 강화되어야 한다. 그중에서도 사고의 유연성이 가장 중요하며, 다른 나라들이 시행하고 있는 수준의 제도적 유연성을 갖추는 것이 필요하다. 구체적으로는 서비스 부문을 산업으로 바라보아 성장동력화 방안 강구, 글로벌 기준에 맞춘 규제개혁, 세계적으로 높은 고용경직성에서 더 나아가 고용안정성과 유연성을 동시에 갖춘 유연안전성Flexsecurity로 전환, 그리고 기존의 포지티브 정책 방식에서 벗어나 네거티브 정책 체계를 도입해 신산업 발전을 촉진하는 방향으로 나아가야 한다. 또한, 미국과 중국을 중심으로 치열하게 이루어지고 있는 미래기술·산업에 주도권 경쟁이 이루어지는 경제안보 시대에 우리도 능동적이고 적극적인 대응이 필요하다.

이러한 노력을 통해 우리 사회는 최근 급격히 진행되고 있는 기존 산업의 성장동력 약화에 적극적으로 대응하고 서비스산업 국제경쟁력 강화에서 더 나아가 신성장동력 산업을 빠르게 발굴할 수 있다. 그리고, 세계적 과제로 떠오른 디지털·에너지 전환에 성공적으로 적응하여 제4차 산업혁명 시대에 한국이 선도적 위치에 설 수 있도록 해야 한다. 이러한 대응책을 통하여 지속가능한 발전을 달성할 수 있고, 미래 세대가 명실상부한 선진국 수준의 행복을 누릴 수 있는 사회를 물려줄 수 있을 것이다.

강대국의 길,
선진화의 길

강평기 한국선진화포럼 상임이사

아리스토텔레스는 『정치학』에서 "국가는 단순히 생존을 위한 공동체가 아니라, 잘 살아가기 위해 존재한다"고 말했다. 시민들이 도덕적·윤리적으로 선하게 살 수 있도록 돕는 것, 바로 그것이 국가의 목적이다. 그렇다면 우리는 어떻게 좋은 삶Good Life을 살 수 있을까? 공동체 속에서 올바른 품성과 가치를 배우고 실천하며 성숙한 어른으로 성장하고, 정의롭고 선한 공동체를 일구기 위해 고군분투하며, 자기 행동에 책임지는 시민으로 살아가는 것. 이것이 곧 좋은 삶이 아니겠는가.

오천 년 역사에서 오늘날만큼 부강했던 시기는 없었다. 오늘의 번영은 허리띠를 졸라맨 국민, 산업을 일으킨 기업가·기술자·근로자, 올바른 정책을 세운 관료·전문가·지식인, 조국을 위해 헌신한 지도자, 그리고 글로벌 표준 시스템의 도입 등이 있다. 이 모든 노력은 더 나은 삶을 위한 땀이었다. 우리는 산업화와 민주화를 이뤄냈다. 그러나 그 성취에 안주해선 안 된다. 이 두 과제는 멈춤 없이 글로벌 수준으로 높여야 한다. 스펀지가 물을 흡수하듯 민주주의는 가정과 사회, 학교와 직장, 인간관계까지 스며들어야 한다. 공화국에 검은 물방울이 하나라도 튄다면, 시민의 참여와 각성으로 즉시 뱉어낼 수 있어야 한다.

이제 우리가 나아갈 방향, 국가 비전은 분명하다. 그것은 바로 '강대국의 길'이다. 그러나 그 길로 향하는 선진화는 기존 선진국을 단순히 모방하는 것이 아니다. 전 세계 모든 분야를 샅샅이 비교·분석하고, 최선의 모델을 선택해 역량을 글로벌 최고 수준으로 끌어올려, 전 세계 시민을 우리가 선도해야 한다.

그렇다면 대한민국은 지금 어디쯤 와 있는가? 강대국을 평가하는 지표에는 경제력, 산업 경쟁력, 군사력, 과학기술과 혁신 역량, 외교력, 인구와 인적 자본, 문화력, 정치·행정·법치 역량, 지정학적 조건, 시민의식과 자긍심 등이 있다. 이러한 지표를 종합하면 한국은 강대국 문턱에 선 '중견 강국'이다. 국무조정실 「광복 80년 국민인식조사」에서 응답자의 27.8%가 한국을 선진국으로, 39.3%가 중상위권, 22.6%가 중진국이라고 말했다. 각종 세계 순위와 통계를 보아도 이를 보여준다.

경제력 측면에서 한국의 명목 GDP는 약 1.9조 달러로 세계 12위 규모다. 미국(약 29조 달러)과 중국(약 19조 달러)에 비하면 현격히 작지만, 1인당 GDP는 약 3만 4천 달러(32위), 구매력지수(PPP) 6만 5천 달러(26위)에 이른다. GDP 대비 R&D 투자 비율이 세계 최고 수준이고 제조업 경쟁력도 세계 6위에 달한다. 다만 내수시장이 작고 자원이 부족하여 대외 의존도가 높다. 향후 AI·바이오 등 첨단산업에 대한 투자와 기술 혁신이 미래를 좌우할 것이다.

국방력도 꾸준히 강화되었다. 스톡홀름 국제평화연구소(SIPRI) 기준 2024년 한국의 국방비는 476억 달러로 세계 11위 수준이며, 한미동맹을 기반으로 군사력은 세계 6위로 평가된다. 한국은 비핵국이지만 강력한 재래식 전력을 갖추었고, 방위산업 수출도 세계 8위에 달한다. 그러나 한반도를 둘러싼 지정학적 위험은 크고, 사이버·우주·드론전 등 신흥 안보 분야에서는 취약하다.

과학기술 분야에서도 한국은 글로벌 선두권에 속한다. 연구개발(R&D) 투자 규모는 2022년 미국과학재단(NSF)에 따르면 세계 5위이며, GDP 대비 R&D 투자 비율은 5%를 넘겨 이스라엘에 이어 세계 2위다. SCOPUS에 등재된 한국의 연간 과학·공학 논문 건수는 세계 9위권이고, 세계혁신지수(GII)에서도 2024년 기준 6위를 차지했다. 특허 출원, ICT 경쟁력, 첨단기업 밀도, 인재 양성 등에서 두각을 나타내며, 특히 연구 역량은 세계 1위다. 다만 기초과학에서는 노벨상 수상 등 탁월한

성과가 아직 없어 과학기술의 질적 도약이 과제로 남아 있다.

외교력은 문화 소프트파워의 힘을 입어 세계 10위권에 들어섰다. 한국은 한미동맹을 축으로 다자외교와 경제외교에 적극적으로 나서고 있다. 한국인은 190개국을 무비자로 방문할 수 있어 세계 최고 수준의 국제 이동성을 갖고 있다. 미중 경쟁 속에서 균형 외교가 쉽지 않지만, 중견 강국으로 외교 인프라를 확충하고 국제 사회에 대한 기여를 확대해야 한다.

한국의 인구는 약 5,170만 명으로 세계 29위 수준이다. 인도나 중국, 미국 등에 비해 규모가 작고, 초저출산과 고령화로 지속가능성마저 위협받고 있다. 출산 장려와 이민 확대 등 인구 전략의 혁신이 절실하다. 교육 수준은 매우 높아 한국 학생들의 학업 성취도는 OECD 최고 수준이고, 고등교육 이수율도 세계 1위다. 그러나 사교육 과열과 창의성 부족, 직업교육 취약 등 교육의 질적 한계가 있고 우수 인재의 해외 유출도 심화되고 있다. 또한 문해율은 높지만 성인 60%가 1년에 책을 한 권도 읽지 않을 정도로 평생학습에 취약하다.

문화력에서도 한국은 신흥 강자로 떠오르고 있다. K-팝, 드라마, 영화, 게임 등 한류 콘텐츠가 세계적인 인기를 얻으면서, 한국은 문화 산업 강국 반열에 올랐다. 2025년 브랜드파이낸스 기준 한국은 예술·엔터테인먼트 영향력 부문 7위, 문화유산 부문 9위를 기록했고, 한식과 K-뷰티, 웹툰 등도 세계적 팬층을 확장 중이다. 미국이 할리우드로 대중문화를 주도하고 영국이 음악·문학과 스포츠로, 일본이 애니메이션·만화·게임으로 소프트파워를 구축한 것처럼, 한국도 꾸준한 콘텐츠 산업 투자로 문화 강국의 입지를 굳혀야 한다.

행정 역량은 세계 최고 수준이다. 전자정부 등 디지털 행정은 덴마크, 핀란드와 함께 글로벌 선도 그룹에 속하며 정부 운영의 투명성과 효율성을 높였다. 그러나 정치 양극화와 사회적 갈등 탓에 국민의 정부에 대한 신뢰는 낮은 수준이다. 중앙집권적 시스템 아래 지방분권이 미흡하다.

민주주의지수(DI)에서 한국은 세계 32위(7.75점)로 '완전한 민주주의'와 '결함 있는 민주주의'의 경계선에 있으며, 정치 참여는 활발하지만 과도한 양극화와 권력 집중, 미흡한 정치 문화가 약점으로 꼽힌다. 언론자유지수(WPFI)도 180개국 중 62위에 머물러, 정권 교체 때마다 불거지는 공영방송 장악 논란 등으로 언론의 독립성과 다양성이 크게 훼손되고 있다.

세계법치지수(WJP)에서 한국은 19위로 준법성과 사법 투명성 면에서 높은 평가를 받는다. 다만 부패인식지수(CPI)는 세계 30위(64점)에 머물러, 여전히 고위층 부패와 정경유착에 대한 국민의 불신이 남아 있다. 그럼에도 한국 사회의 치안은 매우 안전한 편이다. 고의적 살인율이 인구 10만 명당 0.53명에 불과해 일본(0.23명)과 함께 세계 최저 수준을 기록한다.

2025년 에델만신뢰지수(ETI)에 따르면, 한국의 사회적 신뢰도는 41%로 28개국 중 27위였다. 정부 기관과 언론에 대한 신뢰는 최하위로 우리는 불신 사회이다. 세대와 소득에 따른 신뢰 격차는 점점 커지고 있으며, 정보 격차와 정치·사회 이슈에 대한 불신이 복합적으로 작용하고 있다.

국민의 행복과 삶의 질 지표는 상대적으로 저조하다. 2024년『세계행복보고서(WHR)』에 따르면 한국은 세계 51위(6.06)에 머물렀고, 삶의 질지수(QLI) 역시 세계 38위다. 치안과 사회 인프라는 우수하지만, 높디높은 주거비와 나쁜 공기질, 부족한 여가 시간 등이 삶의 만족도를 떨어뜨린다. 특히 대도시의 주거 스트레스가 심각하며, 일과 삶의 균형, 주거 안정, 환경 개선에 대한 노력이 절실하다.

이상의 분석을 종합하면, 한국은 경제, 산업, 군사, 과학기술, 문화, 행정 등에서 강점을 지닌다. 그러나 인구 규모의 한계, 정치·사회적 갈등과 불완전한 민주주의, 낮은 사회적 신뢰와 언론 자유, 국민 행복도 등의 약점도 분명하다. 우리는 기축통화국도 아니고 유엔 안보리 상임이사국도 아니며, 핵무기도 없다. 지정학적으로 불리한 위치에 놓여 안보 리스크도 큰 편이다. 그럼에도 한국은 지금까지 강대국들이 설계한 세계 질서 속에서 끊임없이 분투해 왔다. 그들이 내세운 가치와 이념에 공감하며 약소국에서 중건국으로, 빈국에서 부국으로 힘겹게 도약해 온 것이다.

글로벌 강대국이 되기 위한 전략

이제 우리는 자문해야 한다. 어떻게 글로벌 강대국 대한민국을 이룰 것인가. 그 첫걸음은 민족국가 중심의 사고에서 벗어나, '우리 국가만', '우리 민족만'이라는 울타리에 갇히지 말고, 세계와 소통하고 협력하는 진정한 글로벌 공동체를 지향하는 데 있다. 이를 위해 다섯 가지 핵심 전략을 제시한다.

노블레스 오블리주의 제도화: "윗물이 맑아야 아랫물이 맑다." 사회 지도층이 솔선수범해야 국민 전체가 바르게 갈 수 있다. 정치인, 지식인, 전문가, 법조인, 언론인, 기업인, 자산가 등 책임 있는 위치일수록 법적·도덕적 의무를 더욱 엄격히 부과해야 한다. 위법행위에 대한 벌금과 처벌은 지위·재산 규모에 비례해 강화하고, 이를 통해 사회의 신뢰와 투명성을 높인다. 북유럽 국가들이 이런 제도로 사회적 신뢰를 구축했다.

인구 증대와 글로벌 인재 영입: "인재 없이 국가는 없다." 이제 외국 인재 유치를 국가 생존 전략으로 삼아야 한다. 현재 국내 거주 외국인은 전체 인구의 3.8%(약 200만 명)에 불과하며 대부분이 단순 노동 인력이다. 앞으로 세계 각지의 우수한 전문가, 기술자, 과학자, 교육자 등을 적극 영입하여 공공기관과 연구소, 국공립대학과 초중등학교 등에 외국인 전문가를 최소 20% 이상 채용하고, 정부 차관과 실장 등 주요 직책에 세계적 인재를 등용한다. 또한 영어를 공용어로 채택하고 외국어 교육을 강화한다. 장기적으로 총인구를 7천만 명 수준까지 늘려 인적 자원과 내수시장 규모를 획기적으로 확대한다. 이를 위해 수도권 일극 체제에서 벗어나 지역 균형 발전을 도모하고, 중앙정부 권한을 과감히 지방에 이양하여 교육·복지·행정·치안·법인세 등 전 분야에서 실질적 지방분권을 구현한다.

글로벌 경제 대국 도약: "땀 흘린 만큼 보상받는다." 미래 산업부터 기존 주력 산업까지 세계 최고 수준의 경쟁력을 갖춘 경제를 만든다. AI·양자·바이오, 우주항공·첨단무기·첨단의료 등 신산업을 집중 육성하고, 반도체·조선·배터리·자동차 등 주력 산업도 글로벌 1위를 겨룰 경쟁력을 확보한다. GDP 대비 R&D 투자를 6% 이상으로 늘려 세계 최고의 혁신 허브가 되고, 창업 생태계(규제 샌드 박스, 스케일업 펀드 5조 원 조성, 스타트업 인재 영입 비자, 크라우드펀딩 세제 혜택 등)를 강화하여 100개의 유니콘 기업을 배출한다. STEM 인재를 대거 양성해 기술 강국의 인적 토대를 마련한다. 이러한 노력을 통해 중장기적으로 GDP 세계 5위, 1인당 국민소득 6만 달러 달성, 글로벌 TOP3 기술 강국 도약을 목표로 한다. 이를 뒷받침하기 위해 법인세를 10%대로 낮춰 해외 자본과 기업 투자를 적극 유치하고, 공기업은 민영화하여 효율성을 높인다. 아울러 공공기관과 연구기관의 주요 보직에 대한 낙하산 인사는 법적으로 원천 차단해 경영의 전문성과 정치적 중립성을 확보한다.

강군 육성과 능동적 외교: "평화는 힘에 의존한다." 미래전에 대비해 군대를 첨단 정예화하고, 북한의 핵·미사일 위협에 맞설 한국형 3축 체계를 완비한다. 주요 무기체계의 국산화율을 80% 이상으로 높여 군사 주권을 강화하고, 방위산업을 5대 수출국 규모로 육성하여 경제 성장동력으로 삼는다. 한미동맹을 바탕으로 외교 역량도 다변화한다. 중장기적으로 유엔 안보리 상임이사국 진출을 추진하고, 평화유지군(PKO) 활동 확대와 공적개발원조(ODA) 증대로 국제 사회에서 책임과 역할을 다하는 나라가 된다. 자유무역과 다자주의의 옹호자로서 WTO, WHO, UNESCO 등 국제기구의 규범 형성에 주도적으로 참여하고, 더 많은 한국 인재가 국제기구의 리더로 활동하도록 지원한다. 기존 강대국들의 견제에도 의연하게 대응하면서, 한미동맹을 안보를 넘어 '경제기술동맹'으로 격상하고, EU와 인도, 호주, 캐나다 등과 동맹을 맺어 세력균형을 활용한다. 이렇게 경제력, 군사·외교력, 과학기술력, 문화력을 세계 최고 수준으로 끌어올려 글로벌 리더 국가로 발돋움한다. 어떤 강대국이 '자국 우선주의'로 세계 시장과 국제질서를 흔들 때, 글로벌 리더로서 포용적 정책으로 국제질서를 수호하고 패권국이 된다.

정부 혁신과 행정 효율: "물 한 방울도 허투루 흘리지 않는다." 행정 낭비를 줄이기 위해 정부 조직과 운영을 대대적으로 개혁한다. 국방·외교 등 안보 부서를 제외한 모든 부처를 세종시로 이전해 한곳에 모으고, 국회도 세종시로 옮겨 행정부와 입법부의 실시간 소통과 협력을 강화한다. 중앙부처는 통폐합해 12개 핵심 부서로 재편한다.

행정 구조도 단순화한다. 한국은 정보화에 앞서 있고 국토 면적도 크지 않다. 현재의 '중앙-광역-중소도시-읍면동' 4단계 행정 체계를 '중앙-광역-읍면동' 3단계로 축소한다. 예컨대 서울시의 경우, 구청과 구의회를 없애고 서울시와 동 주민센터를 바로 연결하는 식이다. 이를 통해 예산 낭비와 불필요한 정치 비용을 줄인다. 아울러 공무원 조직을 슬림화한다. 베이비붐 세대의 은퇴 시기에 맞춰 "2명 퇴직하면 1명 채용" 원칙을 적용하고, 불필요한 업무를 과감히 없애 효율을 높인다.

지금 대한민국은 당당한 중견 강국으로 자리 잡았다. 그러나 여기서 만족하며 멈출 것인가? 아니면 새로운 세계 문명을 이끄는 글로벌 리더 국가로 도약할 것인가? 대한민국이 선진화를 넘어 진정한 강대국이 되려면, 강점인 경제력과 군사·외교력, 과학기술력, 문화력을 더욱 강화해야 한다. 동시에 우리가 취약한 시민의식과 공동체의식, 다양성과 창의성, 사회적 신뢰를 높여야 한다. 그리하여 국민 모두가 함께 자긍심을 품고, 다음 세대가 더 나은 세상에서 좋은 삶Good Life을 살아갈 수 있도록, 대한민국은 선진화를 넘어 강대국으로 전진해야 한다.

교육선진화를 위한 호모헌드레드(HomoHundred)스쿨이 필요하다

곽삼근 한국지역사회교육재단 이사장

아리스토텔레스는『정치학』에서 7권과 8권 두 권을 교육에 할애했다. 총 8권 중 교육을 큰 비중으로 다루었다는 점이 주목된다. 그는 정치와 윤리와 교육을 같은 선상에 놓았으며, 정치란 가장 궁극적으로는 시민들에게 좋은 학습경험을 갖게 해주는 것이라고 설파하였다. 물론 정치에서 국방 경제 안보 등을 통해 국가체제를 유지하는 것이 기본적으로 필요하지만 정치의 궁극적 목적을 시민에게 좋은 학습 경험을 갖게 하여 행복을 누리게 한다는 아리스토텔레스의 주장에 크게 공감한다. 왜냐하면 인간 삶의 목표는 행복이며, 시민의 행복은 결국 좋은 학습경험에 의해 좌우되기 때문이다. 시대와 사회를 초월한 지금 대한민국에서 왜 그를 소환할 수밖에 없을까. 바로 지금 이 시대 우리나라 상황이 민주주의를 돌아보게 하고 시민권이 무엇이며 이들에게 행복은 어떻게 다가올지와 중복되기 때문이다.

오늘날 한국은 복지사회를 지향하며 행복한 개인을 중요한 키워드로 꼽고 있다. 그런데 대한민국 사람들의 행복지수는 세계적으로 낮게 나타나고 있다. 경제대국 10위권으로 부상하였는데 과거 가난했던 시대에 비교해서도 최근 더 낮아졌다는 것은 물질적 풍요에 비해 정신적 빈곤이 심화하였음을 말해준다. 한국인들의 교육과 학습에 문제가 있음을 알 수 있다. 아리스토텔레스의 행복론은 잘 알려졌지만 실상 오늘날 그러한 행복을 누릴 사람은 그리 많지 않을 것 같다. 합리적 이성적으로 자신의 목표를 설정해 놓고 그것을 이루어 냈을 때 느끼는 성취감을 행복이라고 간주한다면 어쩌다 로또 맞듯이 부를 축적하기만을 바라는 것은 행복 추구와 거리가 멀다. 보통 한국 사회를 지배하는 풍토, 한국인들 대다수가 추구하는 삶의 중대 목표는 행운이 없으면 쟁취되기 어려우므로 대부분 무력감을 느끼고 상대적 박탈감을 느끼게 되니 행복하지 못한 것 아닌가 하는 해석을 해본다. 자살률이 높고 행복지수가 낮은 것은 교육에 대한 사회문화적 처방을 요구한다.

우리나라에서는 행복하게 살기 위한 공부가 아니라 시험을 잘 치르기 위한 공부에 집중하도록 요구한다. 중학교 2학년 대상 국제학업성취도 조사(PISA)에서는 상위권인데, 성인의 역량인 국제성인역량조사(PIACC) 결과에서는 하위권이라는 국제 비교는 충격적이다. 청소년

기까지 대학입시를 위해 시험공부는 열심히 했지만, 그 이후 삶을 풍요롭게 하는 공부는 외면하고 있다. 시험과 무관한 책을 읽는다든가 지적인 공부를 소홀히 하는 것은 변명의 여지가 없을 듯하다. 선진국이 된다는 것은 경제적 부유함도 중요하지만 상호 존중과 신뢰의 문화적 품격을 지니는 자기 주도적 행복한 시민의식 함양이 필수적이다. 이를 위한 교육개혁이 국가 통치의 중요 의제가 되어야 하며 다음 몇 가지 사항을 제안한다.

첫째, 성인 학습의 의무화로 길어진 성인기에 부응하는 디지털 리터러시, 문화적 리터러시를 실천할 호모헌드레드 스쿨이 필요하다. 평균수명으로 길어진 성인기에 걸맞는 배움의 기회와 배움의 내용은 매우 제한적이므로, 100세 시대를 이끌어갈 호모헌드레드 스쿨이 추진될 필요가 있다. 50대 60대에 은퇴한 이후 100세까지 여가 시간만을 위해 취미활동을 하는 것은 국가적 손실이다. 특히 디지털 전환 시대, 디지털 리터러시를 위한 성인의무학습 정책추진은 필수적이다. 개인의 문화소비와 취미생활 관련 평생학습은 개인에게 맡기고 정부는 전 국민의 리터러시에 관심을 두어야 한다. 이를테면 국가인적자원개발 차원에서 성인의무학습을 제도화하는 등 특단의 성인교육정책을 펼쳐야 할 시점이다. 리터러시 개념과 영역이 확대되어 온 만큼 디지털 리터러시, 문화적 리터러시, 헬스 리터러시 등이 행복 추구에 필수적이다. 성인들이 분명한 목적과 목표를 가지고 학습을 체계적으로 하게 되면 노년층의 삶이 크게 변화될 것이며, 정부는 저출생·고령사회를 맞아 성인 발달과 교육에 역점을 두어야 한다. 전 국민의 디지털 문해력 향상은 사회에서나 기업에서나 필수적이므로, 과거 해방 후 전 국민 문맹퇴치운동을 하였던 정도에 버금가는 국민 전체의 '디지털 문해력' 향상에 역점을 두어야 한다.

둘째, 고등교육 재구조화와 혁신으로 미래 평생학습의 질적 향상이 요구된다. 산업화 시대 대학 교육이 단일 전공으로 평생 살아가는데 충분하던 시대는 지나갔으며 졸업생들의 취업과 정년 이후 다시 대학으로 돌아와 제2, 제3 커리어를 모색할 수 있는 성인 대학 교육이 필요하다. 성인·계속교육Adult and continuing education 개념 중에서 우리나라는 성인 개념의 기초 단계만 취하였고, 대학 졸업 이후에도 계속 배우는 개념을 활용하지 못한 결과 성인들의 취미에만 치중한 상황이다. 고등교육단계에서부터 경계 넘나들기가 필요하다. 평생교육의 질적인 제고를 위해 고등교육은 재구조화 되어야 하고, 대학은 더 이상 갓 고교를 졸업한 20세 학습자 교육만이 아니라 성인들의 계속교육을 위해 새로운 계속교육 학제를 창안해야 하는 시점이다. 이리하여 고등계속교육의 틀을 갖추어야 하며, 성인 교육을 담당하는 교육자Adult educator 양성이 요구된다. 길어진 성인기를 대비하여 성인 중기와 후기의 발달과 과업에 대한 심도 있는 연구가 필요하다.

셋째, 평생학습사회에서 형식, 비형식, 무형식교육의 세 유형 간 경게 넘기가 보편화되고 벽 허물기가 진행되고 있는 추세이다. 선진국으로 갈수록 이러한 현상은 가속화되고 있다. 유네스코가 평생학습을 새로운 인권으로 인식해야 한다는 주장을 펼치며 "학교와 대학을 평생학습기관으로 전환한다"는 정책적 관점의 수용이 불가피해졌다. 무엇보다 한국처럼 기관 간 장벽이 높고 상호 교류가 힘들게 막혀있는 나라에서 이 메시지의 정책적 의미는 매우 크다. 과거 산업 사회에서 부처 간, 전공 간, 각급 학교 간 칸막이와 울타리는 이제 평생학습 사회를 맞아 경계 넘나들기로 그 유연성을 높여야 할 것이다. 교육부의 2022년 총예산은 89.6조 원, 평생교육 부문 예산은 1.1조 원으로 총예산 대비 1.3%라는 통계가 말해주듯이 교육부 예산이 평생교육에 매우 적은 것도 문제이지만, 그나마 벽 허물기 정책은 예산상 낭비를 줄여 줄 수 있을 것으로 보인다. 중복적인 투자를 탈피하여 공교육, 사교육, 지역사회교육이 상호 연계 운영된다면 학습자들에게 큰 혜택이 돌아갈 것이다. 중·고등각급학교 간의 벽, 민간이나 지역교육활동과 학교 간의 울타리, 고등학교와 대학교 간 다양한 공인된 크레딧을 상호 인정해 주는 것만으로도 학습자들의 편의와 효율성을 높일 수 있다.

넷째, 사회적 자본 확충을 위한 공동체 살리기 시민교육 강화에 역점을 두어야 한다. 한국의 시민의식 교육은 매우 저조한 상태이다. 학습자 중심이라는 원칙에 매몰되어 지나치게 개인적인 욕구 측면만 강조하다 보니 사회 공동체 시민교육이나 지속가능성 관련 학습에 대한 실천은 저조하게 되고, 궁극적으로 사회환경적 건강성을 유지하기 어렵게 되었다. 한국이 인적자본은 어느 정도 수준을 갖추었으나 사회적 자본이 매우 취약한 것으로 보고된 바 있는데, 이는 개인의 취미가 오락 중심 평생교육의 실태와도 깊은 연관이 있다. 현재 평생학습도시나 상당수의 평생교육기관들이 제공하고 있는 프로그램들도 개인적 문화 향유와 직업 능력 개발에 편중되어 있다. 공동체 시민교육에 적극적인 공공 개입을 통해 한국의 사회적 자본 확충에 역점을 두어야 한다. 행복한 개인, 잘 기능하는 건강한 사회를 이루는 교육선진화를 기대해 보자.

대한민국 선진화, 소비자에게 길을 물어야

곽은경 한국소비자원 상임이사

"보스는 단 한 사람, 고객이다. 소비자는 기업 회장부터 말단 직원까지 모두 해고할 수 있는 능력이 있다." 월마트 창립자 샘 월튼의 이 말은 단순한 경영 구호가 아니라 현대 경제 시스템의 본질을 꿰뚫는 통찰이다. 소비자는 소비 행위를 통해 무엇을 얼마나 생산해야 할지를 결정한다. 겉보기엔 단순한 원리 같지만, 그 영향력은 일자리와 임금 수준까지 좌우할 만큼 막대하다. 경제학에서는 이를 '노동 수요는 파생 수요'라고 설명한다. 소비자가 만족하는 시장은 성장하고, 그렇지 않은 시장은 쇠퇴하면서 일자리 역시 자연스럽게 사라진다. 결국, 오늘날의 경제를 움직이는 가장 강력한 동력은 소비자의 선택이다.

지금 한국 경제는 저성장 국면에 접어들며 활력을 잃고 있다. 저출산·고령화로 인한 인구 구조의 변화, 보호무역 강화와 중국의 기술

추격 등 대내외적 위기가 동시에 몰려오고 있다. OECD는 한국의 잠재성장률이 회원국 중 최하위권으로 떨어질 것이라고 경고한다. 이러한 복합적 위기 속에서 새로운 성장 동력을 찾으려면 '시장의 효율성'에 집중해야 한다. 그리고 그 출발점은 소비자다. 소비자가 원하는 시장, 즉 가격 경쟁력과 생산성을 모두 갖춘 시장이 성장할 수 있도록 정책적, 제도적으로 뒷받침하는 것이 중요하다. 이것이 국가 경쟁력을 높이고 일자리를 만들며 저성장을 극복하는 현실적인 해법이다.

소비자 중심 시장이 지속가능한 성장의 해법

소비자의 선택이 실질적인 시장 성장을 이끌어 낸 대표적 사례가 바로 온라인 플랫폼 기반의 새벽 배송 서비스다. "밤 11시에 주문한 분유가 아침 6시에 도착했다"는 후기는 이제 낯설지 않은 일상의 경험이 되었다. 바쁜 맞벌이 부부부터 1인 가구들까지, 오프라인 매장을 방문할 여유가 없고, 하루 이상 걸리는 택배가 불편했던 소비자들에게 새벽 배송은 '시간'이라는 가치를 되돌려준 해결책이 되었다. 마켓컬리와 쿠팡 등의 서비스는 대중적 효용을 명확히 입증했다. '쿠세권(쿠팡 배송 가능 지역)'이라는 신조어가 등장한 것도 그 증거다. 새벽 배송 가능 여부는 이제 부동산 가치에도 영향을 미치는 요소가 된 것이다. 한국소비자원이 발표한 '2024 소비자 시장평가지표'에 따르면 새벽 배송은 가격 공정성, 신뢰성 등에서 가장 높은 점수를 받아 1위를 차지한 바 있다. 실제 시장 규모 역시 2018년 4천억 원에서 2023년 11조 9천억 원으로 무려 30배 가까이 성장했다. 소비자의 필요를 중심에 둔 서비스 설계가 유통을 넘어 시장 전반을 성장시킨 상징적 사례로 평가받고 있다.

시장의 긍정적 반응은 곧 일자리 창출로 이어진다. 새벽 배송 시장은 물류 인력, 고객 상담원, 품질 관리자, IT 개발자 등 다양한 분야에서 채용 수요를 늘렸다. 특히 청년층, 경력단절 여성, 중장년층 등 고용 취약계층에게 새로운 기회를 제공했다. 경북 김천, 충북 음성 등에 구축된 쿠팡의 지역 거점 물류센터는 인구감소가 진행 중인 지방 중소도시에서 양질의 일자리를 제공하며, 지역 경제에 활력을 불어넣고 있다. 2024년 기준 쿠팡은 국내 전체 기업 가운데 채용 규모 5위, 채용 증가율은 1위를 기록했다. 이는 제조업을 제외한 산업에서 드문 성과다.

새벽 배송 시장의 성공은 단일 산업에 그치지 않는다. 전후방 산업과 지역 경제 전체에 긍정적인 파급 효과를 미친다. 예컨대, 분식집을 운영하는 자영업자는 더 이상 이른 새벽에 재료를 사러 가지 않아도 된다. 필요한 식자재가 새벽에 매장 앞으로 배송되기 때문이다. 그 시간은 고객 응대 준비나 매장 정비에 활용되어 서비스의 질을 높이는 데 쓰일 수 있게 되었다. 새벽 배송 서비스는 퀵커머스 시장에도 자극을 주었다. 이마트, 네이버, 다이소, CJ제일제당, GS리테일 등 다양한 기업이 '1시간 내 배송' 서비스에 뛰어들며 빠른 배송을 중심으로 한 유통혁신이 가속화되었다. 산업 간 경계를 넘는 연쇄적인 성장을 이끌어내며 경제 전반의 활력소가 된 것이다.

이러한 현상은 1960년대 미국의 '월마트 효과'를 떠올리게 한다. 월마트는 경쟁사보다 15% 저렴한 가격으로 상품을 제공했고, 미국 물가를 낮추고 실질 구매력을 높이며 경제 전반에 활력을 불어넣는 계기가 되었다. 소비자가 생필품 구매에 절약한 비용은 다른 산업 소비로 이어지며 미국 경제의 성장엔진 역할을 했다. 월마트가 '가격'을 절약해 줬다면, 새벽 배송은 '시간'을 절약해 준다. 소비자는 절약한 시간을 공부하거나, 휴식을 취하거나, 새로운 일에 도전하는 데 활용할 수 있다. 이처럼 소비자의 편익이 사회 전체의 에너지로 전환될 때, 개인의 삶의 질뿐 아니라 경제의 지속가능한 성장도 가능해진다.

소비자 권리를 보장하는 제도가 중요하다

반대로, 소비자 불만이 오랫동안 개선되지 않는 시장도 있다. 자동차 수리, 산후조리원, 교복 등은 불투명한 가격, 제한된 선택권, 낮은 서비스 혁신이 복합적으로 작용하며 소비자 만족도가 낮은 분야다. 소비자의 불만이 높은 시장은 우리 경제의 사각지대처럼 보이지만, 오히려 큰 성장 가능성을 품고 있다. 소비자의 불편을 직시하고 해결하려는 시도야말로 진정한 시장 혁신을 이끌어내고 경제성장을 담보하는 열쇠가 될 것이다.

중고차 시장은 소비자 불만을 제도적으로 해소한 대표적 사례다. 과거 허위 매물, 불투명한 가격 등으로 깊었던 소비자 불신은 2022년 중소기업 적합 업종 해제와 함께 변화를 맞았다. 현대, 기아, 롯데 등 전문성과 인프라를 갖춘 기업이 진입하며 인증 제도, 명확한 가격, 체계적인 사후 서비스를 도입해 시장 신뢰 회복에 기여한 것이다. 그 결과, '2024 소비자 시장평가지표'에서 중고차 시장이 하위권을 벗어나는 성과를 보였다. 아직 이들 사업자의 점유율은 제한적이나, 서비스 품질에 대한 소비자 체감도는 높아지고 있다. 이처럼 제도가 수요자 불편 해소를 지향할 때 시장은 스스로 혁신하고 경쟁력을 갖춘다. 소비자 중심의 제도 설계는 사회적 신뢰를 회복하고 공정한 시장 질서를 구축하는 밑거름이다.

정책과 제도의 중심에 소비자를 두어야 한다. 소비자의 판단이 온전히 작동할 수 있는 환경이 조성될 때, 시장은 자생적으로 변화하고 경쟁력을 갖춘다. 중국의 고사에 "군주민수君舟民水"라는 말이 있다. 물은 배를 띄우기도 뒤집기도 한다. 오늘날 그 물은 바로 소비자다. 대한민국이 진정한 선진국으로 나아가는 길, 그 출발점은 소비자에게 길을 묻는 데서 시작될 것이다.

글로벌 경제질서 전환기의 한국, 무엇을 지키고 무엇을 바꿀 것인가

권남훈 산업연구원 원장

지난 60년간 우리나라는 눈부시게 성장해 왔다. 그 원인에 대해서는 여러 해석이 있지만, 한국이 제2차 세계대전 이후에 형성된 글로벌 자유무역 질서의 가장 큰 수혜자였음은 부인하기 어려울 것이다.

1960년대 이후 박정희 대통령이 도입한 한국형 산업정책의 핵심은 수출주도형 산업화를 통해 규모의 경제를 달성한 데 있다. 수출주도형 산업화는 협소한 내수시장을 넘어 전 세계를 수요처로 삼음으로써 생산 규모 효율화와 학습효과 획득을 가능하게 했다. 특히 중요한 점은 수출 목표를 설정하고 달성하는 과정을 통해 투명하고 공정한 경쟁이 이루어졌다는 점이다. 앨리스 앰스든Alice Amsden이나 다니 로드릭Dani Rodrik 등 산업정책을 연구한 경제학자들이 한국형 산업정책의 성공 비결로 꼽는 요인이다. 그러나 아무리 수출주도형 전략이 정교

했다고 하더라도, 세계 시장이 열려있지 않았다면 효과를 거두기 어려웠을 것이다.

1990년대 이후 한국은 세계적 경제통합의 더 큰 수혜자가 되었다. 1990년대는 세계화가 절정으로 치닫던 시기다. 1993년의 유럽연합(EU) 출범, 1994년의 북미자유협정(NAFTA) 체결, 1995년의 WTO 설립 등이 이어지며, 경제통합이 시대정신이 되었다. 한국은 IMF 외환 위기라는 큰 고비를 민간 주도 경제로의 과감한 체질 개선과 글로벌 스탠더드 도입으로 극복하였으며, 세계화의 흐름을 타고 글로벌 가치사슬(GVC)의 참여자를 넘어 중요한 한 축으로까지 성장하였다. 오늘날 우리의 수출과 수입을 합친 무역 규모 비중은 GDP의 88%에 달하여 OECD 평균인 59%를 훌쩍 넘어서는 무역 중심 국가다.

그러나 이러한 한국의 성공 공식은 전례 없는 도전을 맞고 있다. 2010년대 이후 다시 변화하기 시작한 글로벌 경제질서의 흐름 때문이다. 사실 세계화의 진전이 늘 당연했던 것은 아니다. 1930년대까지만 하더라도 보호무역주의가 세계 경제를 지배했다. 하지만, 대공황과 세계대전을 거치며 세계 경제의 재건을 위해 자유무역 질서가 필요하다는 인식이 모아졌고, 1944년의 브레턴우즈 체제와 1947년의 GATT 협정은 이후 60여 년간 이어진 세계화의 주춧돌이 되었다.

그러나 2008년 세계 금융위기 이후 세계화의 추세는 눈에 띄게 꺾이기 시작했다. 이의 원인을 한두 가지로 설명하기는 어렵다. 금융위기 이후 세계 경제 침체와 중국경제의 내수 중심 재구조화 등이 나타나면서 글로벌 가치사슬 재편의 동력이 약해진 점과, 세계화 과정에서 소외된 계층의 불만이 정치세력화되면서 자국중심주의가 강화된 것 등을 원인으로 보기도 한다.

중요한 점은 이러한 변화가 한때의 현상으로 그치지 않고 대세로 자리 잡았다는 점이다. 미중 대결의 본격화, 코로나19 팬데믹과 공급망 위기, 러·우 전쟁, 트럼프 2기 출범 등이 이어지며, 보호무역주의와 큰 정부의 시대가 본격화하고 있다. IMF에 따르면 2023년 한 해 동안 세계 각국은 2,500여 건이나 되는 산업정책 조치를 도입하였고, 그중 1,800여 건은 무역을 왜곡하는 성격을 가진 것으로 분석된다. 놀랍게도 그중 71%는 선진국이 도입한 정책이다. 미국과 EU, 중국만을 따로 합계해도 절반 정도가 된다. 내용도 국내 보조금, 수출 및 수입 장벽, 수출 보조금 등 WTO 체제에서 금기시되었던 정책들이 대다수다. 목적 달성을 위해서라면 자유무역 질서쯤은 무시할 수 있다는 가치관이 이미 대세가 되었다고도 볼 수 있다.

대한민국은 앞으로 어떻게 대응해야 하는가. 세계화의 후퇴는 우리에게는 산업화 이후에 겪는 가장 큰 도전이 될 수도 있다. 하필이면 반도체, 자동차, 철강 등 우리의 주력 산업은 글로벌 산업정책 및 보호주의 경쟁의 핵심 대상이 되고 있다. 미중 대결의 한복판에 놓여 있는 우리의 지정학적, 경제적 위치를 고려하면 한 걸음 떨어져 거리를 유지하며 실리를 추구하기도 어려운 상황이다.

쉽게 답을 내기는 어렵지만 몇 가지 짚어야 할 점은 있다. 첫째, 지켜야 할 부분이다. 새로운 질서 하에서도 보호주의나 고립주의는 우리의 선택지가 될 수 없다. 개방화된 무역 중심 제조업 국가는 우리의 정체성이자 경쟁력이다. 보호무역 접근이 대세라고 해서 어설프게 따르다가는 몰락의 길을 재촉할 수 있다. 다행히도, 세계화가 주춤하고 있지만 보호무역이 자유무역을 대체할 만한 실질적 이익을 제공한다는 근거는 아직 없다. 세계화의 흐름이 완전히 끊겼다고는 보지 않는 이유다.

둘째, 바꾸어야 할 부분이다. 앞의 내용과 모순되어 보일지 모르지만, 수출 제조업 일변도의 우리 산업구조의 변화가 필요하다. 물건을 만들어 더 많이 수출하고 흑자를 내면 성장과 고용, 삶의 질 개선으로 곧바로 이어지는 시대는 지났다. 내수 및 서비스 산업의 영세성과 생산성 부진으로 인한 불균형이 한국 경제의 무거운 족쇄가 된 지 오래다. 보호 위주의 정책에서 벗어나 과감한 규제혁신과 체질 개선에 나섬으로써 내수 및 서비스 부문을 성장시켜야 한다.

셋째, 주의해야 할 부분이다. 변화된 글로벌 질서 하에서 지금보다 적극적인 산업정책은 필요하지만, 신중하고 면밀한 접근이 필요하다. 특정 산업이나 분야를 밀어주는 정책에는 위험이 따른다. 래리 서머즈Larry Summers 전 미국 재무장관은 산업정책 참모는 좋은 장군과 유사해야 한다고 말한다. 최고의 장군은 전쟁을 싫어하지만 필요할 때는 싸움에 나서는 사람이다. 민간 주도 성장이라는 큰 틀은 유지하면서 꼭 필요한 부문에만 그리고 효과가 입증된 방식으로 개입하는 스마트한 접근이 필요하다.

전쟁의 폐허 위에서 나라를 일으켜 지금의 선진 한국을 일궈낸 선대의 업적을 지켜내기 위해서라도, 오늘날 우리에게는 그에 못지않은 지혜와 이를 뒷받침할 실행 능력이 필요한 시점이다.

한미일 안보협력과 뉴노멀 시대의 외교 전략

김기수 바른사회시민회의 사무총장

뉴노멀 시대 글로벌 불확실성 심화와 다질서 세계

뉴노멀 시대는 2008년 글로벌 금융위기와 2020년 COVID-19 팬데믹을 기점으로 경제·사회·거버넌스 전반에서 새로운 '표준'이 형성되는 구조적 변화를 의미한다. 이는 단순한 경제적 침체를 넘어, 저성장, 금융 변동성 확대, 공급망 취약성, 빈부격차 심화, 기후변화 및 팬데믹과 같은 비전통적 위협의 일상화를 특징으로 한다. 이러한 변화는 과거의 성장 모델과 정책으로 대응하기 어려운 복합적이고 다층적인 도전을 내포하며, 정부의 역할 또한 '도구적 효율성'에서 '인본적 보장성' 및 '적극적 중립성'을 추구하는 '신공공성'으로 변화하고 있음을 시사한다.

국제질서의 뉴노멀은 미국의 전략적 리더십 후퇴, 권위주의 국가의 부상, 글로벌 불확실성의 확산이라는 세 흐름이 교차하는 국면이다. 탈냉전기 미국의 단극 패권이 약화하면서 미중 전략 경쟁이 본격화되고 있으며, 이는 '질서 전이' 또는 '다질서 세계'의 시대를 열고 있다. 이러한 환경 속에서 한미일 3국 협력은 단순히 특정 위협에 대한 대응을 넘어 공동의 이익과 가치를 수호하고 새로운 질서를 형성하는 핵심 메커니즘이 되고 있다. 한국은 자유·평화·번영에 기여하는 글로벌 중추 국가를 표방하며 증대된 국력을 바탕으로 능동적이고 전략적인 외교 행위자로 전환하고 있다.

특히 트럼프 행정부 2기의 고립주의 경향이 현실화할 경우, 한국은 단순한 피동적 수혜자가 아니라 능동적 전략 행위자로서의 전환이 불가피하다. 수직적·단절적 기능 분화에서 수평적·협력적 거버넌스 체계로의 전환이 요구되며, 한미일 협력은 경제안보, 공급망 안정화, 첨단기술 보호, 기후변화 대응, 보건 안보 등 비전통 안보 분야로도 확대되어야 한다.

미중 전략 경쟁과 한반도의 신냉전 가능성

2025년 이재명 정부 들어 트럼프 행정부 2기와 맞물려 국제정치 질서는 중대한 전환기에 직면해 있다. 미국 내에서 다시금 고개를 드는 고립주의 흐름은 기존의 자유주의 국제질서에 대한 위협으로 작용하고 있다. 도널드 트럼프 대통령의 집권 이후 우크라이나 지원 중단, 북대서양조약기구(NATO)에 대한 의무 약화, 동아시아 주둔 미군 재배치 가능성 등이 현실화될 수 있다는 점에서 국제사회의 불안감을 증폭시키고 있다.

이 같은 상황은 러시아, 중국, 이란 등 권위주의 국가들의 도전을 부추기며 한반도 및 동아시아 안보 환경에도 지대한 영향을 미칠 것으로 예상된다. 뉴노멀 시대의 지정학적 도전에 효과적으로 대응하기 위해 한미일 3국이 전략적 연대를 재정의하고 외교·안보 정책의 방향성을 조율할 필요가 있다.

미국 리더십의 약화는 단순한 외교적 공백을 넘어 국제 안보 균형의 구조적 재편을 초래하고 있다. 유럽에서는 러시아가 우크라이나 전쟁을 통해 세력권 확장을 노골적으로 시도하고 있으며, 이는 NATO 내부의 균열을 심화시킬 수 있다. 동아시아에서는 중국이 대만 문제를 지렛대로 미국의 전략적 후퇴를 시험하고 있으며, 이는 역내 안정을 위협하는 주요 요인으로 부상하고 있다. 권위주의 국가들은 민주주의적 가치보다 철저히 실리와 힘의 논리에 기반하여 외교·안보를 운영한다. 이들 국가가 지역 패권을 확고히 한다면, 민주주의 국가들이 유지해 온 규범과 질서는 무력화될 수 있다. 이는 한국이 북한, 중국, 러시아의 전략적 압박에 더욱 직접적으로 노출될 수 있음을 의미한다.

전통적인 자유주의적 국제질서의 약화는 국제 시스템의 무정부성을 강조하는 현실주의적Realism 관점에서 국가 간 경쟁과 세력 균형의 중요성을 더욱 부각시킨다. 동시에 국제 제도와 규범을 통한 협력 가능성을 강조하는 자유주의적Liberalism 관점에서는 이러한 위기 속 국제 협력의 중요성이 커지고 있다. 트럼프 행정부의 미국 우선주의는 현실주의적 사고에 기반하며, 자유주의적 국제 협력 구조를 약화시키고 힘의 논리를 강화해 권위주의 국가들의 도발을 유인할 수 있다.

냉전기 한미일 남방 삼각 체제, 이제 한미일 포괄적 협력으로

다극화되고 불확실성이 증대되는 국제정세 속에서 한미일 3국의 안보 협력은 양자적 동맹을 넘어선 다자적·통합적 접근으로 진화해야 한다. 전통적 군사동맹 중심의 협력을 넘어 제도화된 연대로 전환해야 한다. 워싱턴 캠프 데이비드에서 합의된 바와 같이, 정상회의 외에 외교장관, 국방장관, 산업장관, 안보 담당 보좌관 등 각료급 회의를 정례화하고 국방·외교·정보를 아우르는 통합 커뮤니케이션 채널을 구축해야 한다.

이는 위기 발생 시 신속하고 효율적인 정보 공유와 공동 대응을 가능케 해 3국 간 위기 대응 능력을 향상시킬 것이다. 이 같은 제도화는 각국 정권 교체와 관계없이 협력의 연속성을 유지하려는 미국의 의지를 반영하며, 견고한 협력 프레임워크 구축에 필수적이다. 이재명 정부는 이러한 제도화된 틀 속에서 한국의 국익을 극대화하고 다자적 협력 이점을 활용하는 실리 외교를 펼쳐야 한다.

전통적 안보 영역에서 공급망, 기술, 규범 영역으로

한미일 안보 협력은 냉전 시기 '남방 삼각'이라는 공산주의 세력 대항 체제에서 출발했다. 미국을 중심으로 한미상호방위조약과 미일안보조약을 통해 간접적인 협조 체제를 유지했으며, 북한 핵 개발과 무력 도발은 3국의 군사적 공동 대응을 강화하는 계기가 됐다. 2008년 이후 중국의 부상과 동아시아 영향력 확대 또한 협력 강화의 주요 배경이 됐다. 현재의 협력은 전통적인 안보영역을 넘어 제도화되고 있으며, 공급망·기술 안보·규범 형성 등 다양한 분야로 확장되고 있다.

한미일 협력은 각국이 책임과 역할을 분담하는 전략적 연합체로 진화해야 하며, 군사동맹을 넘어선 포괄적 협력 체계로 자리 잡아야 한다. 이재명 정부는 '강하고 실용적인 대한민국'이라는 기조 아래 권위주의 세력의 확장을 억제하면서 전략적 자율성Strategic Autonomy과 다자적 연대Multilateral Engagement를 결합하는 중견국 외교로 나아가야 한다.

무엇보다 한미일 협력은 공통의 위협을 명확히 정의하지 않고 유연하고 기민한 비공식 협력을 추구하는 소다자 협력체로서, 기존의 양자 동맹 체제(한미, 미일)를 보완하고 연결하는 준동맹 혹은 삼각동맹 성격을 띤다. 이러한 협력은 현실주의의 세력 균형과 자유주의의 제도 협력이라는 이론을 통합하는 새로운 외교 지평을 구축해야 한다.

중국은 한미일 협력을 동아시아의 나토화 혹은 미중 패권 경쟁 대립 구도로 해석하며, 한반도를 신냉전의 주요 변수로 인식하고 있다. 이에 따라 한국의 외교안보 전략은 실리 추구, 전략적 유연성, 주도적 역할 강화를 핵심으로 삼아야 하며, 이러한 능동적인 외교 전략만이 불확실성의 시대에 한국의 생존과 번영을 보장할 수 있다. 이 정부가 당면한 가장 중대한 도전 과제는 미중 경쟁 속에서 뉴노멀 정부의 기틀을 마련하면서도 전략적 자율성을 확보하는 것이다.

2025년 한일 국교 정상화 60주년을 맞아 새로운 공동 선언을 모색하는 것이 시의적절하다. 특히 과거사 문제는 이 정부의 주요 갈등 요인으로 작용할 가능성이 높으며, 한일관계 개선은 3국 협력 확대의 전제 조건이라는 인식을 바탕으로 접근해야 한다.

하와이에서 만난
'쓴소리 총리' 남덕우 리더십

김동호 중앙일보 논설위원

한여름이 되자 새파란 하와이 하늘이 더욱 선명하게 떠오른다. 벌써 23년 전 일이다. 필자는 당시 80세였던 전직 고위 관료와 함께 일주일간 하와이에 머물렀다. 하와이대학교 초청으로 열린 '한국선진화포럼'을 단독 취재하러 간 덕분에 그를 가까이에서 지켜볼 수 있었다. 그는 팔순의 나이에도 부지런한 생활 습관과 깊은 지적 통찰을 보여줬다. 바로 남덕우 전 총리 얘기다. 진념 전 경제부총리, 이봉서 전 상공부 장관 등 20여 명의 쟁쟁한 인사들이 함께한 자리였다.

당시 주제는 '동북아 통합물류시장 구축 방안'이었다. 남 전 총리를 비롯한 국내 경제정책 전문가들은 한국이 번영하려면 동북아 물류허브로 도약해야 한다고 입을 모았다. 정부는 이 제안을 당시 노무현 대통령에게 보고했고, 금융허브 구상도 함께 추진됐다. 한국의 제조업 경쟁력을 기반으로 물류·교통 인프라와 금융기능이 결합하면 동북아 경제 중심이 될 수 있다는 전략이었다.

그러나 지금 한국은 외국계 금융회사들이 떠나는 나라가 되었다. 2013년 말 57개였던 외국계 은행의 한국 지점 수는 2024년 39개로 줄었다. 미국계 씨티은행은 소비자금융에서 철수했고 그만큼 청년들은 일자리를 잃었다. 하와이 포럼의 제안을 제대로 실천했다면 지금과는 다른 길을 걸었을지 모른다.

외국인이 한국에 정주할 수 있도록 교육·세제·규제 환경을 개선해야 했지만, 실천한 정부는 없었다. 정치권이 정쟁으로 골든타임을 놓치는 사이, 싱가포르는 발전했고, 중국의 상하이와 홍콩에는 글로벌 자본이 몰려들었다. 제국의 위상을 잃은 영국도 런던 금융 중심지 '더 시티'를 통해 금융패권만큼은 유지하고 있다. 미국의 국력도 역시 월가 중심의 강력한 금융허브에서 나온다.

한국이 기회를 살리지 못하고 시간을 허비하는 사이 경제 성장률은 1%대로 추락했고, GDP 규모는 2030년 세계 15위로 밀려난다는 전망(IMF)도 나왔다. 하와이에서 남 전 총리의 토론 모습이 더욱 떠오르는 이유다.

시간을 거슬러 1969년으로 돌아가 보자. 서강대 경제학 교수였던 남덕우는 45세에 재무부 장관에 발탁되었고, 이후 경제부총리와 국무총리를 지내며 박정희 대통령과 함께 '한강의 기적'을 이끌었다. 그는 경제개발을 주도한 교수 출신 테크노크라트 집단, 일명 '서강학파'의 대부였다. 김만제, 이승윤 등도 서강학파 출신으로 국가 경제를 이끈 인물들이다.

이들의 성공은 당시 교수들을 유능한 엘리트 집단으로 자리매김하게 했다. 대학 진학률이 낮던 시절, 미국에서 박사 학위를 받고 돌아온 교수들은 '국보급' 인재로 여겨졌다. 이들이 도입한 제도와 관행은 곧바로 정책 성과로 이어졌다. 행정부 권력이 강력했던 시대에 교수 출신 관료는 권한도, 정책 수단도 풍부했다. 그렇게 '요직엔 교수'라는 공식이 정착됐다.

그러나 어느 순간부터 교수의 돌연변이인 '폴리페서(정치 참여 교수)'가 나타나기 시작했다. 배경엔 변화된 정치 환경이 있다. 전두환 정부 시절까지만 해도 김만제 같은 교수 출신이 능력을 인정받아 발탁됐고, 교수의 전문성과 관료의 행정력이 시너지 효과를 냈다.

하지만 이후 사회는 고도화하고 경제는 정부 주도에서 민간 주도로 옮겨갔다. 정보와 인재가 민간에 집중되기 시작했고, 1987년 대통령 직선제 도입 이후 국회의 권한이 커지면서 행정부의 힘은 상대적으로 약해졌다. 이제 상아탑의 교수들이 복잡한 현실 문제를 풀기엔 한계가 많아졌다.

그럼에도 정치권은 선거철만 되면 여전히 교수를 영입한다. 이에 편승한 일부 교수들은 폴리페서로 변신해 대선 캠프를 기웃거린다.

권력을 좇아 옮겨 다니는 모습은 철새 정치인과 다르지 않다. 성과는 기대하기 어렵고, 정책실험에 실패하면 그만이지만 나라 경제는 깊은 상처를 입는다.

문재인 정부에서는 소득주도성장으로 경제를 크게 흔들어 놓았다. 경제 활력을 되살려야 할 국회는 정쟁에만 몰두하고 정부도 중심을 잡지 못했다. 윤석열 정부에서는 폴리페서가 많지 않았지만 검찰 인맥 중심의 인사가 만연했다. 인사 실패는 시대착오적 계엄으로 이어졌고 국민은 혼란을 겪어야 했다.

쓴소리를 아끼지 않는 인재를 발탁하고 진영을 넘어 인재를 고루 쓰는 리더십이 있었다면 피할 수 있었던 비극이다. 역대 대통령 대부분은 박정희에게서 리더십을 배우려 했다. 그렇다면 박정희 리더십의 핵심은 무엇이었을까? 독재자라는 이미지와 달리, 그는 의외로 쓴소리에 귀를 기울였다. 남 전 총리가 재무장관으로 임명장을 받던 순간, 박정희는 이렇게 말했다.

"남 교수, 그동안 정부를 많이 비판했지? 이제 직접 맛 좀 봐!"

그 한마디엔 비판자까지 포용하는 용인술이 담겨 있었다. 남 전 총리는 박정희 정부에서 예스맨이 아니었다. 박정희는 다양한 시각을 듣기 위해 그를 발탁했다. 교황을 뽑을 때처럼 '악마의 대변인' 역할을 할 사람도 필요했기 때문이다. 아는 사람, 생각이 같은 사람만 쓴다면 집단사고에 빠지기 쉽다. 보고서를 잘 만드는 관료는 많다. 하지만 남

전 총리처럼 쓴소리를 마다하지 않는 참모는 드물다. 예스맨이 가득한 참모진으로는 난국을 돌파하기 어렵다.

한국의 정치 현실은 국격에 걸맞지 않게 삼류로 전락했다. 선거에서 이기면 권력을 독점하고, 지면 모든 걸 잃는 극단의 구도가 여야 간 사생결단으로 이어진다. 이런 혼돈의 정국을 돌파하려면 대통령 주변에 더 많은 '쓴소리 총리'가 필요하다. 정책을 펼치기에 앞서 탕평책부터 제대로 써야 리더십이 서고, 경제 살리기도 본격화될 수 있다. 그 성공 모델이 쓴소리 총리 남덕우다.

남덕우 총리의
성장 신화를 다시 생각한다

김용하 한국선진화포럼 운영위원장

남덕우 총리가 경제 수장으로 있을 시기에는, 한국 경제가 연평균 10%의 고도성장을 구가하였다. 그렇지만 남 총리가 물러난 이후 우리나라 경제는 줄곧 내리막길을 걸어왔다. OECD는 우리나라 경제의 2025년도 잠재성장률 추정치를 2.0%에서 1.9%로 낮추었다. 잠재성장률은 2001년 5.5%, 2011년 3.8%, 2021년 2.3%로 빠르게 떨어졌다. 잠재성장률은 노동, 자본, 생산성에 의하여 결정된다. 한국경제연구원의 분석에 따르면, 지난 40년간 고용률은 증가했으나 평균노동시간 감소로 노동투입량이 감소했고, 자본스톡 증가율은 2000년대 들어서 크게 둔화하여 거의 0.0% 수준으로 떨어졌다. 총요소생산성은 증가했으나 증가율은 지속적으로 둔화하였다. 노동, 자본, 생산성 모두 하락하니 잠재성장률이 떨어질 수밖에 없는 상황이고, 이러한 추세가

2020년대에도 계속되고 있다.

IMF는 한국의 명목 GDP 규모가 2024년 1조 8,697억 달러에서 2025년에는 1조 7,903억 달러로 감소, 세계 12위에서 13위로 밀려날 것으로 전망했다. IMF의 2025년 GDP 전망을 살펴보면 미국과 중국은 부동의 1위, 2위 국가이다. 독일이 3위를 지키고 있는 가운데, 인도가 일본을 제치고 4위로 올라선다. 주요 7개국(G7) 국가가 아닌 브라질과 러시아가 10위와 11위를, 스페인이 한국을 넘어서 12위로 부상한다. 2030년이 되면 호주와 멕시코가 우리를 추월한다. 2030년에 브라질, 러시아, 스페인, 호주, 멕시코를 따돌리고 10위 자리를 다시 찾아올 수 있을까? 이들 국가 중 국토 면적이 가장 작은 스페인도 한국보다 5배나 넓다. 국토 면적이 중요한 것은 아니지만 옥토에 좋은 날씨, 식량 등 각종 물자가 풍부한 스페인은 일상적으로 낮잠을 2시간 자면서 우리와 비슷한 GDP를 가지고 있다. 믿을 것은 인적 자원밖에 없어 밤낮없이 일해서 현 위치에 온 한국은 스페인과 비교할 때 성장 여력이 한계에 와 있다.

국민행복 관점에서 GDP보다 중요한 것은 1인당 GDP라고 할 수 있다. 수천 년 전부터 한반도 남쪽에 살아 온 사람 중에서 현재만큼 물질적으로 잘살았던 태평성대는 일찍이 없었다. 행복을 결정하는 또 하나의 중요 변수인 기대수명도 싱가포르, 일본에 이어 세계 3위 수준으로 높다. 관용, 사회 지원, 부패도, 행복감정 등 비물질적 요소가 낮아서 우리나라 행복 순위는 58위로 낮지만, 성장 여력 이상으로 열심히 살아온 부산물로 보아도 무방할 것으로 판단된다. 국토 면적, 부존자원, 식량자급 등 경제환경이 열악한 일본이 한때 세계 2위 경제대국의 위상에서 5위로 뒤처지고, 국민행복 순위 역시 세계 55위인 상황은 한국의 미래와 흡사해서 두렵다.

KDI는 2025~2030년 잠재성장률을 1.5% 수준으로 전망했다. 이후에도 잠재성장률이 계속 하락해 2040년에는 0% 수준으로 성장할 것으로 내다봤다. IMF 등의 전망 등을 참고할 때, 2050년경에는 마이너스 증가율을 보일 가능성이 높다. 과거 선진국의 사례를 보았을 때, 잠재성장률을 반전시키는 것은 쉽지 않지만, 불가능한 것도 아니다. 프랑스는 2016년부터 잠재성장률을 반전시켰고 이탈리아도 비슷한 시기에 반전시켰다. 일본도 2012년부터 반전 시기가 있었다. 미국도 2011년부터 반전에 성공했다.

대한민국은 국토 면적이 10만㎢밖에 되지 않으나 5,000만 명의 국민을 가진 작지 않은 국가이다. 중국과 비교하여 국토 면적은 100분의 1이고, 인구는 28분의 1에 불과하지만, GDP가 10분의 1인 것은 오히려 대단한 것이다. 자연적 경제환경이 양호했던 국가들이 역량을 발휘하고 있는 여건에서 과거같이 왜 더 잘하지 못하느냐는 질책보다 우리가 상대적 우위를 유지할 수 있는 경제·사회 환경을 만들어 나가는 것이 중요하다. 한국 경제 위상 변화에 대한 냉철한 관찰에 기초하

여 온 국민이 편하게 살 수 있는 지속가능한 미래를 만들기 위한 지혜
가 필요하다.

남덕우 총리는 2012년 조선일보 주관의 한 특별 대담에서 전통과
원칙을 지키면서 부단히 개혁해 나간다는 게 진짜 보수라고 설파하였
다. 남 총리는 그 당시 우리나라의 기본 문제를 후진적 정치문화, 이
념의 갈등, 집단적 이기주의, 계층 간-지역 간 격차와 대립, 노사분규,
법치주의 이완, 교육정책의 방황이라고 했다. 이렇게 이미 13년 전에
우리나라가 극복해야 할 과제를 제시한 것이다.

1960년대와 1970년대에는 인적자본으로, 1980년대와 1990년대에
는 인적자본과 물적자본으로, 2000년대와 2010년대에는 물적자본과
기술자본으로 경제발전을 이끌어 왔다. 2020년대 들어서 기술자본의
상대적 우위가 줄어드는 가운데 사회자본이 다른 자본에 비해 뒤처지
면서 성장잠재력이 둔화했다. 사회자본은 정치·행정·사회·문화 측
면의 효율성을 의미한다. 빠른 경제성장으로 물질 수준은 상당 수준
에 이르렀으나, 이에 상응하는 사회자본의 미성숙으로 정치·행정·사
회·문화 전반의 부진 현상이 만연해 있다.

국민과 국가를 위한 정치가 부재한 가운데 당리당략과 포퓰리즘이
난무하고, 행정은 부정부패 감소에도 눈치 보기와 복지부동은 온존하
고 있다. 사회는 지나친 경쟁 구도로 이기주의가 판을 치고 계층·지
역·젠더·세대 갈등이 여전하고, 물질 지상주의 풍조로 사치와 낭비

가 끊이질 않는다. 정권이 바뀔 때마다 규제 철폐를 외치지만 오랫동안 누적된 관행과 기득권Rent을 뿌리 뽑지 못하고 있다. 이런 것을 정부가 과감히 혁파하는 것이 사회자본을 키우는 것이고, 이는 엉킨 실타래를 하나하나 풀 듯 인내와 시간이 요구되나 한국이 나아가야 할 길이다. 남덕우 총리의 구국정신을 다시 되새길 때이다.

선진 대한민국을 위해 지역과 함께하는 사립대학교의 역할: 건양대학교 글로컬대학 사업 혁신 사례를 중심으로

김용하 건양대학교 총장

　한국의 고등교육 체계에서 국립대학과 사립대학은 각기 고유의 역할을 수행해 왔다. 국립대학은 공공성과 기초 연구를 중심으로 균형 잡힌 인재 양성에 기여하고 있으며, 사립대학은 민간 자원과 자율성을 바탕으로 특성화 교육, 산업화 연계, 글로벌 측면에서 다양한 발전을 이루면서 우수 인재 양성에 기여하고 있다. 특히 일부 사립대학은 산학 협력, 창의 교육, 글로벌 프로그램 등을 통해 교육의 다양성과 경쟁력 강화로 선진교육을 주도하고 있다.

　이처럼 오늘날의 대학은 단순한 교육기관을 넘어 지역사회와 국가 발전의 중추적 역할을 담당하는 복합적인 교육기관으로 발전하고 있다. 대학은 전문 인재 양성과 지식 창출, 선진 사회 확산의 중심으로서 역할은 물론, 시민의식 함양, 기술혁신, 국제경쟁력 제고 등을 통해 교육·연구·지역 발전을 아우르는 혁신 플랫폼으로 변화하고 있다. 특히, 디지털 전환과 인구 구조 변화, 지역 소멸 위기에 직면한 현시점에서 대학의 지역 중심 역할은 더욱 중요해지고 있다.

선진국 대학들은 이미 이러한 변화에 발맞춰 전통적 기능을 넘어 산업 수요 기반 인재 양성, 지속가능성 중심의 지역사회 기여, AI 및 디지털 기술 기반 교육 혁신, 글로벌 협력과 평생학습 확대 등으로 다기능적 역할을 수행하는 플랫폼으로 전환되고 있다. 이는 대한민국 대학이 나아갈 방향에 중요한 시사점을 제공한다. 이러한 흐름 속에서 정부는 대학의 지역 생태계 참여를 촉진하고자 '글로컬대학 30' 프로젝트를 2023년부터 추진하고 있다. 대학 구조조정과 학령인구 감소로 존폐 위기에 놓인 대학들이 지역 혁신의 중심 거점으로 작용하여, 지역과 대학이 공존하고 성장할 수 있도록 지원하는 교육부 주관 국가 정책이다.

건양대학교는 이 같은 흐름에 발맞춰 충청남도, 논산시, 계룡시의 지·산·학·연·군 최적의 지역 인프라 특성을 착안하여 "지역과 함께 세계로! K-국방산업 선도대학!"이라는 비전을 제시하며 글로컬대학의 대표 모델로 도약하고 있다. 충청남도 논산시에 조성 중인 국방국가산업단지와 연계하여 국방산업을 중심으로 지역 발전을 견인하는 전략을 추진 중이며, 이를 위해 세 가지 주요 혁신과제를 중심으로 체계적인 혁신을 추진하고 있다.

첫째, 산학 혁신을 통한 K-국방 산학융합형 캠퍼스 모델인 '국방산업 특화 시험·인증·실증 플랫폼'을 구축하고 있다. 국방산업 수요에 대응한 실증 기반 교육과 연구 인프라를 마련하고, 3원院 1대학 체제로 학사 구조를 개편하여 무기체계와 전력지원체계 분야에 특화된 인재를 양성하고자 한다. 이를 위해 '국방환경시험평가인증센터' 등 5개의 시험·인증·실증 센터를 구축하여 대학·산업체·연구기관 간 연계 협력을 강화하고 국방산업과 지역 산업의 확장성을 확보하고자 한다. 또한, 중앙정부와 충청남도, 논산시, 계룡시, 군 및 방산기업과 협력하여 K-국방 생태계를 조성하고, 국방산업 R&BD를 활성화하여 실질적인 산업 성과 창출로 이어가기 위해 매진하고 있다.

둘째, 교육 혁신을 통한 K-국방 인재양성이다. 국방산학융합원, 국방바이오연구원, 사회과학학술원, AI·SW 융합대학의 3원院 1대학 구조로 전면 개편하고, 학생 주도 설계형 수업인 'Design You' 교과 모델을 도입하여 현장 대응력과 창의성을 겸비한 융합형 인재를 육성하고 있다.

셋째, 글로벌 혁신을 통한 글로벌 경쟁력 강화를 위해 해외 대학과의 전략적 제휴, 공동 학위제, 유학생 계약학과 운영, 글로벌 취업연계 프로그램Optional Practical Training(OPT) 등으로 지역 정주율을 높이고 우수 외국인 인재 유치에 집중하고 있다.

이와 같은 혁신사업을 통해 2024년부터 2028년까지 △ 국비 1,000

억 원 유치, △ 5년간 특허 2,210건·기술이전 180건 달성, △ 계약학과 10개 개설 및 R&D 인재 510명 양성, △외국인 유학생 2,250명 유치, △ 충남 지역 정주율 50% 등의 목표를 달성할 계획이다. 이를 통해 건양대학교는 국방산업 중심 지역 발전의 선도적 역할을 수행하게 될 것이다.

이러한 전략의 벤치마킹 사례로 미국의 알라바마주 헌츠빌 Huntsville을 주목하고 2025년 2월 헌츠빌시를 다녀왔다. 헌츠빌시는 미국 알라바마주에 있는 인구 23만여 명의 도시이다. 제2차 세계대전 이후 농업 도시에서 항공우주 및 방산 도시로 탈바꿈하며, 미국 내에서 STEMScience, Technology, Engineering, Mathematics 인재 비율이 가장 높은 도시 중 하나로 성장했다. 그 중심에는 알라바마대학교 헌츠빌 캠퍼스(UAH)가 있다. 이 대학은 NASA 및 방산업체들과의 협력을 통해 국방·항공우주 연구를 선도하며 지역 산업 생태계를 뒷받침하고 있다. 또한, 사이버·공학 특화 고등학교인 ASCTEAlabama School of Cyber Technology and Engineering가 설립되어, 고교 단계에서부터 국방기술 인재를 양성하고 있다. 이 학교는 방위산업체 등 주요 기업들의 기부와 협력으로 운영되며, 지역 내 고등학교-대학교-산업계가 유기적으로 연계된 STEM 생태계를 형성하고 있다. 건양대학교가 지향하는 'K-국방 클러스터'는 이와 같은 교육기관과 산업계가 유기적으로 협력하여 지역의 산업화 구조와 인재양성 생태계를 함께 키워가는 헌츠빌 모델을 본보기로 삼는 것이다. 건양대가 위치한 논산시를 제2의 헌츠빌시로 만드는 것이 꿈이자 비전이다.

결론적으로, 건양대학교의 글로컬 혁신 전략은 단순한 대학의 구조개편이 아니라 지역사회와 산업 생태계의 동반 성장을 위한 혁신 사업이다. 이를 지속가능한 모델로 정착한다면, 대한민국 지역대학 혁신의 대표 사례로 모델화될 것이다. 물리학자 Albert Einstein은 'We cannot solve our problems with the same thinking we used when we created them'이라고 했다. 따라서, 글로컬대학 사업이 성공적으로 추진되도록 정부의 적극적인 신뢰와 지원이 필요하고, 대학은 지역과 함께 하는 대학으로서 담대한 혁신을 반드시 성공시켜 선진 대한민국에 이바지하여야 한다.

대한민국 선진화의 과제: 지속가능성의 위기를 극복해야

김종석 한국뉴욕주립대학교 석좌교수

대한민국은 지금 하나의 국가로서 세 가지의 지속가능성의 위기에 봉착하고 있다. 북한의 핵개발에 의한 안보위기, 인구감소에 의한 인구위기, 그리고 성장잠재력의 하락에 의한 지금 생활 수준의 지속가능성 위기가 그것이다.

이 세 가지 위기는 지난 반세기 동안 대한민국이 이룩한 정치 경제적 성과의 지속가능성을 위협하고 있다. 이 세 가지 위기는 장기적으로 추세적으로 형성된 것이기 때문에, 이를 극복하는데도 못지않은 시간과 노력이 필요할 것이다. 그러나 이 세 가지 국가적 위기를 극복하지 못하면, 대한민국은 선진국의 문턱에서 좌절하게 될 것이다.

따라서 지금 우리의 시대적 사명과 비전은 바로 이러한 국가적 도전을 극복하기 위한 대전환을 이루고, 대한민국을 진정한 의미의 선진국으로 만드는 것이 되어야 한다. 지금 대한민국 경제는 인구구조와 함께 빠르게 조로현상을 보이고 있다. 한국 경제의 성장잠재력은 2000년대 이후 지속적으로 하강 추세를 보이고 있다. 이 추세가 지속되면 한국 경제는 머지않아 장기침체에 빠질 것이다. 그렇게 되면 차세대는 물론 현세대도 지금의 생활 수준을 유지하기 어렵게 될 것이다. 한국 경제의 조로화를 막고 성장잠재력을 되살리기 위해 한국 경제의 구조개혁이 절실하다.

한국 경제의 성장잠재력 회복 없이는 일자리, 소득, 부채, 복지, 건전재정 모두 불가능하다. 인구감소 시대에 지금의 생활 수준을 유지하려면 무엇보다도 생산성을 높여야 한다. 생산성을 높이려면 국가 생산성과 개인 생산성을 높여야 한다. 국가 생산성은 산업구조조정 및 신성장동력 개발을 통해 높여야 하고, 개인 생산성은 인적자본 축적과 개개인 근로자들이 생산적으로 일하도록 만드는 각종 제도가 중요하다.

대한민국이 국제사회에서 고소득 국가, 선진국으로 분류되고 있는 것은 감사한 일이지만, 많은 국민은 과연 대한민국이 진정한 의미의 선진국이 되었는지에 대해서는 아직도 확신하지 못하고 있다. 1인당 국민소득이 높은 것은 선진국이 되기 위한 필요조건일 수는 있어도, 충분조건은 되지 못한다. 물론 높은 수준의 복지제도는 선진국이 되기 위한 중요한 요소다. 그러나 중동의 고소득 산유국들이 복지수준이 높다고 해서 선진국으로 보기 어려운 것처럼, 복지제도 못지않게 중요한 조건은 안정적인 민주정치체제와 국민통합이다.

지금 우리가 대한민국이 진정한 의미의 선진국이라고 자부하지 못하는 것은 대한민국이 안정적인 민주정치와 국민통합을 이루고 있지 못하기 때문이다.

안정적인 민주정치와 국민통합은 신뢰라는 사회적 자본의 축적에서 시작된다. 지금 대한민국이 처한 여러 가지 분열과 갈등은 제도와 공동체에 대한 신뢰라는 사회적 자본이 부족하기 때문이다.

인적자본과 물적자본이 충분하면 빠른 성장과 높은 국민소득을 이룰 수는 있을 것이나, 사회적 자본이 부족하면 지금 우리나라의 현실에서 볼 수 있듯이, 지속 성장이 한계에 부닥치게 될 것이다. 갈등과 불신이 만연하게 되면, 어떠한 정책이나 제도도 국민의 협조를 얻기 어렵고, 정책 집행비용과 거래비용이 발생하여, 국가적으로 비효율과 낭비가 초래된다.

사람들이 줄을 서는 것은 기다리면 내 순서가 온다는 것을 알기 때문이다. 국민이 세금을 내는 것은 내가 낸 세금이 나에게 혜택으로 돌아온다는 것을 믿기 때문이다. 법과 질서가 지켜지는 것은 그것이 나에게도 이득이 된다는 것을 믿기 때문이다.

지켜지지 않는 법과 규제가 남발되고, 법과 질서를 파괴하고 새치기를 하는 사람들만 이익을 본다면, 법을 지키는 정직한 사람들만 바보가 된다. 여기에 더해서 학연, 지연, 혈연이 지배하는 사회는 신뢰가 쌓일 수 없다. 한국은 유독 '학지혈연'이 지배하는 사회다. 사회적 자본은 공공재다. 공공재의 공급과 형성은 정부의 책임이다.

지금 대한민국의 사회적 신뢰의 수준은 이미 국제 비교를 통해 매우 낮은 수준임은 잘 알려져 있다. 정부의 무능과 부패, 정책의 불투명성이 사회적 자본의 형성에 장애요인이다. 한국의 경제발전 수준에 못 미치는 한국의 정치 수준과 포퓰리즘도 정부와 정책에 대한 국민의 신뢰를 낮추는 요인이다.

분열과 갈등이 한국 경제의 지속 성장을 위협하고 있다. 정책과 제도의 실효성이 상실되고, 사회적 갈등 해소 비용이 증가하고 있다. 사회적 신뢰자본의 축적이 물적자본, 인적자본 축적과 함께 경제정책이 되어야 하는 이유다.

따라서 지금 정부와 정치권의 개혁 과제는 그것이 규제개혁이든, 노동개혁이든, 공공개혁이든, 그 핵심은 국민이 정책과 제도에 대해 가지는 신뢰를 높이는 것이 되어야 한다. 법치주의를 확립하여 모든 분야에서 제도의 예측 가능성을 높이고, 부정부패와 권력남용의 가능성을 해소하고, 학연, 지연, 혈연이 지배하지 못하도록 모든 제도를 투명하게 만들고 운영하는 것이 정부의 최우선 과제가 되어야 할 것이다.

제3의 도약,
MEGA JUMP PROJECT 2030

박연수 제4대 소방방재청 청장

1986년, 인천공항과 송도국제도시를 기획했다. 죽의 장막으로 불리던 중국과 북한에 가로막힌, 지구 동쪽 끝 변방의 대한민국을 동북아시아의 허브Hub로 만들기 위한, 이른바 포스트 홍콩 전략이었다. 명칭 그대로 '지도 바꾸기 프로젝트'였으며, 중국개방의 기회를 잡기 위한 치열한 몸부림이었다.

그 후 20여 년 동안 박배근·이재창·최기선 인천시장과 전두환·노태우·김대중·노무현 대통령을 설득해 인천공항과 송도신도시, 인천대교와 경제자유구역을 탄생시켰다. 정부·학계·시민단체의 전방위 반대를 뚫고 이룬 현대사적 쾌거였다. 이는 어려움에 처한 국가 경제를 견인했고, 국민의 긍지가 되었다.

박정희 대통령이 극심한 반대를 무릅쓰고 건설한 경부고속도로는 대한민국을 깨웠고, 나라의 혈맥을 뚫었으며, 국가 발전의 기초가 되었다. 이처럼 차원을 바꾸는 교통혁명은 국가 도약의 원천이자 변화의 기폭제다.

지금 우리는 위기 국면에 서 있다. 경제는 높은 장벽에 가로막혀 있고, 국민은 새로운 비전의 깃발을 간절히 기다린다. 그러나 우리는 위기를 기회로 바꾸며 여기까지 왔다. 이제 제시하는 '메가 점프 프로젝트'는 바로 그 위기를 기회로 만드는 실사구시적 국가 경영전략이다.

4차 산업혁명 시대에 낙오하면 기회는 없다. 성공의 열쇠는 인재·신기술·사업화가 선순환하는 생태계 조성이다. 단순히 AI 발전을 지시하거나 전략 없는 막대한 투자를 퍼붓는다고 될 일이 아니다. 아시아의 실리콘밸리를 만들 수 있느냐에 달려 있다.

현재 우리는 기술 경쟁력, 비용 경쟁력, 국민 행복 경쟁력, 희망 경쟁력, 정부 역량 경쟁력, 안전 경쟁력 등 총체적 경쟁력의 벽에 가로막혀 있다. 모든 것이 국가 비전과 리더십에 달려있으나, 여기서는 기술 경쟁력과 비용 경쟁력에 대한 대안을 제시한다.

이 국가 경영전략의 큰 얼개는 두 가지다. 하나는 우리나라 곳곳의 발전 요충지에 '이미' 만들어져 있는 9개의 경제자유구역을 한국의 실리콘밸리로 만들고 그 중심인 인천 경제자유구역을 아시아의 실리콘밸리로 만드는 것으로, 기술과 사업화와 인재를 결합하는 생태계로 변화시키는 안이다. 4차 산업혁명은 기술융합의 산물이다. 기술융합의 터전으로 이미 인프라와 제도가 어느 정도 갖추어진 경제자유구역을 활용하는 것이다.

어떻게 해야 그 생태계를 만들 수 있을까? 우선 특별법인 경제자유구역법을 보완하여 경제자유구역에 경제 자유를 확실하게 보장하는 것이다. 사실 경제자유구역은 그 이름이 말해주고 있듯이 홍콩 수준의 경제 자유를 주어서 세계와 경쟁하기 위해 만든 특구이다.

다음으로는 세계의 투자가들이 몰려들 수 있도록, 경제자유구역에서 개발된 신기술로 창업하면 50년간 법인세를 면제하는 특혜를 부여하면 된다. 세금 감면에 따른 득실 계산은 유치하다. 그 생태계는 국가를 살찌우고 국민을 먹여 살리며 미래를 보장하게 된다. 더구나 4차 산업혁명의 시대에는 직업을 잃게 되는 개인이 아니라 기업이 내는 세금으로 국민의 생계 수단이 되는 기본소득을 충당하게 된다는 점을 간과해서는 안 된다.

그리고 이 생태계의 핵심인 신기술 개발의 주역, 세계의 첨단 인재를 모으기 위한 최고의 환경과 삶의 질 확보는 정부가 해야 하는 핵심 부문이다.

다른 하나는, 전국을 1시간 생활권으로 만드는 첨단 교통시설의 구축이다. 전 국토의 1시간 생활권은 1일 생활권과는 궤를 달리할 만큼 혁명적이다. 이는 제2의 경부고속도로 사업이라 할 수 있을 만큼 의미가 크다. 전 국토의 접근성 제약 없는 활용의 시대를 만들어서, 국토의 효용을 높여서 비용을 낮추는 것이 첫 번째 효과, 수도권 일극 체제를 허물 수 있어 그동안 불가능하던 국토 균형 발전을 이룰 수 있는 것이 두 번째 효과이다.

모든 비용의 기본은 인건비와 땅값이다. 인건비는 건들 수 없는 것이 현실이다. 전 국토를 다 활용할 수 있다면 토지비용은 낮아지고 원가를 줄일 수 있다. 거기에 더하여 국토의 활용 효율이 높아지면 국가 경쟁력은 높아진다.

지금 어디에서 비용을 낮추고 국가경쟁력을 높일 수 있겠는가. 부산에서 서울을 21분 만에, 제주에서 서울을 42분 만에 온다면 왜 비싸고 혼잡한 서울살이를 고집할까? 고흐의 작품전도 뉴욕필의 공연도 서울 시민만의 호사가 아니게 된다.

이것을 실현할 수 있는 신교통수단이 이미 개발되고 있다. 하이퍼튜브가 그것이다. 미국의 서부, 일부 유럽 국가에서는 개발이 추진되고 있다. 다행히 우리나라는 이 기술의 최선두에 서 있다. 철도기술연구원을 중심으로 한 연구단이 2020년에 세계 최초로 1,019km/h를 주파하는 기술을 시현했다. 건설비용도 싸다. 개략적인 추정이지만 KTX의 70~80% 선, 에너지 비용은 획기적이다. 고속철도의 약 1/10 수준이다. 설치도 지하 100m 아래의 암반에 터널을 뚫어 건설한다. 건설 기간도 짧다.

이 교통시설은 온갖 기후에 영향을 받는 국내선 비행기를 확실하게 대체할 것이다. 안정된 교통수단이 확보되는 것이다. 더구나 이것은 4차 산업혁명을 성공시키는 아시아의 실리콘밸리 사업과 큰 시너지를 갖는다. 기존의 경험에 기대는 범상한 방법으로는 우리의 미래를 열 수 없다.

선진화를 위한
새 정부의 길

안종범 정책평가연구원 원장

　선진화가 국민 모두의 화두가 된 적이 있었다. 이제는 선진국 클럽이라는 OECD 국가가 되었고 G20 회원국이 되었으며 나아가 G7 국가를 넘볼 정도까지 와있다. 그래서 이제는 선진화를 입에 올리는 일이 별로 없어졌다. 그런데 지금 우리를 오랜 기간 설레게 했던 선진화라는 단어를 다시 되새기며 반추해야 할 때가 되었다. 역사를 거슬러 다시 가라앉을 위험에 처해 있기 때문이다. 선진화 과정에 기초가 되었던 자유시장경제에 반하며 성장의 원천인 기업의 가치를 부정하는 법과 규제와 정서가 확대되고 있어서 그렇다.

　선진화를 잠시 이루었다 다시 가라앉을 위기에 처한 지금 상황을 극복하기 위해서는 우선 우리가 선진화를 이루었던 과정을 제대로 살펴봐야 한다. 이승만 대통령과 박정희 대통령의 미래를 보는 혜안과 국민이 더 나은 미래를 꿈꾸며 열심히 뛰게 했던 리더십을 제대로 정리하고 평가해야 한다. 3.15부정선거로 하야한 대통령, 그리고 군사 쿠데타에 이은 독재 끝에 10.26으로 물러난 대통령으로 끊임없이 부정적 이미지를 덧칠하는 작태에서 벗어나 이 두 대통령이 우리 선진화를 위해 어떤 초석을 쌓았고 어떤 강한 추진력을 발휘했는가를 집중적으로 연구하고 국민에게 그리고 역사에 알려야 한다. 그래야 대한민국의 현대사의 기본이 서는 것이다. 유네스코 세계기록 문화유산인 조선왕조실록에서부터 승정원일기와 일성록日省錄에 이르기까지 조선 518년간 27명의 왕조와 통치 기록을 체계적으로 보유한 우리가 세계에서 유례가 없는 눈부신 성장을 이룬 선진화 과정을 기록으로 남기는 것은 역사적 사명이다.

이러한 이승만·박정희 대통령의 선진화를 향한 리더십을 몸 써 경험하고 국민에게 전파하신 분 중 한 분이 고 남덕우 총리다. 그가 20년 전 '한국선진화포럼'을 창립해서 오늘에 이르게 한 것도 이 두 선진화의 영웅을 제대로 연구하고 전파하기 위해서였다. 2007년 17대 대통령 선거를 앞두고 박근혜 후보 캠프에서 좌장 역할을 하셨던 남덕우 총리께서 각종 토론을 대비해서 작성한 '예상 질문·답변' 가운데 하나를 소개한다. 당시 필자는 간사 역할을 하며 자료를 준비하고 정리·기록하는 역할을 했었는데 남 총리께서 직접 작성해서 워드 파일로 만들어 주신 것들이 15년이 지난 지금도 그리고 앞으로도 값진 것이 많아 공유한다. "지난 대통령의 업적을 어떻게 평가하고, 다음 대통령의 역사적 사명이 무엇이라고 생각하는가?"에 대한 답변이다.

"1945년 해방 이후 우리나라가 직면한 첫째 과제가 한반도에 새로운 민족국가를 건립하는 일인데, 남북 분단으로 부득이 남한에서 상해 망명 정부의 법통을 이어받아 자유민주의 공화국을 건립했다. 여기에는 이승만 대통령의 지도력이 결정적인 역할을 했다. 이 대통령의 지도력이 없었다면 아마도 남한은 공산화되었을지도 모른다. 둘째 과제는 조상 전래의 빈곤으로부터 탈출하여 국가 발전의 기틀을 마련하는 것인데 이것은 박정희 대통령의 지도력에 의하여 그 기초가 마련되었고 그 위에 오늘의 한국 경제가 있다."

세계 역사상 그 어떤 나라도 산업화, 민주화, 정보화 중 한 가지도 단기간에 이룬 사례가 없었다. 이 과정에서는 이른바 명품 정책이 두 지도자와 함께 큰 역할을 했다. 이승만 정부에서는 농지개혁, 의무교육, 경제개발계획 등이, 박정희 정부에서는 고속도로 등 SOC, 포스코 등 중화학공업 육성, 새마을 운동, 부가가치세 도입, 4대 사회보험 도입, 빈곤 대책, 국립대 육성 등 교육정책, 원자력 등 에너지기술 정책 등등이 이른바 선진화의 원동력이 되는 정책들이다. 이들 정책에 대한 기록이 중요한 것도 이 때문이다. 특히, 새마을 운동은 2015년 9월 UN 총회에서 분과회의 주제로 선정되어 많은 국가 전문가와 관료들이 참석해 열띤 토론을 벌인 바 있다. 또한, 개발도상국 지원과 교육 관련 자문을 하는 『빈곤의 종식』의 저자 제프리 삭스Jeffrey Sachs 교수는 새마을 운동을 빈곤퇴치와 교육에 효과적인 정책으로 인정하고 열렬히 홍보하기도 했다.

선진화 과정에서는 대통령의 리더십과 함께 기업가 정신도 작용했다. 자원이 절대적으로 부족한 나라에서 우리 기업들은 수출을 통해 경제 성장을 이끌어 냈다. 국제경영개발대학원(IMD) 2024년 평가에서 한국은 국가경쟁력 20위를 기록하며 역대 최고 순위를 달성했는데, 이는 기업 효율성 개선의 결과였다. 그러나 우리 기업들은 지금 그 어느 때보다 힘겹다. 반기업 정서와 정치권의 끊임없는 견제, 법적·제도적 규제 압박 속에서도 우리 기업은 부단히 기업가 정신을 지켜내며 본연의 역할을 다해왔다. 그런데 지금과 같은 엄청난 반시장적·반기업적 법적 위협 앞에서는 더 이상 힘들지도 모른다. 트럼프 발 '관세 폭탄'까지 더해지면서 대내외 여건이 역대급으로 악화되어 버텨내기 어려운 국면에 접어들었다. 그래서 지금 시급한 것은 기업 부담을 덜어주고 기업가치를 인정하는 것이다.

지금 이뤄낸 선진화를 지키려면 적어도 두 가지는 필요하다. 첫째, 정치가 경제를 지배하는 것을 더 이상 방치해서는 안 된다. 포퓰리즘이라는 정치 괴물이 경제를 옥죄는 일이 없게 국민이 더 냉철해져야 하고 여기에는 지식인의 역할이 중요하다. 둘째, 신뢰를 회복하고 통합을 이루어야 한다. 프랜시스 후쿠야마 교수가 『신뢰』에서 한국의 성공을 평가할 때 신뢰 수준이 높았다는 점을 강조했듯이 지금과 같은 불신은 우리 경제와 사회를 나락에 빠뜨린다. 특히 지금과 같이 입법·행정·사법 삼권 전체에 대해 조성된 불신을 하루빨리 떨쳐낼 수 있어야 한다. 이러한 신뢰를 바탕으로 정치적·사회적 양극화를 그리고 분열과 갈등을 해소해야 한다.

이제 선진화의 궤도에 다시 올라가려면 우리 정치가 가지고 있는 후진성과 편협성을 방치해서는 안 된다. 지금처럼 진영 간 팬덤 정치를 방치해서는 더더욱 힘들다. 시간이 없다. 새 정부가 출범하면서 분열되고 불신이 팽배해질 상황을 슬기롭게 극복하기 위한 지식인의 역할이 필요하다. 남덕우 총리의 혜안과 포용력이 그리운 것도 이 때문일지도 모르겠다. 18년이라는 세월의 틈을 두고 그가 새 대통령에게 다음과 같이 주문한다.

"대통령에게 주어지는 역사적 사명은 첫째로 국가이념에 입각한 국민통합을 이룩하고, 민주적 대의정치를 궤도에 올려, 경제 및 사회 발전의 추진력이 되게 하는 동시에 민족 통일 과업에 대비하는 것이다. 둘째는 세계화, 정보화의 역사적 조류를 타고 이 나라 경제를 명실상부한 선진국 경제의 반열에 들게 하여 자유롭고 살기 좋은 나라를 만드는 것이다."

배려와 존중, 그리고 감사를 통한 시민의식의 선진화

양병무 감사나눔연구원 원장

대한민국은 세계 최빈국에서 10위권의 경제 대국이 되었다. 1961년도 우리나라의 1인당 소득은 82달러였다. 당시 아프리카의 가나가 179달러였으니 대한민국은 세계에서 가장 가난한 나라였다. 그런 나라가 2024년 현재 1인당 GDP는 36,624달러로 선진국 대열에 합류했다. 원조를 받던 나라에서 원조를 주는 나라로 변신했다. 한류가 K-컬처가 되어 전 세계에 K-팝과 K-드라마를 통해 세계인의 사랑을 받고 있다. 우리나라는 산업화와 민주화를 동시에 이루고 선진화를 향해 나아가고 있다. 양적 기준에서는 선진국이 되었으나 시민의식 수준에서는 선진국을 향해 나가는 과정에 있다.

우리나라는 노사, 세대, 이념, 지역, 성별 갈등 지수가 높다. 노사 간 대립과 갈등은 아직도 높은 수준이다. 4차 산업혁명과 AI 시대에 노사가 협력하지 않으면 경쟁력 확보가 어려워진다. 세대 간 소통의 단절도 문제다. 기성세대와 젊은 세대가 역지사지의 자세로 소통하고 배려하는 자세가 필요하다. 진보와 보수의 이념적 대립도 위험 수준이다. 생각은 다를지라도 공존하는 마음을 가져야 한다. 지역 대립도 정치 성향을 통해 나타나고 있다. 남성과 여성의 차별은 아직도 상존한다.

교육이 무너졌다는 한탄의 소리도 적지 않다. 학교에서 교권이 무너져 교사가 학교를 떠나는 사례도 증가하고 있다. 미래의 꿈나무를 기르는 교육 현장이 안정되지 못한 것도 우려되는 대목이다. 저출산 문제도 국가의 미래에 어두운 그림자를 드리운다. 젊은 사람들이 희망이 없어 포기하는 게 많아 3포, 5포, 9포, N포 세대란 말까지 생겨났다. 젊은이들이 희망을 갖지 못한다면 나라의 미래가 어찌 되겠는가.

이처럼 어두운 그림자는 우리나라의 행복지수에 고스란히 반영되고 있다. UN이 발표한 『2023년 세계 행복 보고서』에 따르면 한국은 전체 조사 대상국 137개국 중 57위로 나타났다. OECD 국가 중 한국보다 순위가 낮은 나라는 그리스(58위), 콜롬비아(72위), 튀르키예(106위) 3개국뿐이다.

반면에 핀란드는 가장 행복한 나라로 꼽혔다. 덴마크, 핀란드, 노르웨이 등 북유럽 국가들이 뒤를 이었다. 북유럽 국가들이 높은 순위를 차지하는 이유는 무엇일까. 이들 나라는 높은 수준의 상호 신뢰와 공정성을 자랑한다. 정부와 공공기관에 대한 신뢰도가 매우 높고, 이는 투명하고 효율적인 공공 서비스로 이어진다. 사회 구성원 간에는 긍정적인 상호작용을 촉진하는 존중의 분위기가 있다. 이는 개인 성장의 기회가 되기도 한다.

어떻게 우리나라의 행복지수를 높일 수 있을까. 북유럽의 국가에서 정답을 찾을 수 있다. 서로를 배려하고 존중하는 문화를 만들어야 한다. 어느 사회든 문제와 갈등은 있는 법이다. 문제와 갈등은 소통을 통하여 해결할 수 있다. 상대방을 배려하고 존중하는 문화가 있으면 가능하다.

우리나라는 최빈국에서 경제 대국으로 올라올 때까지 앞만 보며 달려왔다. 앞을 향해서만 달려가다 보니 옆을 보고 뒤를 돌아볼 마음의 여유가 없어서 각박한 사회가 되었다.

사회가 밝아지려면 서로 배려하고 존중하고 감사하는 마음이 퍼져야 한다. 특히 우리 사회에 부족한 게 감사하는 마음이다. 감사의 마음은 상대방을 배려하고 존중할 때 생긴다. 세상에 혼자 되는 일은 없다. 누군가의 도움이 있어서 여기까지 온 것이다. 감사의 마음을 가지면 여러 가지 효과가 나타난다. 뇌과학의 발달로 감사가 몸에 미치는 영향이 잘 파악되어 있다.

감사는 어떤 효과가 있을까? 정신 치료 전문가인 뇔르 C. 넬슨과 지니 르메어 칼라바는 『소망을 이루어 주는 감사의 힘』에서 감사의 효과를 구체적으로 제시한다. 현대 의학의 위대한 업적 중 하나는 "몸과 마음이 연결되어 있다는 사실을 발견한 것"이라고 한다.

감사는 마치 전기와 같다. 감사는 파동이고 힘이며 에너지다. 감사는 힘의 원천이 되는 강력한 에너지다. 감사할수록 감사 에너지를 강하게 끌어당긴다. 감사하면 신경전달 물질인 도파민과 옥시토신이 분비된다. 이 물질은 심리적인 안정감을 가져다주고, 삶을 보다 적극적이고 의욕적이며 즐겁게 여기도록 유도하는 역할을 한다. 감사가 건강에 가장 효과적이라고 주장하는 이유다.

스트레스 연구의 세계적 권위자인 한스 셀리에 교수는 노벨의학상에 여러 번 후보로 올랐다. 그는 정년퇴직 기념 강연에서 한 학생이 "스트레스 홍수 시대를 살고 있는데, 스트레스를 해소할 수 있는 비결을 딱 한 가지만 이야기해 주세요"라고 요청하자 "감사하세요 Appreciation"라고 대답한 일화는 유명하다.

감사는 현재 상황이 자신의 힘만으로 된 것이 아니고, 타인의 도움이 있었음을 인정하고 고마움을 표현하는 것이다. 겸손한 마음에서 나온다. 감사는 인간관계를 원활하게 하여 소통을 활성화한다. 진정한 감사는 인간관계를 좋게 만든다. 감사는 상대방을 존중하는 마음을 담고 있기에 그렇다.

감사는 기억력을 높인다. 감사하려면 생각을 해야 한다. 영어 감사 Thank와 생각Think의 어원이 같은 까닭이다. 감사는 생각해야 하므로 사고력이 높아지고 기억력이 좋아진다. 감사는 평온한 마음을 가져다 주고 기억력을 높여 세월의 흐름을 두려워하지 않게 한다.

감사는 창의력의 원천이 되기도 한다. AI 시대가 본격화되면서 지식 경쟁은 이미 AI에게 자리를 내주고, 인간만이 할 수 있는 창의성이 중요하게 되었다. 감사는 바로 사고력을 바탕으로 창의성을 함양할 수 있다. 창의성은 감사를 통한 긍정적인 마음에서 성장할 수 있는 것이다.

감사는 문제해결력을 높여준다. 능력은 결국 문제해결력으로 나타난다. 문제해결력이 없으면 과정도 의미가 약해진다. 감사는 긍정 마인드를 심어주어 문제에 집중하게 하고 해결책을 제시하는 원동력이 된다. "세상에서 가장 현명한 사람은 항상 배우는 사람이고, 가장 행복한 사람은 모든 일에 감사하는 사람이다"는 탈무드의 교훈을 잊지 말자.

감사로 여는 행복한 인생을 자기 것으로 만들면 얼마나 좋을까. 감사의 마음이 일상화될 때 배려와 존중이 꽃피는 선진화된 성숙한 사회를 이룰 수 있다. 시민의식의 선진화를 통해 우리나라 국민의 행복지수가 올라갈 것이다.

AI 시대 제2의 한강의 기적, 이제 다시 교육에서 찾아야 한다

양정호 성균관대학교 교육학과 교수

한국이 지금과 같은 모습을 갖출 수 있는 핵심 원동력은 교육의 힘에서 찾을 수 있다. 지금은 저출산의 여파로 인구 감소를 걱정해야 할 시기이지만, 한 해 동안 무려 약 102만 4천 773명이 태어난 1971년에는 이 수많은 '베이비붐' 세대를 어떻게 학교를 통해 교육시킬까를 고민하던 시기도 있었다. 그때마다 정부건, 부모건, 최소한 "교육이 곧 국력이다, 공부 안 하면 나중에 후회한다"라는 신념으로 교육을 통해 얻는 지식과 기술로 국가의 최우선 과제를 해결했다.

이러한 교육의 힘 덕분에 1960년대 세계 최빈국이었던 한국은 '한강의 기적'을 이뤄냈다. 이제는 제2의 교육의 기적을 만들어야 할 시점이다. 이를 위해 교육의 패러다임 자체가 근본적으로 변화해야 한다.

최근 발표된 OECD의 교육 지표는 한국 교육 현실의 명암을 극명히 드러낸다. 국제학업성취도평가(PISA)에서 2000년부터 최상위권을 유지했으나, 최근에는 국제 순위가 최하 9위까지 하락하는 경고등이 켜졌다. 또한 학생들의 삶의 만족도와 행복지수는 OECD 최하위권을 기록하고 있다. 이는 우리의 교육이 지식 중심의 경쟁적 모델에만 치중한 결과이며, 이제는 근본적 교육개혁이 시급하다는 신호이다.

우리 교육이 안고 있는 가장 큰 문제는 획일적이고 입시 중심의 교육이다. AI가 인간을 능가할 가능성이 높은 시대가 도래했음에도, 현재 우리의 교육은 정답 맞추기와 암기 위주의 평가에 몰두해 있다. 이로 인해 미래 사회에서 요구되는 창의적이고 비판적인 사고력과 데이터 분석 및 통합 능력이 제대로 길러지지 못하고 있으며, 학생들의 다양한 잠재력은 입시 경쟁이라는 협소한 틀 안에 갇혀있다.

제2의 교육 기적을 위해서는 단순히 시험과 성적이 아니라, 학생 개개인의 개성과 역량을 존중하는 맞춤형 교육 시스템으로 과감한 전환이 필요하다. AI와 데이터 기반의 맞춤형 학습이 충분히 가능한 디지털 시대에 발맞춰, 개인 맞춤형 학습 지원 시스템을 활용하면 학생의 학습 수준과 관심 분야에 따른 최적의 학습 환경을 제공할 수 있다. 이는 단순한 교육의 효율성 증대뿐 아니라, 학생 스스로 학습의 주체가 되어 AI를 활용한 자기 주도적 학습 능력을 키우는 데 크게 기여할 것이다.

특히, 교사 중심의 일방적 지식 전달 방식에서 벗어나 학생들의 적극적인 참여를 유도하는 토론식, 프로젝트 기반 수업이 더욱 활성화되어야 한다. 이를 위해 교사 양성 시스템 또한 혁신적으로 개선되어야 한다. 교사의 전문성과 자율성을 강화하여 현장에서 유연하고 창의적으로 학생들을 지도할 수 있는 교육환경이 마련되어야만 진정한 교육혁신이 이루어질 수 있다.

더불어 한국 교육은 2024년 기준 초·중·고 사교육비 총액이 약 29조 2천억 원에 달하며 역대 최고 수준을 기록했다. 심지어 '4세 고시', '7세 고시' 등 유아기부터 치열한 경쟁을 강요하는 사회적 병폐도 심각한 상황이다. 이는 학생들의 정신적, 육체적 건강을 위협하는 심각한 문제로서, 조기 경쟁을 강요하는 교육환경의 근본적인 변화를 촉구한다.

한편, 대학 등록금의 장기적인 동결은 한국 대학의 글로벌 경쟁력을 약화하는 주요 원인 중 하나이다. 하버드 대학의 운영 기금은 2024년 6월 532억 달러에 달하며, 이는 우수한 교수진 유치와 연구 시설 확충을 가능케 하는 핵심 재원이다. 하버드 대학은 이러한 기금 등을 통해 경쟁력을 유지하고 있지만, 한국 대학들은 재정적 제약으로 인해 경쟁력에서 훨씬 뒤처지고 있다. 이는 고등교육의 질적 하락으로 이어져 결국 국가 경쟁력 저하로 귀결될 가능성이 높다.

이와 함께 미래 사회에 적합한 교육 공동체가 더욱 중요해지고 있다. 최근 정권 교체가 반복되면서 교육 경쟁력 증진 방안을 마련할 때마다 다양한 이해관계자 간 의견충돌로 인해 정책 합의가 원활하지 못하여 교육의 근본적 혁신이 지연되고 있다. 특히 사회적 양극화로 인해 교육이 사회적 계층 이동의 수단이라는 믿음도 점차 약화되고 있으며, 이러한 문제를 해결하지 않으면 사회적 갈등과 양극화가 더욱 심화될 우려가 크다.

앞으로 교육 공동체는 학교가 본래의 목적을 달성하도록 해야 한다. 학교는 학생의 학습을 최우선으로 하여 공교육 신뢰를 회복할 필요가 있다. 또한, 교육 공동체 간에 미션 공유, 적극적 참여와 협력을 통해 조화로운 공동체를 구축해야 한다. 이를 통해 글로벌 시대를 이끌 교육 르네상스 시대를 열 수 있는 시스템을 마련해야 한다.

마지막으로 교육 공동체가 원활히 이루어지기 위해서는 교사가 가르치는 일에만 집중할 수 있는 교육여건 개선과 공정하고 투명한 정보 공개가 필요하다. 이를 통해 공교육의 신뢰 회복과 기초 학력 보장을 실현할 수 있을 것이다.

우리가 진정으로 원하는 미래 사회의 인재란 단지 높은 성적을 가진 학생이 아니라, 자신의 삶과 사회에 긍정적으로 기여할 수 있는 창의적이고 행복한 인재라는 사실을 잊지 말아야 한다. 지금이 바로 이런 마중물을 통해 AI 시대 제2의 교육의 기적을 만들어야 할 시점이다.

경제 선진화의 길

양준모 연세대학교 경제학과 교수

경제 선진화의 의미

대한민국의 건국 이후 수많은 사람이 조국 근대화와 선진화를 외쳤다. 아직도 우리나라가 소규모 개방경제라는 인식이 남아 있지만, 우리나라의 경제 규모는 세계 10위 권으로 소규모가 아니다. 더욱이 우리나라의 1인당 국내총생산도 일본과 유사한 수준으로 세계 상위권에 있다. 고도성장기에 우리는 경제 규모가 크고 앞서 산업화에 성공한 나라들의 제도와 기술을 벤치마킹하여 미래를 대비할 수 있었다. 그것이 선진화라는 의미로 사용되기도 했다.

과거 우리가 교통망이 발달 돼 있지 않아 고속도로를 건설하려고 할 때, 이미 다른 나라에는 고속도로가 있었다. 이 국가들은 도시를 연결해 메가폴리스Megalopolis를 구축하고 있었다. 우리의 문제는 교통망이었고, 미래는 메가폴리스의 건설이었다. 지금 우리는 정교한 교통망으로 연결된 메가폴리스를 가지고 있고, 그들과는 다른 문제를 해결해야만 한다.

과거 문제가 생기면 다른 나라의 사례를 찾은 일이 우선이었다. 어느 때부터인가 우리는 불확실한 상황에서 우리 자신의 문제를 해결해야 했다. 우리나라가 반도체에 관심을 가질 때, 반도체가 유용할 것이라는 기대와 우리나라가 할 수 있을지에 대한 불안감을 동시에 가졌다. 반도체가 미래를 지배할 것이라는 생각은 있었지만, 반도체가 현재를 지배하고 있는 산업은 아니었다. 우리나라의 진정한 선진화는 이때 시작했다. 경제 선진화의 의미는 우리의 문제를 파악하고 해법을 준비하여 성공적으로 문제를 해결하는 과정이다.

경제 선진화의 방해물

우리는 과거 선진국을 따라 하면 문제를 해결할 수 있었다. 이런 경험으로 문제를 해결할 경우, 다른 나라의 해법을 따라 하려는 경향이 매우 강하다. 이러한 경향이 경제 선진화의 최대 방해물이 됐다.

선진국의 모임이라는 OECD에 가입하고, OECD 국가들의 경제 개방화를 따라가다가 많은 문제가 발생했다. 시스템에 대한 이해가 없이 막연히 OECD 평균을 따라가는 숫자놀음을 하면서 우리는 다른 나라의 정책이 우리의 경제 시스템에서 어떻게 반응하느냐를 검증하는 일을 게을리했다. 1997년 외환위기는 외국 모방이 선진화라는 잘못된 생각에서 발생한 정책 실패 사례다.

국민연금제도는 꿈의 정책이었다. 노후 빈곤이 심각한 우리나라에서 노후를 풍요롭게 산다는 정책 목표는 매력적이다. 국민연금과 같은 장기적 연금제도는 제도의 지속성과 합리성, 참여 유인 등을 갖춰야 한다. 제도를 만들면서 종합적인 고려를 하지 못하고 OECD 평균을 앵무새처럼 반복해서는 어떤 문제도 해결되지 않는다. 다른 나라를 무작정 따라가는 것은 경제 선진화의 방해물이다.

경제 선진화의 방향

선진화는 우리의 문제를 깊게 이해하고 합리적 대안을 만드는 과정이다. 저출산 고령화의 문제, 저성장의 문제, 산업구조의 변화와 정치적 저항 등 다양한 우리의 문제를 정확하게 파악하고 최선의 대책을 만들고 추진하는 것이 선진화다. 인류의 지혜를 모아 아무도 가지 못한 길을 헤쳐 나가는 것이 선진화인 것이다.

1990년대 이후 한국 경제는 경제성장률이 점점 낮아지는 추세를 따라가고 있다. 1997년 외환위기는 정책의 한계를 보여주었다. 외환위기 극복이라는 명목으로 급조된 정책이 지난 30년의 생산성 하락을 주도했다. 노사정 체제는 노동시장의 정치화를 통해 서서히 우리 경제의 활력을 저해했다. 금융시장의 구조조정으로 기업의 성장 동력은 상실되고 금융기관은 가계 중심의 수동적 영업을 주도했다. 중국 경제의 부상으로 잠시 반사적 이익을 얻었으나, 정치는 인기영합주의에 의해 장악됐고, 산업 경쟁력은 중국에도 밀리고 있다. 대학의 혁신 능력은 현저하게 떨어졌고, 기업은 우리나라에서 탈출하고 있다. 노동시장의 경직성은 강화하고 투자 환경은 악화했다. 인구성장률이 떨어지는 상황에서 노동시간을 줄이는 정책으로 저성장의 늪은 더 깊어졌다. 이제 생존이 선진화의 길인 것처럼 보일 정도다. 정책의 실패를 걷어내는 것이 경제 선진화의 시작이다.

경제 선진화의 길

경제 선진화의 길은 끊임없이 이어진다. 과거 고도성장이 선진화의 길이라고 믿었지만, 지금은 풍요로운 사회가 선진화의 길이라고 볼 수 있다. 어제도 오늘도 그리고 내일도 풍요로운 사회를 누리는 것이 선진화의 길이다. 유럽은 복지라는 미명에 빠져 풍요를 잃었다. 저성장의 늪에 빠진 나라들도 풍요를 얻을 수 없다. 끊임없이 혁신해야 쇠락하지 않고 풍요를 유지할 수 있다. 경제 선진화의 길은 자기 혁신의 길이다.

새 정부 1개월
회고와 전망

오정근 자유시장연구원 원장

  새 정부가 출범한 지 한 달이 지났다. 아직 장관 후보자 인사청문회도 남아 있고 국정기획위원회의 최종보고서도 나오지 않은 상태다. 대외적으로는 한국의 가장 중요한 맹방인 미국 트럼프 대통령과는 전화 통화에 대한 트럼프 대통령의 확실한 메시지가 나오지 않고 있고 정상회담 일정은 조율이 안된 상태다. 그러나 대체로 정책 운용의 윤곽들이 나오고 있어 이즈음에서 지난 한 달을 회고해 보고 앞으로 성공하는 정부가 되어서 도약과 추락의 갈림길에 있는 대한민국의 성공을 위해서 새 정부가 어떻게 운용되어야 할 것인지를 전망해 보고 건의를 해 보는 것이 의미 있다고 생각된다.

  이 대통령은 6월 4일 국회 로텐더홀 취임식에서 '국민께 드리는 말씀'을 통해 "이재명 정부는 '실용적 시장주의 정부'가 되겠다"며 "민생

회복과 경제 살리기부터 시작하겠다"고 했다 "낡은 이념은 이제 역사의 박물관으로 보내자"며 "박정희 정책도, 김대중 정책도, 필요하고 유용하면 구별 없이 쓰겠다"며 "이재명 정부는 실용적 시장주의 정부가 될 것이다. 통제하고 관리하는 정부가 아니라 지원하고 격려하는 정부가 되겠다"고 강조했다.

기업하기 좋은 환경을 만들어 경제 성장의 동력으로 삼겠다는 의지도 밝혔다. "창의적이고 능동적인 기업 활동을 보장하기 위해 규제는 네거티브 중심으로 변경하겠다"며 "기업인들이 자유롭게 창업하고 성장하며 세계 시장에서 경쟁할 수 있도록 든든하게 뒷받침하겠다"고 했다. "규제는 네거티브 중심으로 변경하겠다"는 말이 눈에 띈다. 역대 어느 정부에서도 못해 본 것인데 과연 가능할 것인가 주목된다. 시행되면 가히 규제정책의 혁명이 될 것이다.

이 대통령으로서는 당장 성장 엔진을 되살리는 게 최대 과제가 될 전망이다. 이미 한은을 비롯한 국내외 주요 기관은 올해 우리나라 경제성장률이 0%대 그칠 것으로 보고 있고 역성장 우려도 나오고 있다. 이 대통령은 취임 첫 연설에서 '성장'을 '국민' 다음으로 가장 많은 22차례나 언급하며 경제성장이야말로 우리 앞에 놓인 시급한 과제임을 역설했고, 취임 첫 행정명령으로 '비상경제점검 태스크포스'를 구성해 첫 회의를 2시간 20분가량 진행했다.

이어서 과거 정부의 인수위원회 대신 신설된 '국정기획위원회'에서는 "진짜 성장"이라는 용어를 꺼내 들었다. 경제학에서 성장이면 성장이지 진짜 성장이 따로 있고 가짜 성장이 따로 있겠는가. 문재인 정부의 '소득주도성장'처럼 정통경제학에서 검증되지 않은 용어와 정책을 마치 경제의 구세주라도 되는 듯이 거창하게 내걸며 청와대에 일자리 상황판까지 만들었으나 결국 지금의 저성장을 초래한 경험이 오래되지도 않았는지라 생경한 '진짜 성장'이란 용어가 튀어나오니 경제학자로서 걱정이 앞서기도 한다. 국정기획위원회에서는 진짜 성장은 지속적인 성장, 모두의 성장, 창조에 기반한 성장, 체감할 수 있는 성장이라고 정의하고 있다.

진짜 성장 5대 전략 중 첫째 전략이 글로벌 경쟁력을 갖춘 AI 생태계 구축과 미래 전략 분야 육성을 내걸고 100조 원 규모의 AI 투자를 유치해 AI 인프라를 구축하고 AI 유망기업 및 융합산업을 육성하는 것으로 되어 있다. 이를 위해 하정우 네이버클라우드 AI 센터장을 대통령실 AI 수석으로 임명하고 배경훈 LG AI 연구원장을 과학기술정보통신부 장관 후보자, 한성숙 네이버 고문을 중소벤처기업부 장관 후보자로 임명했다. 최근에는 SK그룹이 미국 아마존과 손잡고 7조 원 규모 AI 데이터센터(AI DC) 설립을 공식화하기도 했다. 이처럼 AI 중심 성장정책과 정책을 추진할 진용을 갖추고 있는 점은 바람직하고 시의적절한 정책으로 평가된다.

그러나 국회 여당은 여전히 야당 시절 주장해 오던 규제 중심의 행보를 보이며 이 대통령의 취임사 언급과 반대로 가고 있어 우려가 크다. 자본시장 관련해서는 이사의 충실의무 대상에 주주를 포함하는 내용의 상법 개정안이 국회를 통과했다. 정관으로 집중투표제를 배제할 수 있도록 한 관련 규정을 개정해 집중투표제를 활성화하겠다고 했다. 감사위원 선임 시 최대 주주와 특수관계인 의결권을 3%로 제한하는 '3% 룰' 등 기업경영을 흔들 수도 있는 내용들이어서 많은 우려가 제기되고 있는 법안이다. 일자리를 창출해야 할 기업들의 탈한국 러시가 우려된다.

에너지 관련해서는 RE100을 강조하며 신재생 및 풍력에너지 고속도로를 만들겠다고 했다. 전력망이 통과하는 지역 주민들에게도 매월 연금을 지급한다는 주장도 나오고 있다. 원자력보다 3~4배 비싼 신재생 및 풍력에너지 구입 단가로 현재 한전의 부채가 200조 원이 넘어 전력망 투자도 못하고 있는 실정이어서 결국 막대한 재정이 투자될 전망이다. 높은 산업용 전력 요금 때문에 공장 가동을 심야에만 하는 현상도 발생하고 있다. 진짜 성장에서 강조하고 있는 AI 산업에 필요한 데이터센터 운용에도 천문학적인 전력이 필요하다.

이런 가운데 친재생 에너지 주장자로 알려진 김성환 환경부 장관 후보자가 임명되고 산업통상자원부 제1차관으로는 문 정부 때 산업부의 원자력국장으로 재직하면서 탈원전 정책을 주도해 '원전 수사'로 구속기소까지 됐던 탈원전 정책의 상징적 인물이 임명되어 앞으로의 에너지 정책을 예고하는 것으로 보이기도 했다. RE100보다는 CF100에 역점을 두고 값싼 원전 공급을 확대할 필요가 있다.

민주당에서는 노란봉투법과 양곡법의 재추진도 거론되고 있다. 확대 추경과 지역화폐의 국비 지원 의무화도 거론되고 있다. 적극적 재정 투입을 예고한 이재명 정부의 과제는 '나라 곳간 지키기'다. 지난해 한국 국가채무는 1,175조 원으로 GDP의 46%에 달했다. 새 정부가 하반기에 30조 원 규모의 2차 추가경정예산을 편성하면 GDP 대비 국가채무가 50%에 근접할 것이란 관측이 나온다. 비기축통화국에서 과도한 국가채무로 신용등급이 하락하면 재정위기 외환위기 가능성이 높아지므로 주의해야 한다.

노동 분야 공약에서는 노동자들의 권익을 대폭 강화하는 내용을 담고 있다. 노동조합법을 개정해 하도급 노동자들이 원청 사업자와 교섭할 수 있도록 제도화하겠다고 했다. 원청 업체가 이들 하도급 근로자와 임금협상 등을 벌여야 한다는 얘기다. 아울러 사업장 내 노사 자율협의를 주도할 '근로자(노동자)대표위원회' 상설을 제도화하고 계약직, 파견직, 사내하도급 노동자들도 인원 비례로 참여할 수 있게 했다. 노조 성격의 사내 조직에 비정규직 근로자들이 참여할 길을 터준 것으로 사측 입장에서는 정규직 근로자 외 다양한 직군의 근로자들 목소리를 반영해 노사협상을 벌여야 할 처지에 놓이게 되는 내용이다.

이밖에 공기업·공공기관 등 공공부문에 노동이사제를 전면 도입하고 일정 규모 이상 민간회사도 경영진에 예속되지 않은 독립이사를 일정 비율 이상 선임하는 것을 의무화하겠다고 했다. 또 노동 분쟁을 전담할 노동법원 설립과 주 4.5일 근무제 도입도 밝혔다. 고용노동부 장관에 민노총 출신 김영훈 후보자를 임명했다.

이처럼 지금 추진되고 있거나, 추진될 것으로 기대되는 정책들은 "창의적이고 능동적인 기업 활동을 보장하기 위해 규제는 네거티브 중심으로 변경하겠다"는 기업활동을 장려하는 이 대통령의 취임사와 국정기획위원회에서 주장하는 '진짜 성장'과 배치되는 주장들이어서 우려가 크다. 이러다가는 저성장을 초래해 통계까지 조작했던 문 정부 때의 실정이 반복되는 것이 아닌가 걱정도 된다.

지금 대한민국은 선진국으로 안착하느냐 추락하느냐의 갈림길에 서 있다. 경제성장은 기본적으로 창의적인 아이디어에 기반한 기업활동에서 나오고 일자리가 창출되면 경제 활동 참가자 모두에게 체감할 수 있는 혜택이 돌아가는 것이므로 기업활동을 장려하는 정책이 곧 민생정책이고 '진짜 성장'이다. 경제란 콩 심은 데 콩 나고 팥 심은 데 팥 나는 논리가 있다. 문 정부 때와 같은 유사한 실정이 반복되어서는 새 정부의 시대적 사명인 경제살리기가 힘들 것이라는 점을 명심하고 이 대통령 취임사 주장처럼 지금까지 주장해 왔던 이념의 굴레를 벗어나 '실용적 시장주의' 관점에서 진짜로 경제 살리는 정책들로 정책을 전환해야 성공하는 정부 성공하는 대한민국이 될 것이다.

사회적 가치,
어떻게 이해할 것인가

옥동석 제26대 국가공무원 인재개발원 원장

2018년 문재인 정부는 "정부 운영을 사회적 가치 중심으로 전환한다"고 선언하였다. 정부의 역할에 대한 이러한 선언은 학계의 — 특히 경제학계 — 기존 인식을 송두리째 뒤흔드는 엄청난 사건이었다. 정통적 인식에 의하면, 정부의 역할은 민간의 자율적 활동을 지원하는 것이고 시장의 실패가 있을 때만 정부의 실패를 최소화하는 방법으로 개입해야 한다. 그런데 문재인 정부는 공공의 이익과 공동체의 발전에 기여할 수 있는 가치라면 정부가 그 어떤 개입도 할 수 있는 것처럼 선언하였다. 사회적 가치의 세부 목표들로는 인권, 안전, 환경, 복지, 공동체, 사회적 약자 배려, 양질의 일자리, 시민참여, 대·중소기업 간 상생, 지역사회 활성화 등을 제시하였다.

문재인 정부는 2022년에 그 임기를 마쳤지만, 이러한 인식은 소위 진보 좌파로 불리는 한국의 지식인들 사이에 깊이 뿌리내리고 있다. 이들은 공공의 이익과 공동체라는 용어를 전가의 보도처럼 휘두르며 정부가 공공선을 지향하는 전지전능하고 자애로운 실체로 간주한다. 이에 대해 보수 우파의 지식인들은 강한 거부감을 표하면서도, 논리적이고 체계적인 반론보다는 감정적이고 거친 표현으로 대응하는 경우가 일반적이다. 이 글에서는 두 가지 명제를 정리하며 이들을 어떻게 이해하고 극복할 것인지를 정리하고자 한다.

첫째, 사회적 가치를 포함하여 모든 가치는 오직 사적 욕구에서만 비롯한다. 1776년에 출간된 애덤 스미스의 『국부론』은 개인들이 사적 욕구를 추구할 때 비로소 사회적 가치가, 또는 공공의 이익이 극대화된다는 명제를 제시하였다. 사적 욕구란 개인의 행동을 추동하는 사적 동기로서, 이기심뿐만 아니라 이타심, 자기완성, 자기 성취를 모두 포함한다. 사익 추구 활동이 집합적으로 사회적 가치를 극대화한다는 사실은 사적 욕구가 사회적 가치를 제고하는 원동력임을 인식하는 것이다. 더구나 가치를 판단할 수 있는, 개인이 아닌 다른 유기체적 실체는 그 어디에도 존재하지 않는다.

인권, 안전, 환경, 복지 등이 사회적 가치의 세부 목표들로 언급될 수 있는 이유는 이들에 대한 사적 욕구가 존재하기 때문이다. 이들에 대해 사적 욕구가 없다면 사회적 가치도 존재하지 않을 것이다. 그런데 우리는 이들 외에도 다른 많은 사적 욕구들을 갖고 있다. 예컨대,

일상 생활에 긴요한 한 벌의 옷, 한 끼의 식사, 거주하는 주택에 대한 사적 욕구도 있다. 이러한 의식주에 대한 사적 욕구들이 소위 사회적 가치의 세부 목표들보다 열등한 것인가? 또는 소위 시장에서 거래되는 재화와 서비스, 또 이들을 통해 충족되는 사적 욕구들은 사회적 가치로 인정할 수 없다는 것인가? 개인들의 수많은 욕구 사이에는 상황에 따라 상충相衝이 있고 경중輕重이 있을 뿐 어느 하나 근본적으로 열등하다고 말할 수는 없다. 오히려 민간의 시장에서 해결되는 사적 욕구들이 인간 생활에서는 훨씬 더 긴요하고 중요한 것일 수 있다.

둘째, 사회적 가치의 생산방법으로 시장과 정치라는 두 가지 개념이 구분될 수 있다. 사적 욕구들을 충족하기 위해서는 재화와 서비스가 필요한데, 이들을 생산하는 방법은 분업과 협업이라는 두 가지 원리를 구분할 수 있다. 분업은 각자의 역할과 책임을 사전에 명확하게 구분하는 것이고, 협업은 공동의 이익을 형성하고 서로 관계를 맺으면서 생산하는 것이다. 전자의 분업에서는 다른 사람들과의 관계를 신경 쓸 필요 없이 자신에게 주어진 과업만을 열심히 수행하면 된다. 그러나 후자에서는 공동의 이익과 목표를 위해 서로 상부상조하는 정신으로 관계적인 규율이 필요하다. 우리는 분업이 강하게 작동하는 영역을 시장이라고 하고, 협업이 필요성이 높은 영역을 정치라고 부를 수 있다.

시장에서 거래되는 대부분의 재화와 서비스들은 사적재Private goods

로 불리는 완전히 분리된 분업으로 전문화되어 생산된다. 그러나 역할과 책임이 사전에 완전하게 분리될 수 없는 재화와 서비스들은 협업에 의해 생산될 수밖에 없다. 분업에서는 과업의 분리에 따른 전문성이 강조되지만, 협업에서는 관계적 규율과 협력적 정신이 무엇보다도 중요한 요소가 된다. 분업이 아닌 협업이 필요한 재화와 서비스들을 우리는 시장의 실패라고 부른다.

경제학에서 열거하는 시장실패 요인들은 협업으로 해결될 수 있는 것들이다. 공공재 생산에서 무임승차 문제는 수요자들이 자발적으로 협조할 수 있다면 해결될 수 있다. 공해물질 배출과 같은 외부성의 문제도 각자 분리되어 행동하기 때문에 나타나는데, 서로 협업한다면 해결될 수 있다. 공유자원, 자연독점, 시장지배력, 정보의 비대칭성 등 역시 개인들이 분리되어 행동하기 때문에 나타난다. 만약 공동체적 정신으로 협업이 발휘된다면 이러한 시장실패들은 충분히 해결될 수 있다.

이처럼 재화와 서비스는 그 생산을 엄격한 분업으로 할 것인지 아니면 관계적 협업으로 할 것인지의 차이가 있을 뿐, 재화와 서비스가 충족하는 가치에 우열이 있는 것은 결코 아니다. 협업이 필요한 생산에서는 지역공동체, 기업 등 민간의 자발적인 조직들 그리고 다양한 협력적 관계 계약이 동원될 수 있다. 이들에서도 관계적 규율과 정치가 작동하고 있다. 그런데 자율적으로 해결되지 않는 경우에는 일률적인 강제력을 행사하는 유일한 실체인 정부가 개입할 수 있다.

사회적 가치에 대한 이러한 설명은 노벨경제학상 수상자, 로널드 코즈Ronald Coase와 올리브 윌리엄슨Oliver Williamson이 제안한 거래비용 분석에 근거를 두고 있다. 시장 계약에 의한 완벽한 분업이 가능하지 않은, 소위 불완전 계약으로 - 정치가 개입하는 - 수행할 수밖에 없는 업무들이 있다. 이들은 민간의 자율적 거버넌스로 해결하되 불가피한 경우에는 정부가 개입할 수 있다. 이러한 설명은 우리를 정통적인 시각으로 이끈다. 정부의 역할은 사회적 가치를 제고하는 민간의 자율적 활동들을 돕는 일, 그 이상도 그 이하도 아니다.

선진 대한민국 국민들의 지정학적 상상력의 지도를 새로 작성해야

유호열 제16대 민주평화통일자문회의 수석부의장

일본 교토의 리츠메이칸 대학에서 한 학기 동안 객원교수로 초청받아 학부와 대학원 강의를 하게 되었다. 대학에서 20여 년간 강의하다 정년 퇴임한 이후 대학원에서 남북 관계와 통일문제 등을 강의해왔었는데 일본에서는 동아시아 국제관계라는 과목을 맡게 되었다. 일본 대학 측에서는 내가 통일문제 전문가로서 대학과 국가기관, 그리고 시민사회 등에서 활동했던 경험과 경력을 감안하여 내게 강의 과목을 배정해 주면서 특별히 강의 내용에 대해서는 구체적인 언급이 없었다. 수업에 앞서 학교 홈페이지 등을 통해 일본 대학도 최근 국제화에 대해 매우 적극적이고 체계적으로 접근하고 있다는 인상을 받았고 그런 인식하에 강의를 준비하였다. 그런데 막상 첫 수업에서 학생들과 직접 대면하면서 국제관계에 대한 그동안의 내 생각이 짧았고 마치 우물 안 개구리처럼 21세기 시대에 뒤떨어지는 것 같은 느낌을 강하게 받았다.

동아시아 국제관계에 대해 나로서는 동아시아 국가나 현안을 중국과 일본, 그리고 한국과의 관계를 중심으로, 또는 한반도를 둘러싼 주변 환경으로 설정하고 역외 균형자인 미국을 중심으로 이들 간의 협력과 갈등 관계를 풀어나가겠다는 구상으로 수업을 진행하려고 했다. 그러나 수업 첫 시간에 대학원 학생들을 직접 대면하고 보니 중국 학생이 많으나 중국 학생들 중에는 대만과 홍콩 출신 학생들, 캐나다나 호주에 살고 있는 중국계 학생들도 있고, 태국, 베트남, 인도네시아, 말레이시아, 나아가 이스라엘과 아랍권 국가에서 온 학생까지 다양했고, 한국 유학생과 일본 학생 그리고 미국 학생도 각 1명씩 있었다. 물론 수강 학생 구성을 염두에 두고 수업을 진행하는 것은 아니지만 적어도 이들 다양한 국적의 학생들이 이 과목을 신청하고 기대하는 바가 있었다면 그것은 내가 생각하던 것과 차이가 있을 수 있다는 직감이 들었다.

일반적으로 학계나 언론에서 동아시아 국제관계라고 할 때 대개 중국, 일본, 한국 등 3국 간의 관계를 다루고, 조금 시야를 넓히면 북한, 몽골, 대만 등도 포함된다. 지정학적인 특성을 고려하면 이 지역 국가들과 매우 밀접한 관계를 맺고 있는 미국과 러시아도 포함하여 이들과의 다양한 교류협력과 갈등 등 복잡한 방정식을 염두에 두고 동아시아론을 다루는 것은 크게 문제가 되지 않았다. 그러나 동아시아 국제관계라는 과목에 대해 동남아시아는 물론 유라시아 국가들에서 온 학생들이 관심을 두고 있다는 사실은 결코 우연한 일이 아니라고 생각했다. 첫 강의를 끝내고 집에 오자마자 관련 자료들과 논문들을 찾아 읽으면서 동아시아론에 대한 개념을 새로운 시각에서 살펴보았다.

통상 지역에 대한 개념이나 명칭을 부여하는 것은 국가 명칭과 같이 일방적으로 선포하는 것은 아니지만 대체적인 합의나 관용적으로 통용되기 시작하면서 일반화되는 것 같다. 그런 점에서 우리가 말하는 동아시아East Asia는 국제적으로 공인된 명칭이라기보다 오히려 의식적으로 형성되고 구현되어 가는 과정에 있는 개념적 명칭이라고 생각된다. 단순히 동아시아라는 지역 구분 용어나 명칭을 쓸 때 우리가 국제사회가 인식하고 통용되는 분류 개념이나 명칭으로 보면 동북아시아 또는 Northeast Asia가 더 적합하고 명확하다고 할 수 있다. 반면 아시아가 서구 중심의 국제사회에 핵심 세력으로 등장하기 이전인 근대 이후 20세기 후반까지 당사자인 우리 스스로도 한때 극동 또는 Far East라고 불리더라도 이상하게 여기지 않았던 것도 엄연한 사실이었다. 당시 아시아의 대표적 시사잡지 제호가 「Far Eastern Economic Review」였던 것만 봐도 서구의 시각에서 우리가 속한 동아시아를 극동이라고 분류하는데 별다른 이론을 제기하지 않았던 게 현실이었다.

우리는 그동안 우리의 지정학적 특성과 한반도를 둘러싼 강대국들의 첨예한 이해관계 때문에 헌팅턴의『문명의 충돌』에서 제기한 대로 거대 문명권들이 충돌하는 단층대에 속하거나 브레진스키가 규정한 변방으로서의 극동이나 동북아시아라고 하더라도 그 시각과 이해관계의 틀 속에 우리의 활동 공간을 수동적으로 받아들일 뿐이었다. 결과적으로 우리가 수용한 우리의 지리적 영역은 우리의 사유 공간을 구성하게 되고 이에 투사되는 비전의 영역을 말로는 크게 그러나 실상은 협소한 공간으로 자리매김해 왔다. 우리의 사활적 이익이 투사되는 일차적 공간이 우리 헌법이 규정한 대로 우리 주권이 미치는 한반도와 부속 도서에서 벗어나지 못한 까닭에 반도가 아닌 섬나라로 변했으면서도 실제 해양으로 진출할 생각을 못하는 우리의 현실과 의식은 그렇게 우리 스스로 가두어 놓은 것이다. 구한말 대원군의 쇄국정책 이전에도 우리 역사에서 전개된 쇄환 정책이나 공도정책 등으로 우리의 활동 공간과 상상력의 세계를 통제하고 억제했던 경험이 우리의 기억 인자 속에 각인되어 스스로의 시각을 한정하고 제한한 결과가 아니었던가 반성하게 된다.

이웃 일본은 일찍부터 대동아공영권이나 아시아공동체라는 개념으로 동남아시아를 자국의 일차적 인식 대상에 포함시켜 적극적으로 진출하고 지속적으로 연구하고 교류하는 결과가 오늘날 일본 대학 국제관계학과의 학생들 분포나 개설 과목에서 드러나 있다고 생각된다.

또 다른 동아시아 이웃인 중국은 그 방대한 영토와 인구, 그리고 오랜 중화사상이 새로운 화평굴기와 신형대국관게, 일대일론, 중국몽 등으로 나타나고 있다. 새로운 실크로드를 통해 유라시아로의 확장뿐만 아니라 새로운 해양 강국으로서 바다 실크로드를 개척하고 이를 통해 아시아를 넘어 세계 중심으로서의 위상을 확대해 나가고 있어 동북아시아라는 틀로서는 자신들의 소속감이나 정체성으로는 감당하지 못할 만큼 이미 인도·태평양에 맞서는 동아시아의 제1도련선을 넘어 태평양 심부까지 뻗어나가는 제2도련선까지 상정함으로써 그들의 지정학적 상상력의 공간은 동아시아로도 부족할 정도가 되어가고 있다.

문제는 우리의 이해관계와 전략의 범위가 우리의 현실을 제대로 반영하지 못하고 있다는 점이다. 우리의 지정학적 상상력과 비전의 확장 없이 막연하게 외부에서 통용되는 개념이나 용어를 사용하는 데 대한 문제의식이 전혀 없다. 치밀하고 선제적인 공감대를 내부적으로 확장해 나가지 않으면 형식이 내용을 지배하듯 공간 사고의 개념이 우리의 구체적 현실을 지배하고 제약할 것은 너무도 명백하다.

동아시아에 대한 정부와 학계, 언론과 일반 국민이 이제 우리의 이해와 미래를 투사할 지정학적 공간과 지적 상상력의 범위를 명실상부하게 동아시아로 규정한다면 이에 필적할 만한 구체적이고 실천적인 정책과 과제들을 일관성 있고 체계적이며 유기적으로 구성하고 발전시켜야 한다. 동아시아는 더 이상 한중일 또는 남북한과 미중일러만의 공간이나 대상이 될 수도 없고 되어서도 안된다.

우리의 아세안과의 교역과 투자, 인적 왕래와 지적 교류를 감안하면 기존의 맥락으로는 감당할 수 없는 새로운 접근, 새로운 구성체를 만들고 이에 익숙해져야 한다. 이미 많은 공식, 비공식 대화체와 협의 기구가 구성되어 작동하고 있으나 현실과 인식의 괴리와 서먹함을 극복하지 못하고 있는 게 문제이다. 동남아시아 10개국이 우선 동아시아를 구성하는 핵심 국가들이라면 여기에 최소한 한중일과 미국, 러시아, 북한, 호주, 뉴질랜드는 포함하는 광의의 인도·태평양 핵심 국가들이 동아시아라는 지역 명칭 하에 자연스럽게 그리고 일관되고 유기적으로 엮어져야 비로소 우리가 새로운 국제질서의 책임 있는 중견 국가로서의 위상과 역할을 할 수 있을 것이다.

　아이들이 태어나면 이름을 지어주면서 많은 생각을 하게 되고, 그 이름을 자꾸 불러주어야 그 아이가 자기의 이름을 알아듣고 정체성을 키워나가듯 우리도 우리가 의미하는 동아시아 그리고 앞으로 우리가 그렇게 구성해야 하는 미래의 상상적 공간으로서의 동아시아가 우리 자신에게 익숙해질 때 비로소 우리의 비전이 현실에서 구현될 수 있을 것이다. 지금 난관에 봉착한 남북한 관계도 우리가 동아시아의 큰 그림 속에, 동아시아의 일원이자 동아시아의 주역으로 확고하게 자리매김할 때 자연스럽게 해결될 수 있다고 기대한다. 우리의 선진 국가로서의 위상도 우리가 동아시아의 주역이며 그에 합당하고, 그를 선도할 분명한 자각과 자기 확신을 통해서 더욱 확고해질 것이다.

인류의 보편가치와 한국사의 여정: 대한민국은 지금 어디에 서 있는가

이민원 대한민국역사와미래 역사아카데미 원장

인류사는 국가와 개인의 주권 확립의 역사

오랜 인류의 역사는 두 가지 목표를 이루기 위해 고난의 길을 걸어왔다. 하나는 사람 사이의 자격을 평등하게 하는 것이고, 다른 하나는 나라 사이의 관계를 대등하게 만드는 일이었다. 전자는 개인의 주권 확립으로, 후자는 나라의 독립, 곧 대외 관계에서의 대등한 주권 확립으로 표현된다.

이 두 가지는 오늘날 자유민주주의의 꽃이라 불리는 '국민투표권'과, 유엔 체제하에서의 '평등한 국가 주권'으로 실현되고 있다.

돌이켜보면, 오랜 세월 동안 절대 권력자인 황제나 왕, 그리고 특권을 누리던 고위 신분의 귀족층은 이러한 변화를 거부했다. 조공국을 둔 전통 시대의 제국은 주변 왕국들과의 주종 관계를 유지하고자

했으며, 산업혁명 이후 등장한 근대의 제국주의 국가들조차 식민지가 된 약소국의 해방과 독립 열망을 외면하곤 했다. 그러나 이러한 현상은 21세기 현재 거의 자취를 감추었다.

한국의 역사 속에서도 양반, 중인, 상민, 천민으로 구분되는 신분제도가 조선 시대 내내 지속되었고, 대외적으로는 명·청 제국과의 사대 조공 관계가 500년간 유지되었다. 조선 왕조 말기까지 한국은 대외적 주권의 평등은 물론, 대내적 인권 평등 또한 이루지 못한 상태였다.

이러한 상황을 극복하게 된 시기는 19세기 말에서 20세기 중반 사이의 100여 년이다. 흔히 이 시기를 '한국사의 암흑기'라 부르기도 하지만, 5천 년 한국사 중 가장 획기적인 문명 전환의 시대이기도 하다.

대한제국 선포: 국가 주권의 선언

한국 역사에서 국가 주권이 공론화되고 이를 확보한 시점은 1897년이다. 같은 해 10월 12일, 고종이 황제로 즉위하자 이튿날 정부는 나라 이름을 '대한'으로 정하였음을 관보를 통해 내외에 공포했다. 『독립신문』은 이를 "오랫동안 조선이 중국에 예속되어 왔으나 이제 황제의 나라가 되었으니, 이는 조선 인민의 경사"라고 평했다.

대한제국 선포에 대해 일본은 물론, 러시아와 프랑스 등 유럽 열강은 이를 축하했고, 영국과 미국도 승인했다. 반면 청국은 한동안 대한

제국을 승인하지 않았다. 청 대신들 중 일부는 "이제는 만국이 동등한 시대가 되었으니 승인해야 한다"고 주장했으나, 황실은 "조선 국왕이 황제를 칭했다"며 불쾌감을 드러냈다. 이는 청일전쟁의 패배보다도 더 자존심이 상하는 일로 여겨졌다.

그러나 2년 후인 1899년, 대한국과 청국은 『한청통상조약』을 체결하며 대등한 외교 관계를 맺었다. 병자호란 당시 조선의 인조가 삼전도에서 청 태종에게 '삼배구고두례'를 행한 이후 처음으로, 양국이 대등한 입장을 확인한 역사적 순간이었다.

『독립신문』이 고종의 황제 즉위와 대한제국 선포를 역사적 경사로 여긴 까닭은, 그것이 단지 국호 변경이나 위계 상승이 아니라 '국가 주권의 선언'이었기 때문이다. 그러나 대한제국 이후의 국가 체제는 황제 중심의 군주제로 귀결되었고, 헌법 격인 「대한국국제」는 황제의 대권만을 규정했으며 국민의 권리는 다루지 않았다. 결국, 군주와 백성 사이에는 넘을 수 없는 벽이 존재했다. 국민주권의 확립을 지향한 독립협회는 의회 설치 운동을 전개했으나, 당시 정부는 이를 황권에 대한 도전으로 간주하고 강제 해산시켰다. 이 과정에서 이승만은 사형선고를 받고 5년 반의 옥고를 치렀다.

기미독립선언과 대한민국 임시정부, 그리고 대한민국

한국은 오랫동안 신분 사회였다. 이를 극복하기 위해 수많은 이들이 목숨을 걸었다. 고려의 만적은 "왕후장상에 어찌 씨가 따로 있느냐"고 외쳤고, 조선의 허균은 『홍길동전』을 통해 서자의 억눌린 삶을 고발했다. 김옥균은 갑신정변을 통해 사민평등을 주장했으며, 서재필, 윤치호, 이상재, 이승만 등은 『독립신문』과 독립협회를 통해 인민평등과 의회 설치를 외쳤다.

이러한 맥락에서 등장한 것이 바로 1919년의 '기미독립선언'이다.

"우리는 조선이 독립국이고 조선인이 자주민임을 선언한다."

기미독립선언서는 국가 주권의 회복과 함께 개인의 자유와 평등을 동시에 천명한 문서였다. 인류가 오랫동안 추구해 온 보편적 가치가 이 선언에 집약되어 있다. 선언서의 대부분은 이 핵심 내용을 보완하는 설명이다. 하나는 민족의 자주독립, 즉 국가의 부활과 대외적 주권 선언이고, 다른 하나는 개인의 자유와 평등권, 즉 인권의 선언이다.

국가 주권은 대한제국 선포 당시와 한청통상조약 체결 당시 매듭 지어진 것이지만, 일제의 침략으로 국가 주권이 기능하지 못하기 때문에 다시 등장하였다. 반면 개인의 주권은 일제 하라는 상황에서 선언적 의미에 그친 점은 있다.

그러나 3·1독립만세운동의 결과로 대한민국임시정부가 수립되고, 그 헌법에 민주공화제 체제가 명문화되기에 이르렀다. 1945년 해방 이후 3년이 지난 1948년 대한민국 헌법에 이 모든 가치가 그대로 반영되었다. 이로써 우리는 국가 주권과 국민 주권의 양식을 모두 갖추게 되었고, 1948년 제정된 대한민국 헌법을 통해 국가 주권과 국민 주권을 완비한 자유민주주의 국가로 출발할 수 있었다.

대한민국은 지금 어디에 서 있는가

오늘날 세계의 많은 국가는 개인의 자유와 평등을 존중하며, 국가 간의 주권도 대체로 평등하게 인정받는다. 물론 여전히 인권이 유린되고 주권이 위태로운 국가들도 존재한다.

대한민국은 어떤가? 때때로 정치인의 망언과 '내로남불'로 인해 국민의 신뢰를 잃기도 하지만, 기본적으로는 개인의 권리와 국가의 주권이 견고하게 확립된 선진형 국가이다. 그러나 아무리 초선진국이라 하더라도 위기는 늘 존재한다. 20세기 후반의 역사를 되돌아보면, 한때 선진국이었던 국가들이 정치·사회적 실패로 몰락한 사례는 적지 않다.

대한민국은 초선진국의 문턱에 서 있다. 그 문을 넘어설 수 있을지, 아니면 퇴보할지는 우리 모두의 선택에 달려 있다. 선열들의 피와 땀, 국민의 헌신으로 일군 '한강의 기적'을 기억하며, 대한민국이 자유롭고 평등한 주권 국가로서 지속적으로 번영하기를 기원한다.

* 이 글은 『자유마당』 2019년 3월호에 실린 글을 토대로 보충한 것임.

6·25전쟁과
이름 없는 영웅들(Unsung Heros)

이옥남 전 진실화해위원회 상임위원

올해로 6·25 전쟁이 발발한 지 75년이 되었다. 1950년 6월 25일부터 약 3년에 걸친 전쟁은 대한민국의 아름다운 산하를 골육상잔骨肉相殘의 참극 현장으로 만들었다. 북한을 위시한 공산 세력의 기습적인 침략으로 전쟁 초기 남한은 불리한 전황을 맞을 수밖에 없었다. 북한군은 전쟁 직후 3.8도 선을 붕괴시켰고, 전쟁 개시 3일째 되는 날에는 수도 서울에 인공기를 꽂았다. 말 그대로 북한군의 기세는 파죽지세破竹之勢였다. 적敵의 침략을 방어하는 과정에서 수많은 국군과 경찰, 연합군이 피를 흘리며 희생되었다. 민간인 희생도 엄청났다. 전쟁 초기에는 적에 동조할 것이 우려되는 좌익혐의자들이 희생되었고, 수복 후에는 북한 점령군에 협력한 혐의를 받은 민간인들이 다수 희생되었다. 대한민국 정부는 휴전 이후 현재까지 참전 용사를 예우하며, 이들에 대한 선양사업을 지속하고 있다. 공권력에 의한 민간인 희생에 대해서도 2005년 진실화해위원회 기본법 제정과 2020년 기본법 개정으로 진실을 규명하여, 희생자들의 명예를 회복하고 배상하는 등 후속 조치를 진행하고 있다.

한편, 전쟁이 멈춘 지 75년이 되었지만, 제대로 조명되지 못한 6·25 전쟁의 숭고한 희생자들이 많다. 6·25 전쟁의 이름 없는 영웅들 Unsung Heros을 소개하면 다음과 같다.

첫째, 서울대병원 국군 전상병戰傷兵과 민간인 환자들의 희생이다. 개전 초기 국군은 수도 서울을 방어하고자 고군분투했다. 서울로의 진입로인 미아리고개와 길음교에서의 전투는 격렬했고 이 과정에서 다수의 국군 전상병이 서울대병원에 입원해 있다가 병원을 점령한 북한군에 의해 무참히 살해되었다. 미 극동사령부 산하에 설치된 한국전쟁범죄조사단Korean War Crime Division의 사건 파일(Case file 38)에 따르면 북한군은 1950년 6월 28일쯤, 서울대병원 병동 1층에서 3층을 오르락내리락하며 약 150명의 환자에 총격을 가했다. 6월 29일경에는 거동이 가능한 국군 전상병 180여 명을 서울대병원 뒤편 야산으로 끌고 가 1열 횡대로 앉힌 후 공개 총살했다. 총격 후에도 목숨이 살아 있는 병사들에 대해서는 수류탄을 던져 확인 사살했다는 기록이 있다. 동물에게도 행하지 말아야 할 잔혹 행위Atrocities다. KWC 기록에 의하면 이들의 시신은 서울대병원 야산에 방치되었으며, 일부는 트럭에 실려 한강 변에 묻혔다고 한다. 당시 북한군은 입원환자의 기록 등 희생자를 특정할 수 있는 단서를 모두 불태웠고, 현재까지 이들은 이름 없는 영웅으로 남아 있다.

둘째, '오가면삼학사吾可面三學士' 사건으로, 6·25 당시 충남 예산군 오가면의 전도유망한 학사學士 3명의 순국殉國 이야기다. 오가면 출신으로 서울대학교 3년에 재학 중이던 박영규·한규순과 구세군사관학교를 졸업하고 목회자로 발령 대기 중이던 강기모는 방학이면 고향에 내려와 야학 활동을 하는 등 건실하고 촉망받는 청년들이었다. 1950년 7월 14일경 예산군이 북한군에 점령당하자, 박영규·한규순·강기모 등 삼학사三學士는 지역 청년들을 규합하여 'DX단'이라는 비밀결사체를 조직했다. 'DX단'은 인민위원회를 습격하여 인민군 기밀 서류를 탈취하고 유엔군의 상륙을 알리는 등 반공 활동을 하다 자위대원에 붙잡혔다. 북한군은 DX단원 명단을 자백하라며 삼학사에 고문·가혹행위를 가했다. 삼학사는 끝까지 함구하였고, 북한군은 1950년 9월 28일 삼학사를 총살했다. 삼학사의 묘는 오가면 신장리에 있으며, 예산군은 삼학사 공원을 조성하고 추모제를 개최하는 등 지역사회 차원에서 선양사업이 진행되고 있다.

셋째, 6·25 당시 북한군과 지방 좌익에 의한 기독교 등 종교인의 희생이다. 북한군은 기독교인을 친미·우익 세력으로 간주하며 점령 정책의 우선순위로 이들을 집단 살해했다. 전남 영광 염산교회의 경우, 1950년 9·28 수복 시 국군 환영대회를 개최했다는 이유로 지방 좌익은 아이부터 노인까지 기독교인 77명을 염산면 봉남리 설도항 수문 앞에서 돌과 새끼줄에 묶어 살아 있는 상태로 바다에 수장했다. 영광 지역 외에도 전쟁 기간 대부분 교회에서 북한군과 지방 좌익에 의해 교인들이 잔인하게 살해된 후 흔적도 없이 사라졌다.

이 외에도 1950년 9월 말 북한노동당은 전세가 불리해지자 당을 비합법적인 지하당 체제로 개편하고, 유엔군 상륙 시에는 지주支柱가 되는 모든 세력을 제거한다. 이 과정에서 공무원·경찰 가족 등 민간인들이 우익이라는 이유로 대전형무소에서, 서천등기소에서, 신안군 임자면 갯벌에서 집단 살해되었다. 이들 중 상당수는 민간인이지만 군경과 같이 공산 세력에 맞서다 이름 없는 영웅으로 순국했다. 진실화해위원회에서 진실 규명을 한 만큼 이들의 희생이 제대로 조명되고 선양되어야 할 것이다.

미국의 알링턴 국립묘지에는 "조국을 위해 죽는다는 것Pro patria mori은 자랑스럽고 영광스러운 일이다"라는 문구가 새겨져 있다. 조국을 위한 희생을 더없이 숭고하게 하는 문구다. 루소는 국가를 위한 헌신과 희생에 대한 현충顯忠은 근대 국가에서 국민 통합과 화합을 위한 정신적 근거로 역할을 하며, 그런 의미에서 현충을 '시민종교Civic religion'라는 개념으로 표현했다. 시민종교의 개념은 미국의 사회학자 벨라Robert Bellah에 의해 재해석되었다. 즉, 현대의 미국인들은 독립기

념일 등 현충일Memorial day을 기념하면서 미국 시민으로서 공통의 가치와 신념을 확인하고 애국심을 고양함으로써 국경일이 시민 종교와 같은 기능을 한다는 것을 잘 알고 있다.

자유 민주국가의 원조 격인 영국의 현충일도 마찬가지다. 영국은 매년 5월 8일을 전승기념일Victory in Europe(V. E. DAY)로 정해 왕실에서부터 일반 국민 모두 한마음으로 전쟁 영웅을 기리고 승리의 기쁨을 나누며 영국인으로서의 자부심과 애국심을 고양하며 하나가 된다. 올해는 전승 기념 80주년으로 5월 5일부터 8일까지 영국 전역에서 시민 종교의식이 치러졌다. 방송에서 영국의 초등학생이 "자유는 공짜가 아니며, 선열들이 피 흘려 지킨 자유를 당연히 여겨서는 안 된다"라고 말하는 것을 보고 영국의 장래는 여전히 밝다는 것을 느낄 수 있었다. 국가 상징과 국가 영웅 앞에 분열과 논란은 없다. 자유 민주 체제를 견고하게 유지하고 선진 한국으로 도약할 수 있는 바탕은 국가를 위한 헌신과 희생에 대한 현충이라는 것을 잊지 말아야 한다.

한국 경제에 대한
헌법의 역할

전삼현 숭실대학교 법학과 교수

　기업이란 이윤추구를 목적으로 하는 법인격이 부여된 권리 의무의 주체이기는 하지만 그 순기능이 많아 국가 경제상 불가피한 존재임은 분명하다. 구체적으로는 재화와 용역을 생산해 일자리를 창출해 경제 환경을 발전시키고 인간의 삶의 질을 개선하는 주체이다.

　그러나 이윤을 추구하는 과정에서 부당하게 거래상대방 또는 경쟁 사업자에게 불이익을 가하면서 이익을 얻는 행위가 관행화되는 경우 시장이 왜곡됨은 물론이고 국가 경제가 퇴보하면서 가난한 국가로 전락할 위험성이 있다.

　따라서 각국은 이러한 기업의 부당한 불이익 추구 행위를 법률로 통제하거나 조정함으로써 기업이 국가 경제를 위해 순기능을 할 수 있도록 경제질서를 유지하고 있다.

이러한 현상은 한국뿐만 아니라 미국 등 선진 각국도 유사한 법 제도를 만들어 이를 운용하고 있다. 다만, 각국의 법적인 제재의 목적과 방법 및 정도가 상이하며, 그 이유는 헌법에서 찾아볼 수 있다.

한국은 헌법 제119조 제1항에서 "대한민국의 경제질서는 개인과 기업의 경제상의 자유와 창의를 존중함을 기본으로 한다"라고 규정함으로써 애덤 스미스가 국부론에서 주장한 자유시장경제 체제를 국가경제의 이념으로 삼고 있다.

그리고 1987년 헌법 전면 개정 이전에는 "사회정의의 실현과 균형 있는 국민경제의 발전을 위하여 필요한 범위 안에서 경제에 관한 규제와 조정을 한다"는 규정에 의거하여 선진 각국처럼 기업의 부당한 불이익 추구 행위를 규제와 조정해 왔다. 그러나 1987년 전면 개정을 통해 제119조 제2항에 "국가는 균형 있는 국민경제의 성장 및 안정과 적정한 소득의 분배를 유지하고, 시장의 지배와 경제력의 남용을 방지하며, 경제 주체 간의 조화를 통한 경제의 민주화를 위하여 경제에 관한 규제와 조정을 할 수 있다"는 규정을 통해 경제민주화 개념을 헌법에 도입하면서 기업에 대한 정부의 법률적 규제와 조정이 새로운 패러다임으로 전환되었다.

이처럼 법적 근거를 가지고 정부가 기업들의 재화와 용역 생산에 개입하여 조정하고 통제하는 행위를 규제라고 하는데, 개정헌법이 시행된 1988년 이전에는 선진 각국처럼 사후규제를 원칙으로 했는데,

이후에는 사전규제가 기업 규제의 원칙으로 되었다.

최근 사전규제는 포지티브Positive규제라는 의미로도 사용되고 있으며, 사후규제는 네거티브Negative규제라는 말과 같은 말로 이해되기도 한다.

사전규제란 이윤을 추구하는 과정에서 거래상대방 또는 주변 경쟁 사업자에 부당한 불이익을 가할 우려가 있는 경우에도 제재를 가하는 규제를 말하며, 사후규제란 부당한 불이익을 가해야 비로소 제재를 가하는 규제를 의미한다.

우리나라는 다른 국가들에 비해 사전규제가 많은 것으로 평가받고 있으며, 정부의 인가나 허가, 승인 사항이 많은 것도 이와 관련성이 크다.

그 밖에도 우리나라는 다른 선진 국가와 달리 기업의 자산액을 기준으로 특별한 규제를 가하는 사전규제가 많다. 즉, 기업의 자산을 기준으로 국내총생산의 0.5%(약 11.6조 원), 5조 원, 2조 원 이상인 기업에 대해 법률로 특별한 규제를 가하고 있어 사전규제가 많은 국가로 평가받고 있다.

문제는 금액을 기준으로 자산규모가 큰 기업을 대상으로 사전규제를 많이 하는 경우 국내 자본시장에서 새로운 대기업의 탄생을 회피하는 피터팬 신드롬이 발생할 수 있으며, 글로벌 기업의 경우에는 사전규제가 없거나 완화된 시장에 투자하는 해외투자가 증가한다는 점이다.

참고로 한국과 같은 대륙법계 국가들의 원조격인 독일도 재산권 보호와 공공복리를 위한 경우에만 국가의 경제 개입 가능성 명시하고 있어서 사전규제가 매우 제한적으로 허용되고 있다. 심지어 미국헌법에서는 기업의 경영활동에 대한 국가의 규제나 조정에 관한 근거 규정이 전혀 없다.

물론, 한국도 국가가 균형 있는 경제발전과 시장의 남용 방지라는 이유를 들어 특별한 사전규제 법률을 제정하거나 개정하는 경우 그것이 과도하게 국민의 재산권을 침해하거나 공공복리와 관련성이 없다고 판단되는 경우에는 과잉 금지의 원칙에 따라 헌법재판소가 위헌이라고 결정할 수는 있다.

이때에는 입법목적의 정당성, 방법의 적절성, 법익의 균형성, 피해의 최소성을 판단해 헌법재판소가 판단하게 된다. 이때 법률이 헌법에 위반되는지가 재판의 전제가 된 경우에는 당해 사건을 담당하는 법원이 직권 또는 당사자의 신청에 따른 결정으로 헌법재판소에 위헌법률심판을 제청할 수 있다. 그리고 피해당사자인 국민이 직접 헌법소원을 제기할 수 있다. 즉, 공권력의 행사 또는 불행사로 인해 기본권이 침해되었다고 주장하는 국민이 근거 법률이 위헌인지 여부를 판단해 달라고 헌법재판소에 헌법소원을 제기할 수 있다.

그럼에도 각국의 예를 보면 기업에 대한 사전규제가 많은 국가보다는 사후규제 중심 국가의 시장이 성장 내지는 확장성이 크다. 대표적인 국가가 미국이다.

특히, 우리나라에서 기업에 대한 사전규제가 많은 법률로 노동법을 들 수 있는데, 법적 규제가 많은 국가의 노동시장은 경직화되어 있다고 평가하며, 법적 규제가 적은 국가는 노동시장이 유연하다고 평가하는 경향을 보이고 있다. 그리고 일자리가 많이 창출되려면 노동시장이 유연하여야 한다는 것이 전문가들의 평가이다.

이처럼 기업과 법은 불가분의 관계에 있지만 법이 기업 활동에 대한 사전규제를 많이 하면 할수록 기업 활동이 위축되어 투자나 일자리 창출이 어려워질 수 있다.

이러한 문제를 해결하기 위해서는 헌법 제119조 제2항에 존재하는 경제민주화 개념을 삭제하는 것에 대한 국민적 공감대 형성이 우선되어야 한다.

중독 없는 사회, 건강한 선진국으로 가는 길

정희선 성균관대학교 과학수사학과 석좌교수

의약품 오남용과 약물 남용의 위험성에 대하여

"의약품의 오남용을 주의하십시오." 약국이나 병원에서 누구나 한 번쯤 들어봤을 문구이다. 우리는 병을 고치기 위해 약을 먹는다. 하지만 약은 그 목적에서 벗어난 순간, 치료제가 아닌 위험물질이 된다. 의약품을 잘못 사용하면 '오용', 남용하면 '중독'으로 이어지며, 이 중에서도 마약은 가장 치명적인 약물 남용의 형태다. 마약은 우리 몸과 마음을 파괴할 뿐 아니라, 사회 전체를 병들게 만든다.

의약품을 '기분 전환'이나 '외모 개선'과 같은 비의료적 목적을 위해 사용하는 것은 약물 남용Drug Abuse에 해당된다. 단순히 감기약을 환각 목적으로 복용하거나, 졸음을 쫓기 위해 각성제를 남용하는 행위 모두가 마약 남용으로 이어질 수 있다. 특히 청소년과 젊은 층은 친구의 권유나 호기심, 사회적 스트레스로 인해 쉽게 유혹에 빠진다. 문제는 그 끝이 대부분 참혹하다는 데 있다.

세계보건기구(WHO)는 마약을 "사용 욕구가 강해 의존성이 생기며, 사용량이 늘고, 금단 증상이 나타나고, 결국 사회에 해를 끼치는 약물"로 정의한다. 우리나라는 마약, 향정신성의약품, 대마, 임시 마약류를 포함한 약물 총 600여 종 이상을 법적으로 규제하고 있다. 이 중 일부는 본래 의료용으로 개발되었지만, 남용되면서 사람들의 생명과 정신을 위협하게 되었다.

마약의 가장 큰 문제는 바로 의존성과 중독이다. 정신적 의존은 마약 없이 견디지 못하는 강박적인 상태를 말하고, 신체적 의존은 금단 증상이 나타나는 상태를 말한다. 금단 증상은 단순한 불안이나 우울을 넘어, 환각, 경련, 심지어 사망에 이를 수도 있다. 또 하나의 무서운 현상은 내성이다. 마약을 반복적으로 사용하면 점점 더 많은 양을 써야 효과가 나타난다. 처음 30mg의 메스암페타민(필로폰)으로도 충분했던 사람이 나중엔 수배의 양을 쓰고, 결국 치사량에 가까운 양에 이르게 되는 것이다.

마약은 단지 개인의 문제로 끝나지 않는다. 마약 중독은 가족 관계를 파괴하고, 학업과 직업을 중단시키며, 범죄와 폭력으로 이어진다. 실제로 국내에서는 마약에 취한 청소년이 환각 상태에서 가족을 살해한 사례도 있었으며, 청소년 마약사범 수는 2000년 30명에서 2023년

1,477명으로 50배 가까이 증가했다. 특히 10대 여성 청소년의 증가율은 심각한 수준이다. 이는 단순한 통계를 넘어 우리 사회의 정신건강 시스템, 교육, 문화 환경 전반에 대해 다시 생각해 보게 만든다.

청소년기의 마약 사용은 더 위험하다. 이 시기는 뇌가 아직 완전히 성장하지 않은 시기로, 약물에 의해 뇌 발달이 손상되면 회복이 어렵다. 더구나 청소년기 중독은 성인까지 이어질 가능성이 높아 사회 적응과 생산성에도 심각한 영향을 끼친다. 실제로 메트암페타민 사용자들은 55세 이전 조기 사망하거나, 치매와 같은 신경 질환을 겪는 경우가 많다.

이러한 심각성에도 불구하고, 우리는 일상 속에서 마약이라는 단어를 가볍게 소비하고 있다. '마약 김밥', '마약 떡볶이', '마약 빵'이라는 표현은 마약의 중독성을 음식의 매력으로 빗대어 웃고 넘기지만, 이는 청소년에게 마약에 대한 경계심을 흐리게 만들 수 있다. 마약은 결코 '맛있는 것'이나 '한 번쯤 해볼 만한 것'이 아니다. 중독은 스스로 인식하기도 전에 시작되며, 그 피해는 개인과 가정을 넘어 사회 전체에 걸쳐 파급된다.

그렇다면 왜 마약을 하면 안 되는가?

그것은 단순히 불법이기 때문만이 아니라, 사람을 사람답게 만드는 이성과 감정, 판단력과 미래를 파괴하기 때문이다. 한 번의 호기심이 평생을 망칠 수 있다. 특히 청소년기에는 마약의 위험성과 중독의 심각성에 대해 보다 분명하고 구체적으로 교육해야 한다.

마약은 결코 "내 일이 아니야"라고 외면할 수 있는 문제가 아니다. 우리는 모두 누군가의 자녀이고, 가족이며, 이웃이다. 지금, 이 순간에도 누군가는 마약 때문에 고통받고 있고, 또 누군가는 그 위험에 노출되어 있다. 마약을 단호히 거부하고, 그 위험을 정확히 이해하고 경계하는 사회만이 건강하고 지속 가능한 미래를 만들 수 있다.

"마약은 일시적인 유혹일 수 있지만, 결국 사람의 삶과 가능성을 앗아가는 깊은 그림자입니다. 그래서 우리는 단호히 멀리해야 합니다."

자유 공동체
통일의 길

조영기 한반도선진화재단 사무총장

올해는 남북이 분단된 지 80년이다. 분단이 길어지면서 통일 열기도 당위성도 사라지고 있다. 어쩌면 헤어짐이 오래되면서 잊히는 건 당연한 세대이지만 면면히 이어온 우리 민족의 역사를 보면 분단은 극복해야만 하는 민족적 역사적 과제다. 바로 통일이 우리가 당면한 최대의 숙제가 아닐 수 없다.

통일은 "한 (민족)국가가 어떤 이유로 분단되었다가 다시 분단 이전의 상태로 회귀하는 현상"을 말한다. 정치체제가 분단의 핵심 요소로 작용한다는 점에서 통일은 정치체제를 하나로 합치는 것이다. 반면 경제, 사회, 문화 등의 제도를 하나로 합치는 것은 통합이며, 통일과 통합을 구별하고 있다. 한편, 통일의 의미 속에는 분단을 전제로 한다는 점에서 '분단의 고리를 끊는 과정'과 통일된 국가는 '계속 영위되어야 하는 과정'으로 나눌 수 있다. 즉 통일에는 분단의 고리를 끊는 현실의 부정과 통일국가를 계속 영위해야 현실의 지속이라는 의미를 포함하고 있다. 결국 통일이 하나의 정치공동체를 만들어 내는 과정이라면 어떤 정치체제를 부정하고 어떤 정치체제로 통일국가를 영위할 것인가가 관건이다. 이는 나쁜 정치체제는 부정·거부되고 좋은 정치체제는 선택·유지되어야 한다는 것이다. 이때 정치체제의 판단 기준은 통일 이후 삶의 질이 통일 이전의 삶의 질보다 나아져야 한다. 이 기준은 한반도통일 과정에도 예외 없이 적용되어야 할 준칙이다. 삶의 질을 판단하는 기준 중 하나는 한반도 야경 사진이다. 이런 야경 사진의 현격한 차이는 남북한이 선택한 정치체제 때문이다. 남한의 밝은 야경은 자유민주주의체제가 창조했고 북한의 어두운 야경은 북한의 3대 세습 전체주의독재체제가 만들었다. 남북한 체제의 뚜렷한 차이는 자유의 존재 여부다. 즉 자유가 있는가 없는가가 한반도 야경 사진의 차이를 만들어 낸 것이다. 이는 통일한국의 정치체제는 자유민주주의체제이어야 한다는 것을 대변해 준다.

도둑처럼 찾아온 해방은 외세에 의해 체제 분단으로 이어졌다. 그 분단은 단순히 국토의 분단뿐만 아니라 역사·체제·마음의 분단으로 이어졌다. 따라서 우리가 지향해야 하는 통일은 단순히 국토를 분단 이전의 상태로 회귀하는 재통일Re-unification이 아니다. 분단 80년은 만든 역사·체제·마음의 분단을 극복해 더 나은 통일한국을 만들어 낼 신통일New-unification 이어야 한다. 신통일은 인류 보편적 가치인 자유·민주·인권·평등·평화에 기반한 역사를 재정립해 역사적 동질성을 회복해 주며, 자유민주주의에 기반한 정치체제의 통일로 민주적 정치발전의 토대를 마련해 주며, 시장경제 기반의 통일은 번영과 발전의 기반을 마련해 준다. 또한 자유의 가치에 기반한 신통일이 이념 갈등을 완화·해소와 민족 동질성 회복하는 역할을 한다. 이처럼 신통일은 80년 동안 누적된 이질성을 극복하고 자유에 기반한 통일을 완성해 새로운 국가를 창조Nation building하는 과정이며, 자유에 기반한 통일이어야 통일 이후 삶의 질이 보장·향상된다.

우리의 공식적 통일방안은 1994년 선언한 민족공동체통일방안이다. 이 통일방안은 남북이 민족이라는 고리로 '화해·협력 → 남북연합 → 통일국가 완성'이라는 단계를 밟아 통일한국을 완성한다는 것이다. 이 방안은 선先통합 후後통일로 요약되는 제도적 접근 방안이다. 그러나 이 방안은 80년 동안 가치와 체제가 전혀 다른 상태가 지속되면서 높은 이질성으로 인해 통합 가능성이 거의 없다는 것이 지난 30여 년 동안 남북대화의 교훈이다. 특히 북한이 민족을 '김일성 민족', '주체 민족'으로 오염 훼손하고, 최근 북한은 남북을 적대적 민족으로 폄훼하는 두 국가론을 제기하였다. 이처럼 민족이 통일의 연결고리 역할에는 분명 한계가 있다. 그러나 민족은 통일의 중요한 고리라는 점을 부인할 수 없다.

한편 독일 통일은 '동독의 급변 사태 → 동독의 민주화 → 동독 의회가 서독 편입 승인 →독일 통일 → 사회·경제통합'의 과정을 거쳤다. 이는 동독 주민이 자기 결정권에 따라 통일을 완성한 후 제도적 통합을 이룩한 선先통일 후後통합의 과정으로 요약된다. 이 과정에서 동독 주민은 통일의 주역으로 통일의 기회를 만들고 통일을 완성했다. 이때 동독 주민의 선택에 영향을 미친 핵심 가치는 자유였다. 이런 점에서 독일 통일은 자유에 기반 한 가치적 접근의 통일로 규정할 수 있다. 그리고 독일 통일의 교훈은 서독 주민은 동독 주민이 자유를 향유할 수 있도록 기꺼이 비용을 부담하는 희생을 감수했고, 지도자는 통일의 기회를 포착하는 예지력과 통일외교를 강화해 평화통일의 기틀을 마련했다.

우리가 자유를 소중히 여기는 까닭은 자유는 발전과 번영의 근원이자 민주, 평화, 인권 등과 같은 보편적 가치의 동인으로 작동하기 때문이다. 따라서 한반도통일은 자유에 기반한 자유 공동체 통일이어야 이 통일방안이 통일 이후 삶의 질을 보장해 준다. 자유 공동체 통일을 완성하기 위해서는 통일전략이 요구된다. 우선, 분단 기간이 길어지면서 통일의 필요성에 대한 부정적 인식이 증가하고, 특히 20대와 30대에서 부정적 인식이 매우 높게 나타나고 있다. 이처럼 부정적 인식이 높아지는 배경에는 천문학적 통일비용 지출이 각인되면서 통일 혜택은 과소 평가되면서 나타난 현상 중 하나다. 이를 해소하기 위해 초중고등학교 때부터 올바른 통일 필요성에 대한 교육을 강화하고, 통일의 다양한 형태에도 대비해야 한다. 즉 통일이 도둑처럼 찾아오던, 산사태처럼 찾아오던 다양한 형태에 대비해야 한다. 다음, 북한에 자유를 전파해 북한 주민이 자기 결정권을 강화해 주어야 한다. 이를 위해 북한 주민이 자유의 가치를 인식할 수 있도록 외부 정보 투입을 강화해 북한 주민이 자유에 대한 인식을 공유Shared knowledge하고, 이 인식이 주민의 공동지식Common knowledge으로 확장되면서 자유 공동체 통일의 인프라 역할을 하게 된다. 끝으로, 한국은 세계 각국을 상대로 한국 주도의 통일 의지, 능력, 당위성, 필요성에 대한 통일외교를 강화해 통일 기반을 다져야 한다. 이런 정책들이 결합하여야 자유 공동체 통일을 완성할 수 있다.

선진한국의 길,
자유시장경제에서 답을 찾다

최승노 자유기업원 원장

한국이 더 이상 개발도상국이 아닌 선진국으로 불리는 시대가 왔다. 하지만 세계 무대에서 최고 수준의 경쟁력을 갖췄다고 말하기엔 아직 갈 길이 남아 있다. 이제 우리는 경제 규모를 넘어, 진짜 '선진한국'을 완성할 새로운 기준과 방향을 찾아야 한다.

자유시장경제의 힘, 한국을 바꾼 원동력

한국이 유엔무역개발회의(UNCTAD) 선진국 그룹에 공식 편입될 수 있었던 힘은 자유시장경제에 있다. 우리는 자유시장경제의 원리를 받아들이면서 산업화와 민주화를 동시에 이뤄낸, 세계적으로도 드문 경험을 가진 나라다. 시장경제를 도입하면서 민간의 창의와 기업가정신이 활발히 발휘되었고, 그 힘이 곧 잘사는 나라, 선진국으로 도약할 수 있었던 원동력이었다.

1인당 소득 3만 달러, 세계 10위권에 근접한 경제 대국이라는 외형은 시장의 자율과 경쟁, 그리고 민간의 혁신이 이끈 결과다. 정치적 자유와 경제적 자유가 함께 성장한 한국의 역사는, 시장경제의 힘이야말로 우리가 지금 이 자리에 설 수 있었던 가장 중요한 이유임을 보여준다.

기업가정신과 혁신: 성장의 원동력

기업경제의 역동성은 한 사회의 미래를 결정짓는 핵심 요소다. 한국은 산업화 과정에서 창업 1세대 기업인들의 도전정신과 혁신 의지, 실패를 두려워하지 않는 기업가정신이 발휘되었다. 이들의 집념과 창의성, 그리고 독창적인 경영 철학은 삼성전자, 현대자동차, LG 등 한국 대표 기업들이 글로벌 시장에서 경쟁력을 갖추고 도약하는 밑거름이 되었다. 이러한 성과를 바탕으로 한국은 첨단산업과 수출 강국으로 성장할 수 있었다.

개인과 기업이 창의적으로 도전하고, 실패해도 다시 일어설 수 있는 환경이 곧 국가 발전의 원천이다. 기업가정신이 존중받는 사회, 그리고 기업경제의 자유로운 흐름이 보장되는 나라만이 진짜 선진

국의 자격을 갖출 수 있다. 혁신과 도전, 정부 간섭에서 벗어나 기업
가정신의 문화가 더욱 뿌리내릴 때, 한국은 다음 단계의 도약을 이룰
수 있다.

법치와 재산권 보호: 선진국의 제도적 기반

선진국의 공통점은 정부 권한이 제한되고, 법치와 재산권 보호, 그
리고 자유로운 경쟁이 제도적으로 확립되어 있다는 점이다. 미국, 유
럽, 일본 등의 선진국에서는 기업경제가 활발하고 안정된 법치 위에
서 사유재산권을 보장하며, 예측 가능한 제도 환경을 통해 민간의 창
의와 혁신을 이끌어 낸다. 한국은 지식재산권 보호, 정책 집행의 일관
성, 법적 예측 가능성 등에서 여전히 선진국과 격차가 남아 있다.

법치와 재산권 보호는 시장경제의 가장 중요한 토대다. 예측 가능
한 법적 환경과 강력한 재산권 보장이 뿌리내릴 때, 기업과 개인은 안
심하고 투자와 혁신에 나설 수 있다. 이런 제도적 신뢰가 바로 공정한
경쟁과 창의적 성장, 그리고 사회 전체의 번영으로 이어진다.

작은 정부와 경제 시스템의 안정

작은 정부는 시장경제의 효율성과 자유를 보장하는 핵심 전제다.

정부는 시장의 자율성과 경쟁이 원활히 작동할 수 있도록 법치와 규칙을 확립하는 데 집중해야 한다. 복지와 공공 서비스 등 필수 영역은 유지하되, 민간이 더 효율적으로 수행할 수 있는 분야는 시장에 맡기는 것이 바람직하다. 이러한 역할을 충실히 수행할 때, 시장 참여자들은 신뢰를 바탕으로 혁신과 투자를 지속할 수 있고 경제 전반의 활력이 높아진다.

경제의 지속적 성장과 시장의 활력은 정부가 얼마나 안정적이고 예측 가능한 환경을 조성하느냐에 달려있다. 정부는 화폐의 신뢰와 가치, 법적 질서, 재정·통화 정책의 일관성을 지키며 시장이 불확실성 없이 작동할 수 있도록 뒷받침해야 한다. 이러한 제도적 기반 위에서만 시장의 자율적 조정과 경쟁이 힘을 얻고, 사회 전체의 지속가능한 발전이 가능해진다.

자율 경영이 살아있는 시장의 힘

시장경제의 본질은 기업과 개인의 자율성을 최대한 보장하는 데 있다. 한국이 최고의 선진국으로 도약하려면, 자율 경영의 제도적 기반을 더욱 강화하고, 규제 완화와 함께 법적 예측 가능성, 사회적 신뢰, 공정한 법 집행 등 종합적 개혁을 추진해야 한다. 정부는 최소한의 규칙만을 마련해, 기업이 각자의 비전과 전략에 따라 자유롭게 경영할 수 있는 환경을 조성해야 한다.

시장경제는 정부가 아닌 개인과 기업이 주도하는 자율의 질서 위에서만 제대로 작동한다. 특히 민간기업의 경우, 정부의 과도한 규제와 간섭이 줄어들 때 기업가정신이 살아나고, 혁신과 투자, 일자리 창출이 자연스럽게 뒤따른다. 진정한 시장의 힘은 정부가 아닌 기업과 개인의 창의적 도전과 자유로운 경쟁에서 비롯된다는 점을 잊지 말아야 한다.

개혁의 방향: 더 많은 자유, 더 강한 책임으로

우리나라는 정부의 간섭과 규제에서 벗어나 자유시장경제의 원칙을 더욱 확고히 해야 한다. 기업가정신과 자율 경영, 법치와 재산권 보호를 중심에 두고, 자유와 책임이 살아 숨 쉬는 사회로 나아갈 때 비로소 선진한국의 길이 열릴 것이다.

투쟁적 분권에서
자유적 분권으로 가야

현진권 강원연구원 원장

우리 역사를 오천 년이라고 얘기한다. 긴 역사에서 가장 중요한 날은 1948년 8월 15일로, 대한민국이 건국된 날이다. 오천 년 역사는 이 날을 기준으로, 대한민국 이전 시대와 이후 시대로 나눌 수 있다. 그 기준의 본질은 개인의 존재를 제도로 인정하느냐에 달렸다. 대한민국은 역사상 처음으로 개인의 존재를 제도적으로 보장하는 국가이다. 개인을 중요한 존재로 받아들이면, 자유라는 가치는 자연스럽게 뒤따라 온다. 그래서 대한민국은 개인의 자유라는 커다란 가치의 반석 위에 존재한다.

아무것도 가진 것 없던 대한민국은 많은 시행착오를 거치며 이제 선진국 대열에 들어섰다. 우리의 성공적 역사 과정은 두 용어로 함축된다. 산업화와 민주화이다. 개인으로 존재하는 모든 인간은 더 많은 물질과 권력을 원한다. 이러한 본성을 가진 인간 사회를 조화롭게 조정하며 발전하기 위한 제도는 무엇인가? 이미 역사에서 검증되고 전 세계인이 공유하고 있다. 더 많은 물질을 원하는 본성은 시장Market이라는 제도를 통해 조화롭게 협력하도록 만들었고, 이는 곧 국가의 경제 번영을 이루게 했다. 그래서 산업화라는 용어를 조금 더 정확하게 표현하면, 시장화Marketization이다. 오천 년 역사에서 처음으로 이 땅을 시장화하였고, 자연스럽게 경제 번영으로 이어졌다. 권력에 대한 무구한 개인의 욕구는 민주화Democratization를 통해 조화롭게 정착시켰다. 그래서 대한민국의 성공적인 발전 과정은 시장화와 민주화로 표현할 수 있다.

이제 대한민국 미래를 위해 우리가 나갈 방향은 무엇인가? 민주화를 성공적으로 정착하는 과정에서 우리는 중앙권력의 민주 질서에만 관심을 가졌다. 이제 민주화된 중앙권력을 지방과 나누는 제도를 만들어야 한다. 중앙권력에서 탈피한, 지방 간 권력 배분이다. 이를 함축적으로 분권화De-centralization라고 한다. 우리는 1995년에 시민들이 지방자치단체장을 직접 선출하는 지방자치제도를 실시했다. 그러나 이는 정치적 분권일 뿐, 정책적 분권은 이루어지지 않고 있다. 그래서 이제 정책을 결정하는 권한을 중앙정부와 지방정부가 합리적으로 배분하는 제도를 정착시켜야 한다.

우리는 경제 번영이라는 기적적 성과를 거두었지만, 공간적으로 나타난 현실은 수도권에 집중된 발전이다. 전체 인구의 거의 절반이 수도권에 살고, 일자리와 문화 인프라 대부분은 수도권에 집중되어 있다. 정책 결정에서도 중앙정부가 지방정책에 깊숙이 관여하고, 지방에 권한을 배분하려 하지 않는다. 이러한 관계를 지속하다 보니, 이제는 지방에서 수도권과 중앙정부에 대한 질시와 미움이라는 감정이 합리적 배분 관계라는 이성적 결정을 뛰어넘고 있다. 이러한 중앙과 지방의 대립으로는 선진국으로 정착할 수 없다.

지방자치제도 도입 이후에도 여러 정권을 거치며 지방을 배려하는 정책을 강조하였다. 좌파 정부는 지방분권 정책을 수도권과 지방 간 제로섬이라는 관점에서 접근하였다. 즉 지방이 발전하지 못한 이유를 수도권에 집중됨으로써 야기된 현상으로 파악하였다. 이른바 제로섬 분권이라는 틀에서 분권 정책을 추진하였다. 수도권을 규제하면 지방이 발전한다는 믿음이 있었다. 반면 우파 정부는 지방에 중앙 재원을 대폭 투자하면, 지방 발전을 이룰 수 있다는 믿음이 있었다. 그러나 이제 선진화를 위해서는 지금까지의 분권 정책에 대한 반성이 필요하고, 새로운 방향으로 국가적 합의점을 찾아야 한다.

분권은 중앙정부와 지방정부 간 수평적 관점에서 권한 배분을 찾는 것이다. 그래서 분권은 중앙정부와 지방정부 간 권한 관계Intergovernmental Relation를 정립하는 것이다. 지금까지는 수직적 관점에서 중앙이 강자이니, 약자인 지방에 베풀어야 한다는 감성적 압박이었다. 이는 잘못된 접근이다. 국가의 여러 권한 중, 어느 정부가 그 권한을 가지는 것이 국가 전체의 관점에서 효율적인가에 초점을 맞춰야 한다. 이러한 관점에서 볼 때, 국방과 외교는 당연히 중앙정부에서 맡아야 한다. 반면 지방의 환경, 농업, 교육, 재정 및 세금 정책은 중앙정부에서 지방정부로 그 권한을 넘기는 것이 선진국의 제도이다.

　분권에 대해 우리가 가진 잘못된 인식 중 하나가 제로섬 분권이다. 분권은 주어진 파이를 서로 나누는 제로섬 게임이 아니다. 분권의 핵심에는 지역 간 경쟁이 있다. 경쟁은 본질적으로 새로운 파이를 만들어 내는 메커니즘이다. 이는 시장경제가 자생적으로 작동하여 경제 번영으로 이어지는 것과 같은 논리다. 지방 간 정책을 경쟁하게 함으로써, 새로운 아이디어가 창조되고, 이로써 지금까지 존재하지 않았던 새로운 형태의 지역 발전이 이루어진다. 그래서 우리가 추구해야 하는 분권은 경쟁하며 상호 발전하는 게임이어야 하며, 이를 자유적 분권화라고 한다. 대표적인 예로서 강원도가 제안했던 기업상속세 정책 권한의 지방 이전이다. 강원에서 기업상속세를 폐지했다고 가정해 보자. 이후 많은 기업이 강원도로 이전할 것이다. 그러면 다른 지역에서도 상속세 정책을 달라고 할 것이다. 이러한 정치적 압력을 통해 상속세 정책을 지역적으로 확대하다 보면, 국가 전체적으로 상속세가 폐지되는 결과를 가질 것이다. 즉 분권 정책을 통해 국가적으로 경제가 번영하는 결과를 가질 것이다.

선진국에서는 오랜 역사를 거치며 분권화를 이루었다. 대표적인 국가가 미국이다. 미국은 13개의 주 정부가 먼저 존재했고, 이들이 모여 중앙정부를 만들었다. 그래서 모든 정책의 기본 골격은 주 정부가 우선이고, 중앙정부는 나중이다. 그러나 우리는 지방정책이 존재하지 않았다. 강력한 중앙정부의 권위적 리더십에 의해 압축 경제성장이라는 열매를 맺었다. 지금까지 중앙정부 중심의 정책이 잘못되었다는 것이 아니다. 가진 것 없는 신생국이었던 대한민국이 올바른 선택을 한 것이었다. 그러나 이제 우리의 미래를 생각해야 할 때이다. 지금까지의 중앙정부 중심의 리더십으로는 지방의 협조를 구할 수 없는 시대다. 그렇다고 해서, 미국과 같은 선진국의 분권 구조를 그대로 도입할 수도 없다. 우리의 분권은 지금 순차적 분권으로 가고 있다. 제주도를 시작으로 강원도, 전북도가 특별자치도로서 다른 광역단체보다 분권 정책을 개발할 수 있는 기반을 만들었다. 이를 기반으로 분권 구조를 조금 더 확대하고, 중앙정부의 권한을 지방으로 대폭 이양하는 완전한 분권으로 가야 한다.

　대한민국이 이루었던 시장화와 민주화에 이어 탈중앙화 즉 분권화를 이루어야 선진국으로 정착할 수 있다. 분권화된 구조를 보면, 결국 경쟁을 통한 지방 상생이고, 지방 발전이 곧 국가 발전이다. 따라서 분권화는 시장화와 민주화의 본질을 가지고 있다. 그래서 분권화는 공간적으로 시장화하는 것이고, 공간적으로 민주화하는 것이다.

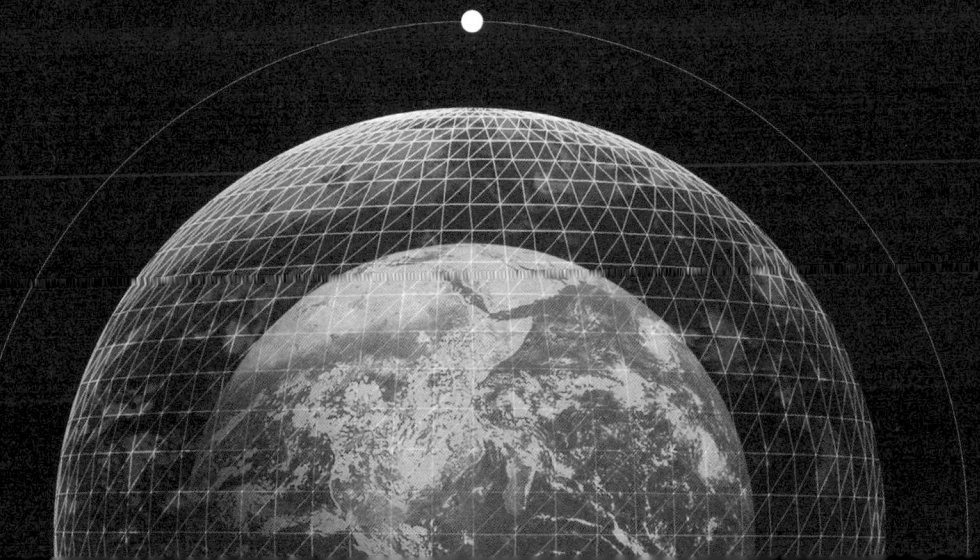

3부

청년 미래 전문가

국제정치적 환난 대비를 위한 HRD 국가전략

권민성 에코비전 21 자문위원

대한민국은 6·25 전쟁 이후 폐허가 된 상태에서 세계 최빈국의 지위로 출발했지만, 이른바 '한강의 기적'을 통해 경제 10위권의 선진국으로 도약했다. 이러한 기적이 가능했던 데에는 대통령의 애국정신과 강력한 리더십, 국민의 헌신이 한몫했지만, 무엇보다도 미국의 보호 아래 안전한 석유 수송로 확보와 자유무역 체제 합류가 결정적인 기반이 되었다. 그러나 세상의 모든 것이 변하듯 국제환경도 바뀌고 있다. 중국의 부상은 그 전환점이다.

불과 10년 전만 해도 미국과 중국은 상생 관계였다. 냉전 시기 소련 견제를 위해 시작된 양국의 협력은, 냉전 이후에도 동아시아에서 자유무역 질서를 수호하는 기반이 되었다. 그러나 21세기 초, 중국이 자국의 경제력을 바탕으로 패권국을 꿈꾸기 시작하면서, 미국의 도널드 트럼프 대통령은 2018년부터 중국산 상품에 관세를 부과하며 본격적인 견제에 나섰다. 바이든 행정부 역시 이 기조를 이어받았고, 2024년 다시 집권한 트럼프 대통령은 중국 봉쇄 정책을 더욱 강화하고 있다.

양국 간 긴장은 날이 갈수록 고조되고 있으며, 이른바 '신냉전' 구도는 점차 현실화되고 있다. 중국을 중심으로 협력하는 러시아, 이란, 북한은 각각 유럽, 중동, 아시아에서 갈등의 불씨를 지피고 있다. 2022년 2월 러시아의 침공으로 시작된 우크라이나 전쟁은 여전히 종전의 기미가 없고, 중동 전선 역시 미국의 개입에도 불구하고 불안정한 상황이 이어지고 있다.

이러한 사이 중국은 서방의 경제 제재를 받고 있는 러시아와 이란에 무기와 자원을 제공하며 영향력을 확대하고 있으며, 그 경제력을 바탕으로 미국의 달러 패권에도 도전하고 있다. 1974년 맺어진 패트로달러 협정의 균열은 원유 거래에 위안화가 사용되기 시작하면서 점차 뚜렷해지고 있다. 사우디와 중국은 원유를 포함한 주요 무역 거래에서 달러 대신 위안화를 사용하는 방안을 협의 중이며, 이란은 이미 위안화를 통해 원유를 판매하고 있다.

세계 권력의 피라미드가 견고했던 시대는 저물고, 각국이 각축하는 춘추전국 시대적 상황이 다시 도래하고 있는 것이다. 흥미롭게도 춘추전국 시대를 통일한 나라는 진나라였으며, 이 진나라의 명재상 상앙은 철저한 법치주의와 연좌제를 도입하여 국가를 강성하게 만들었다. 한 사람이 죄를 지으면 가족과 친족, 심지어 이웃까지 함께 처벌하고, 공을 세우면 다 같이 상을 주는 방식은 국민 전체를 감시하는 시스템으로, 이는 오늘날 중국 공산당의 통치 방식과 닮았다는 평가도 있다.

이처럼 반자유적·비민주적인 체제로 지역 패권국으로 떠오르려는 중국은, 대한민국의 역사를 자신들의 역사로 편입하려는 '동북공정'을 국가적 차원에서 추진 중이다. 단순한 학술 연구가 아니라 국방비를 투입하는 국가 주도의 역사 왜곡 프로젝트이며, 이는 침략의 전조이자 문화 제국주의의 표현이다.

단재 신채호 선생이 "역사를 잊은 민족에게 미래는 없다"고 말했듯, 우리의 과거가 지워지면 미래 또한 사라진다. 중국의 동북공정은 한민족의 과거를 부정하며, 동시에 우리의 미래를 파괴하고 있다. 국제정세를 보자면, 유럽과 중동에서는 여전히 전쟁이 진행 중이며, 미국의 달러 패권에도 균열이 생기기 시작했다. 미국은 제3차 세계대전을 방지해야 하는 상황에서 한반도에만 집중할 수 없는 형편이다.

이러한 현실에서 대한민국은 스스로 살아남기 위한 대비책을 마련해야 한다. 『맹자』 양혜왕 장구 상편에서 맹자는, 이웃 나라와의 전쟁에 대비하는 방법을 묻는 왕에게 이렇게 답한다.

"지도자가 어진 정치를 펼쳐 세금을 적게 매기면 백성은 나라를 중히 여기게 되고, 자신의 삶을 위해 더욱 노력하게 되어 경제적으로 안정을 이루게 됩니다. 그러면 굳이 애국심을 강요하지 않아도 스스로 나라를 위해 충성을 다하게 될 것입니다."

또한 『관자』 제51편에서는 제나라 환공이 관중에게 "백성들이 죽기를 각오하고 신뢰하게 하려면 어떻게 해야 하는가?"를 묻자, 관중은 다음과 같이 답한다.

"세 가지를 분명히 해야 합니다. 첫째, 백성의 마음을 고정시켜야 합니다. 둘째, 신분을 높여주어야 합니다. 셋째, 믿음을 보증해 주어야 합니다. 조상의 묘소가 안전해야 백성의 마음이 고정됩니다. 밭과 집, 녹봉이 있어야 신분이 높아지고, 처자식이 있어야 삶에 책임감을 갖게 됩니다. 이 세 가지가 갖추어져야 그들에게 존엄과 투지를 요구할 수 있고, 백성은 결코 우리를 배신하지 않을 것입니다."

맹자와 관자 모두 백성은 경제적으로 안정되고 지킬 것이 생겼을 때 비로소 나라를 위해 헌신할 수 있다고 강조한다.

그렇다면, 어떻게 국민을 부유하게 만들 수 있을까? 과거에는 농사를 잘 짓는 것이 부의 열쇠였다면, 오늘날에는 일자리의 다양화가 중요하다.

대한민국에 HRDHuman Resources Development 개념을 도입한 권대봉 교수는 『청와대의 격』에서 "국민을 부유하게 만들기 위해서는 직업 능력 개발이 필수"라고 강조했다. 직업 능력이 향상되어야 양질의 일자리가 생기고, 일자리가 있어야 경제적 여유가 생기며, 안정된 삶이 가능하다. 그래야 지킬 것이 생기고, 애국심도 자생적으로 자라나며, 국가적 위기 상황에도 흔들리지 않게 된다.

국가는 이에 따라 국민의 직업 역량 향상을 위한 실질적이고 지속적인 지원에 힘써야 한다. 청년기뿐 아니라 장년기까지 이어지는 맞춤형 평생교육과 훈련 체계를 정비하고, 산업계 역시 현장의 수요를 반영한 실용적이고 체계적인 기술 교육에 적극 참여해야 한다. AI와 디지털 기술의 급속한 발전으로 노동시장 구조가 급변하고 있는 만큼, 이에 적응할 수 있는 AI 관련 직업훈련 역시 시급히 마련되어야 한다.

국민이 직업을 통해 삶의 기반을 마련할 수 있을 때, 국가는 외부의 위기 속에서도 흔들리지 않는다. 진정한 국가 안보는 바로 여기서 시작되며, 대한민국이 지금 해야 할 가장 시급한 일은 국민의 직업 역량 개발이다.

규제 개혁을 통해
Fast Follower에서 First Mover로

권순형 지암선진화아카데미 17기

대한민국은 이제 명실상부한 선진국이라 할 수 있다. 2025년 기준, 1인당 GDP는 4만 달러에 가까워 일본과 유사한 수준이며, 1인당 구매력지수(PPP)는 6만 5천 달러에 육박해 영국, 프랑스, 독일, 캐나다 등 서구 선진국과 어깨를 나란히 한다.

경제 지표뿐만 아니라 사회·문화적 위상도 국제적으로 높아졌다. 한식은 더 이상 이색적인 음식이 아니라, 세계 곳곳에서 일상적으로 접할 수 있는 요리가 되었고, 넷플릭스의 한국 드라마는 세계인의 사랑을 받고 있다. K-팝이 미국의 음반 차트인 빌보드에 오르는 일도 더 이상 특별한 일이 아니다.

그러나 이러한 위상이 앞으로도 지속될 수 있을지는 불투명하다. AI 시대로의 전환에서 우리나라는 선도국에 비해 뒤처지고 있으며,

미중 패권 경쟁은 갈수록 격화되고 있다. 세계 시장에서 우리나라가 압도적인 경쟁력을 가진 산업의 수는 점점 줄어들고 있는 것이 현실이다.

국내 문제 또한 산적해 있다. 저출산과 고령화의 장기화로 인한 인구 구조의 변화는 사실상 불가역적이다. 고령층을 부양해야 하는 복지·의료 부담은 급증할 것이며, 생산 가능 인구는 지속적으로 감소하고 있다. 구인 배수는 IMF 이후 최악의 수준이며, 청년층의 일자리 문제 역시 심각하다.

이러한 위기를 극복하려면 국내 경제 환경의 효율적 개편이 필요하다. 더 이상 노동력과 자본 투입만으로 성장할 수는 없으며, 이제는 질적 성장, 즉 효율성 향상을 통한 성장이 절실하다.

질적 성장의 핵심은 규제 개혁이다. 한국은 과거에도 산업 전환에 성공한 경험이 있다. 1960~70년대에는 경공업 위주의 수출 산업에서 1980년대 중공업 산업으로, 1990~2000년대에는 IT 산업 중심으로 체질을 바꾸며 선진국 반열에 올라섰다.

하지만 2025년 현재, 우리나라는 플랫폼 비즈니스 등 신산업 분야에서 성과를 내지 못하고 있다. 이는 각종 이익단체의 반발과 정치적 이해관계로 형성된 규제 장벽이 혁신을 가로막고 있기 때문이다.

예를 들어, 우버나 그랩과 같은 공유 승차 플랫폼은 한국에서 콜택시 수준으로 축소·운영되고 있다. 택시업계의 반발과 정치적 압력으로 인해 관련 규제가 지속되었기 때문이다. 이로 인해 혁신은 좌절되고, 특히 청년층이 진출할 수 있는 신사업 일자리가 감소하는 결과를 낳았다.

또 다른 예로, 대형마트 의무 휴무, 농업 분야에 대한 대기업 자본 진출 제한 등도 비효율을 고착화시키고 있다. 자영업자와 영세농의 생산성을 낮게 유지하게 만들고, 장기적으로는 경제 전반의 효율성을 떨어뜨리는 요인이다.

규제 개혁을 위한 실질적인 방안으로는 다음과 같은 세 가지를 들 수 있다. 첫째, 실효성 있는 규제 샌드박스 확대, 둘째, 지방정부에 경제 규제 권한 이양, 셋째, 노동시장 규제 개혁이다. 이러한 방안은 정치적으로 민감하고 조율이 쉽지 않지만, 대한민국의 미래 세대를 위해 반드시 추진해야 할 과제다.

우리나라는 지금까지 패스트 팔로워Fast Follower 전략을 통해 선진국에 도달했다. 이는 선도 기업을 빠르게 추격하고 모방함으로써 R&D 비용을 줄이고, 선도자의 실패에서 교훈을 얻으며 경쟁력을 확보하는 전략이다. 삼성전자의 스마트폰 전략이 대표적인 사례다.

하지만 이제는 퍼스트 무버First Mover 전략으로 전환할 시점이다. 퍼스트 무버는 산업을 개척하고, 가장 먼저 시장에 진입하여 브랜드 영향력과 지배력을 확보하는 전략이다. 애플의 스마트폰, 테슬라의 자율주행 전기차가 그 대표적 사례다.

과거에는 기술 역량의 한계로 인해 패스트 팔로워 전략이 적합했지만, 이 전략은 궁극적으로 독자적 경쟁력을 약화시키고, 글로벌 표준의 종속자가 되는 한계를 지닌다. 창출할 수 있는 부가가치 역시 제한된다.

그러나 오늘날 한국은 글로벌 기술력과 R&D 역량을 충분히 갖춘 국가다. 이제는 우수한 인재들의 창의성과 도전 정신을 바탕으로 퍼스트 무버 전략을 추구해야 할 시점이다. 그리고 이를 가능케 할 토대는 규제 개혁이다.

대한민국이 앞으로도 선진국으로 자리매김하려면 과감한 변화가 필요하다. 규제 개혁을 통해 창의적이고 도전적인 기업가 정신을 고취하고, '따라가는 나라'가 아니라 '이끄는 나라'로 나아가야 한다. Fast Follower에서 First Mover로의 전환이 바로 그 출발점이다.

행복하지 않은 대한민국, 자유민주주의 교육이 필요하다

김한준 지암선진화아카데미 15기

대한민국은 산업화와 민주화를 거치며 선진국 대열에 올랐다. 하지만 2025년 유엔 산하 자문기구인 지속가능발전해법네트워크(SDSN)가 발표한 세계 행복 보고서에서 대한민국의 행복 순위는 세계 58위에 그쳤다. 경제적으로는 선진국이 되었지만, 한국인은 여전히 행복하지 않다.

왜 한국인은 행복하지 않은 것일까? 대한민국의 정치 체제는 자유민주주의다. 한국인 각자는 자신의 판단에 따라 말하고, 선택하고, 책임질 수 있는 국민이 되고자 하는 열망을 지니고 있다. 그러나 봉건주의적 권위 의식과 집단주의적 동조 압력이 여전히 사회 전반에 작용하면서, 그 열망은 제약을 받고 있다.

"윗사람 말을 무조건 따라라", "튀지 말고 조용히 있어라"와 같은 말이 여전히 통용되는 사회 속에서, 자유를 추구하는 개인은 억압적인 집단 문화와 충돌한다. 이 괴리 속에서 자아는 위축되고, 행복은 멀어진다.

이러한 사회적 불균형은 저출산, 사교육 과열, 양극화 등 여러 문제의 뿌리가 된다. 우리는 다시 묻지 않을 수 없다.

한국인이 행복해지려면 무엇이 필요한가? 해답은 교육에 있다. 자유민주주의 이념 교육을 중심으로 한 도덕 교육의 전환이 필요하다. 초기 한국의 도덕 교과는 국가 정체성을 확립하고, 국민에게 애국심과 반공 의식을 심어주는 데 중점을 두었다. 1990년대 이후 도덕 교육은 인권, 민주주의, 공동체 의식 함양으로 방향을 전환했지만, 도덕 교과서에서 대한민국의 기본 이념이 자유민주주의라는 사실, 그 원리와 철학에 대한 체계적인 교육은 여전히 부족하다.

자유민주주의는 단순한 정치 체제가 아니라 삶의 방식이다. 자유민주주의의 철학적 뿌리를 놓은 로크와 밀은 "개인의 자유와 권리를 보호하기 위해 정부는 최소한으로 개입해야 하며, 개인은 자기 삶의 주체가 되어야 한다"고 보았다. 그들을 계승한 아이작 벌린, 하이에크, 존 롤스, 로버트 노직, 마사 누스바움 등은 자유를 단순한 방임이 아닌, 인간다운 삶의 전제로 해석했다. 이들은 자유의 실현을 위해 공정한 제도, 법치, 책임, 비판적 사고, 실질적 기회를 강조했다.

자유민주주의 철학은 초등 도덕 교육부터 적용되어야 한다. "왜 자유는 중요한가?", "자유는 어디까지 허용되어야 하는가?", "권리와 책임의 균형은 무엇인가?" 등의 철학적 질문이 자연스럽게 제기되는 교육 환경이 필요하다. 동시에 "자유민주주의는 대한민국의 국가 이념이며, 모든 국민이 이해하고 실천해야 할 가치다"라는 메시지가 분명히 전달되어야 한다.

오늘날 한국인들은 자유를 원하면서도, 정작 그 자유를 제대로 배우거나 익힌 적이 없다. 개인의 자유, 평등, 비판적 사고, 자율성에 대한 열망은 높지만, 전통적으로 뿌리내린 집단주의와 봉건적 권위 의식이 이를 억압하고 있다.

산업화는 물질적 풍요를 가져왔지만, 개인의 독립성과 자율성은 억제된 채 살아온 결과, 많은 이들이 행복을 체감하지 못한다. 이러한 집단적 불행은 대한민국의 잠재성장률을 떨어뜨리는 핵심 요인이며, 타인과의 비교, 동조 압력으로 인한 사교육 과열과 양육 부담은 저출산으로 직결된다.

4차 산업혁명을 넘어 AI 시대가 도래한 지금, 대한민국이 직면한 가장 시급한 과제는 자유민주주의 교육의 확립이다. 전 국민이 개인의 자율성, 비판적 사고, 주체적인 삶을 실천할 수 있도록 교육과 사회 전반이 변화해야 한다.

최근 교실 현장에서는 STEM(융합교육), PBL(프로젝트 기반 학습) 등 자율성과 참여 중심의 교육 방식이 확산되고 있다. IBInternational Baccalaureate 교육에 대한 관심도 높아졌다. 교사가 단순히 지식을 주입하고 명령

하는 것이 아니라, 학생들이 스스로 탐구하고 토론하며 성과물을 창출하는 교육으로 변화하고 있는 것이다. 자율성과 주도성이 교육 현장에 자리 잡아가고 있다. 이러한 교육의 흐름 한가운데에 자유민주주의 가치를 중심축으로 세워야 한다. 우리나라의 기본 이념으로서 자유민주주의가 무엇인지 알고, 어떻게 하면 자율적이고 주체적인 삶을 살아갈 수 있을지를 교육에서 다뤄야 한다.

자유민주주의 교육은 학교 밖에서도 이뤄져야 한다. 부모들이 가족 구성원 간의 의견을 존중하는 대화법을 배우고, 로크에서 하이데거에 이르는 자유민주주의 철학자들의 사상을 쉽게 풀어낸 콘텐츠가 가정과 지역사회 전반에서 공유되어야 한다. 자유민주주의는 단지 정치의 문제가 아닌, 생활과 문화 전반에 뿌리내려야 할 삶의 철학이다.

'자기주도학습'이라는 개념이 익숙한 2030 청년 세대는 앞선 세대보다 자의식이 강하고, 공정, 법치, 자율성에 대한 열망이 크다. 이들에게 수직적이고 통제적인 문화를 강요한다면, 대한민국은 결코 행복한 나라가 될 수 없다.

대한민국이 행복해지지 못한다면, '선진 한국'이라는 비전은 결코 실현되지 못할 것이다. 그 길의 핵심 열쇠는 자유민주주의 교육에 있다. 국민이 봉건적 권위 의식과 집단주의를 넘어 자유민주주의 시민 의식을 갖추게 될 때, 우리 사회는 더 많은 국민이 행복하고, 경제적으로 더욱 풍요로운 사회가 될 것이다.

2060년 대한민국: 통일은 생존이다

박준규 한반도청년미래포럼 대표

통계청에 따르면 2060년 대한민국의 총인구는 약 4천2백만 명으로 전망된다. 이는 2025년 5천1백7십만 명에서 약 1천만 명, 즉 5분의 1 가까이 줄어든 수치다. 1인 가구가 다수를 이루고, 30년 이상 방치된 아파트가 늘어나며, 서울 시내 아파트의 5%는 빈집으로 남아 있다. 이제는 아침마다 빈집을 감시하는 드론의 날카로운 소음으로 하루가 시작된다. 거리엔 고령자와 휴머노이드 로봇이 다수를 차지한다. 전체 인구 중 65세 이상 고령자는 42.4%에 달하며, 노인 10명당 청년 인력은 2명도 채 되지 않는다. 기상청은 올해를 이례적인 고온·건조의 해로 규정했다. 기후 위기로 인한 자연재해와 감염병 발생 위험이 증가했지만, 재난 대응 인력은 여전히 부족하다. 70대 이상의 소방대원이 이틀에 한 번꼴로 출동하며, 필요한 인원 1만 5천 명 중 실제 확보된 인력은 8천5백 명에 불과하다. 출동하는 이도, 구조되는 이도 고령자다.

생산연령인구의 급감은 산업 현장의 공백으로 이어졌다. 일손 부족으로 인해 노동자의 70%는 휴머노이드 로봇이 대체하고 있다. 뉴스에서는 긴급 헌혈 요청이 반복되고 있다. 고령층의 수술 수요는 폭증했지만, 혈소판과 전혈 공급은 턱없이 부족하다. 헌혈할 청년이 사라진 탓이다. 경제는 위태롭고, 성장률은 0%대에 머무르며 대한민국은 점점 더 깊은 구조적 위기에 빠져들고 있다.

이러한 2060년의 대한민국은 전문가, 학술지, 연구 보고서를 기반으로 AI가 도출한 시뮬레이션이다. 해당 시나리오는 공영방송 다큐멘터리로 제작되어 대중의 주목을 받았다. 그러나 이는 단지 미래 예측에 그치지 않는다. 경고이자 현실의 연장선이다. 문제는 이처럼 위기를 인지하고 있음에도, 실질적이고 실효적인 대비가 이루어지지 않고 있다는 데 있다. 어쩌면 우리는 이미 너무 멀리 와버렸고, 그래서 어디서부터 손대야 할지 누구도 알지 못하는 것일지도 모른다. 인구, 출산율, 자살률, 고령화, 주거, 취업, 경제 문제는 오래전부터 국정의 핵심 키워드였다. 그러나 청년들의 눈에는, 여전히 뉴스 화면 속에서 미래가 아닌 권력을 위한 정쟁에 몰두하는 정치권의 모습만이 보일 뿐이다.

이런 현실 속에서 통일과 북한 문제는 청년들에게 무관심을 넘어

혐오의 대상이 되어가고 있다. 북한 이야기를 꺼내는 것 자체를 기피하고, 이를 논의하는 사람들까지도 외면하거나 배척하는 현상이 나타난다. 기성세대는 통일을 국가의 당위와 역사적 책무로 이야기한다. 통일에 무관심한 청년들을 꾸짖으며, 그들의 생각을 바꾸기 위해 목소리를 높인다.

그러나 사회는 여전히 이념에 기댄 대북·통일 담론으로 분열되어 있고, 청년들은 그 충돌을 지켜보며 다시 고개를 돌린다. 세대 간 시대적 배경과 경험의 간극은 너무도 크다. 이해는 멀어지고, 좌절만이 반복된다. 그 결과, 청년층의 통일 인식은 해마다 최저치를 갱신하고 있다.

하지만 바로 이러한 구조적 위기 속에서 통일은 대한민국이 처한 난제를 풀어낼 희귀한 해결 카드가 될 수 있다. 통일은 이제 더 이상, 이상이나 당위의 문제가 아니다. 청년의 생존과 기회를 위한 문제로 다시 바라보아야 한다. 통일은 곧, 경제·안보 위기 대응을 위한 국가 생존 전략이다.

그 첫걸음은 북한 관련 유사 사태에 대한 실질적 준비다. 북한 급변, 국경 혼란, 주변국 개입 가능성은 단순한 외교 사안이 아니라 국가 존립에 직결되는 중대한 리스크다. 이는 청년의 미래까지 좌우할 수 있는 전략적 변수다. 이를 대비하려면 현장 실무자, 학계, 협상가, 활동가, 결정권자, 그리고 국민 여론까지 유기적으로 작동하는 국가 단위의 대응 체계가 필요하다. 계획을 넘어, 국내 안정화와 북한 지역 투입을 위한 인력 양성, 대응 매뉴얼 마련, 실전 시뮬레이션까지 총체적인 생태계를 구축해야 한다.

무엇보다 청년 세대가 통일을 '기회'로 받아들이기 위해선 경제적 설득력이 전제되어야 한다. 유사 사태 대응과 통일 인프라 구축 과정에서 청년을 위한 양질의 일자리를 창출하고, 이를 미래 산업과 연결해야 한다. 국내 안정화 인력과 북한 투입 인력 양성, 국가 차원의 통일 대응 매뉴얼 정비는 곧 청년의 생존 전략이 된다. 통일이 청년의 삶과 직결되는 현실적인 기획이 될 때, 통일 담론은 비로소 희망을 품게 된다.

오늘날 우리가 마주한 '분단의 체화' 현상은 단순한 정서가 아니라, 대한민국의 미래를 가로막는 치명적 구조다. 이제 통일은 미루어진 숙제가 아니라, 전략 자산으로 전환되어야 한다. 북한 관련 전문 인재 양성을 국가 과제로 삼고, 실질적 통일 역량 확보에 박차를 가해야 한다. 준비 없는 유사 사태는 국가 붕괴로 이어질 수 있다. 지금 이 순간, 통일을, 미래를 여는 마지막 기회로 만들 수 있는 결정적 분기점임을 잊지 말아야 한다.

예술교육, 변방에서 중심으로: AI 시대 교육 정책의 근본 전환을 요구하며

서승경 한국교원대학교 음악교육학 박사

"만 2~3세 유아가 영어유치원에 입학하기 위해 시험을 치른다"는, 이른바 '4세 고시'가 등장했다. 초등학교 저학년을 대상으로 한 '초등 의대반'까지 운영되는 등, 한국 사회의 과도한 교육 열풍은 아동 학대 수준에 이르렀다는 우려를 낳고 있다.

EBS 보도에 따르면 전은옥 연구원은 이러한 조기 인지 교육이 영유아의 건강한 발달을 저해한다고 지적하며, 이를 바로잡기 위해 '4세 고시 방지법' 제정과 영유아 대상 영어 몰입 교육에 대한 강력한 규제가 필요하다고 강조했다. 그러나 정작 아이들의 발달 단계에 맞춰 감각과 표현 능력을 길러주는 예술교육은 여전히 교육 현장에서 주변부에 머무르고 있다.

예술교육의 가치와 현재의 한계

예술교육은 단순한 지식 전달을 넘어, 아동의 통합적 발달을 지원하는 교육이다. 『예술에 대한 당신의 뇌(Magsamen & Ross, 2023)』 책에서 어린 시절의 예술 경험이 시냅스 연결을 활성화하고, 해마를 포함한 다양한 뇌 영역의 회백질을 증가시켜 창의성, 정서 조절, 사회성 발달에 긍정적인 영향을 미친다고 보고한다.

또한 미국 국립예술기금(NEA, 2015)은 유아기의 예술 참여가 협력·공유와 같은 친사회적 행동을 향상시키고, 불안이나 공격적 행동을 감소시키는 데 기여한다고 밝혔다. 이처럼 예술은 발달과 학습, 정서 및 사회성의 기초를 다지는 핵심적 경험이며, 공교육은 변화하는 시대에 대응하는 교육으로서 이를 적극 수용해야 한다.

그러나 현실은 예술교육이 교육 현장에서 점차 주변화되고 있음을 보여준다. 교육부에 따르면 중학교 예술 교과의 이수 시간은 과거 주 2시간에서 현재 1시간으로 절반 가까이 줄었고, 고등학교에서 예술 과목 선택 비율도 지난 10년간 심하게 감소했다. 예산과 인프라 투자 역시 OECD 국가들이 확대하는 추세와 달리 한국은 오히려 줄어드는 양상을 보인다.

특히 저소득 가정의 아동은 중산층 이상 아동에 비해 악기 연주, 연극 관람 등 예술 활동 참여율이 현저히 낮다(한국문화예술교육진흥원, 2021). 이러한 격차는 초기 창의성과 문화 감수성 발달에 결정적인 영향을 주며, 동시에 교육 불균형이 사회 계층화를 심화시키는 구조적 요인이 된다.

미국, 영국, 독일 등 주요 국가는 예술교육의 중요성을 인식하고 이를 국가 교육 정책에 반영하고 있다. 하버드대학교는 전 학부생에게 예술 창작 기회를 제공하고, 영국은 STEM에 예술Arts을 더한 STEAM 교육 정책을 통해 창의 융합 인재를 양성 중이다. 독일 또한 예술교육을 사회 통합과 문화 참여 확대의 전략으로 삼아 학교와 문화 기관을 연계하고, 국가 차원에서 학생들의 창의성과 감수성을 지원하고 있다.

반면, 한국은 여전히 입시 중심 평가 체계로 인해 예술 활동을 '특기'에 한정하거나 평가 항목에서 배제하고 있어, 공교육 내 예술교육의 확산이 지체되고 있다.

AI 시대의 교육 정책, 예술 중심 교육으로의 전환

AI 시대를 살아갈 미래 세대를 위한 교육 정책은 다음과 같은 방향으로 근본적인 전환이 필요하다.

첫째, 예술교육을 법정 필수 교과로 지정하여, 학교 현장에서 실질적으로 충분한 교육 기회가 제공될 수 있도록 교원 배치와 교육 예산을 확대해야 한다.

둘째, 유아기부터 초·중등 과정까지 조기 입시 교육의 부담을 완화하고, 예술을 통한 표현력과 창의성 계발에 중점을 둔 교육 프로그램을 활성화해야 한다.

셋째, 대학 입시와 평가 체계에 예술 활동과 창의성 평가를 적극 반영함으로써, 예술교육의 가치가 교육 전반에서 존중받도록 해야 한다.

넷째, 예술과 인문학, 과학의 융합 교육을 적극 지원하여, AI 시대에 부합하는 창의 융합형 인재 양성의 기반을 마련해야 한다.

"기술은 삶을 편리하게 하지만, 예술은 삶을 살아갈 이유를 준다"는 말처럼, 사유하고 느끼며 질문하는 인간다움은 예술교육을 통해 비로소 완성된다. 따라서 교육 정책은 예술교육을 중심에 놓고, 인간성 회복과 미래 역량 강화라는 교육의 본질적 목적을 달성해야 한다. 이러한 정책 전환만이, AI 시대에도 경쟁력과 공감 능력을 갖춘 창의적 인재를 길러내는 길이며, 모든 국민이 문화적 풍요와 인간다움을 누릴 수 있는 사회를 구현하는 첫걸음이 될 것이다.

윤리 의식 없는 사회, 선진국이 될 수 없다

송지은 새로운미래를위한청년변호사모임 공동대표

요즘 한국 사회에서 사람들의 가장 큰 관심사는 무엇일까. 정치? 교육? 과학기술? 안타깝게도, 많은 이들의 시선은 돈, 부자가 되는 방법, 투자 성공에 쏠려 있다. 물론 자산을 증식하고 안정된 삶을 추구하는 것은 자연스러운 일이다. 그러나 그 과정에서 어떻게 벌 것인가보다 얼마나 빨리 벌 수 있는가에만 집중하면서, 윤리 의식은 점차 뒷전으로 밀려나고 있다.

최근 들어 은행 직원의 대규모 횡령 사건, 코인·주식 투자 사기, 불법 리딩방 운영, SNS를 통한 조작된 수익 인증 사례가 잇따르고 있다. 문제는 이러한 범죄의 빈도뿐만 아니라, 그것이 대중에게 전달하는 자극적인 성공 서사다. "저렇게 해서라도 돈을 벌 수 있다"는 인식이 확산되며, 편법이나 불법을 수단 삼아 성공하려는 시도가 증가하고 있다.

　이러한 윤리적 퇴보는 어디서부터 시작되었을까. 필자는 1997년 외환위기 이후, 한국 사회가 생존 중심의 경쟁 구조로 재편되면서 성과만 좋으면 된다는 풍조가 뿌리내리기 시작했다고 본다. 이후 부동산 가격 폭등, 사회 전반의 불평등 심화, 그리고 SNS를 통한 타인의 삶과의 비교가 이러한 경향을 더욱 부추겼다. 결국 공정한 절차보다 빠른 결과가 더 중요하다는 인식이 사회 전반에 퍼지게 된 것이다.

　그렇다면 선진국들은 어떤 기준을 통해 윤리 의식을 사회 속에 내재화하고 있을까?

　우선 북유럽 국가들은 어린 시절부터 윤리와 시민 교육을 공교육의 핵심으로 삼고 있다. 정직, 신뢰, 공정성과 같은 가치를 단순히 학습하는 것이 아니라, 일상에서 체험하고 실천하는 과정을 통해 공동체 중심의 사고방식을 자연스럽게 내면화한다. 독일은 기업의 윤리적 책임을 엄격히 묻는 문화를 갖고 있다. 부정부패가 적발될 경우 단지 법적 처벌에 그치지 않고, 그 기업의 사회적 신뢰도 자체가 빠르게 추락한다. 또한 캐나다, 프랑스 등은 금융·투자 사기에 대해 강력한 처벌과 피해자 보호 시스템을 함께 운영한다. 무엇보다도 정직한 실패를 존중하고 부정한 성공을 경계하는 사회적 정서가 강하게 작동한다. 돈보다 명예를 우선시하고, 사회적 신뢰를 자산으로 여기는 문화가 윤리의 기준을 형성하고 있는 것이다.

반면, 한국 사회는 여전히 결과 중심의 문화에 머물러 있다. 성공한 사람에게 어떻게 성공했는가보다 얼마나 벌었는가를 먼저 묻는다. 과거 불법을 저지른 인물조차 화제성 인물로 소비되며 방송과 유튜브에 등장하는 현실은 그 단면을 보여준다. 기업의 비윤리적 행위에 대한 사회적 제재는 미약하며, 공직자나 전문가 집단의 도덕적 해이가 반복되어도 제대로 된 처벌이나 자정 작용이 이루어지지 않는 것도 문제다.

한국이 진정한 선진국으로 도약하기 위해서는 경제 성장만이 아니라 윤리적 성숙이라는 기준이 필요하다. 이를 위해 몇 가지 구체적인 변화를 제안하고자 한다.

첫째, 초·중등 교육과정에서 윤리, 시민성, 공공의식에 대한 실질적인 교육을 강화해야 한다. 단순한 교과서 암기에 그치지 않고, 토론과 사례 중심의 교육을 통해 아이들이 왜 정직해야 하는가, 공정이 사회에 미치는 영향은 무엇인가를 자연스럽게 고민하도록 해야 한다.

둘째, 재산범죄에 대한 처벌 수위를 높이고, 범죄 수익을 철저히 환수하는 시스템을 구축해야 한다. 사기범들이 해외로 도피해 사치 생활을 이어가는 현실을 더 이상 방치해서는 안 된다. 피해 회복 중심의 실효성 있는 제도 정비가 시급하다.

셋째, 기업, 공공기관, 언론 등 사회 전반에 윤리 감시 체계를 강화하고, 부정한 인물의 사회적 복귀에 대한 기준을 명확히 해야 한다. 유튜브나 방송 등에서 불법·비윤리적 행위를 과거의 일로 소비하는 문화를 방치한다면, 결국 사회 전체의 도덕 기준이 무너질 수밖에 없다.

넷째, 공정한 실패를 존중하는 사회로 전환해야 한다. 도덕적으로 올곧게 노력했으나 실패한 이들에게 따뜻한 시선과 기회를 주고, 반대로 편법이나 불법으로 성공한 이들에게는 사회적 제재와 배척이 가능하도록 문화적 기준을 확립해야 한다.

윤리 없는 번영은 결코 지속 가능하지 않다. 선진국이란 단지 국민소득 4만 달러를 의미하는 것이 아니다. 신뢰와 정직, 책임감이 사회 구조 속에 뿌리내린 상태야말로 진정한 선진국의 조건이다. 지금 우리에게 필요한 것은 경제 성장 그 이상의 기준, 즉 윤리적 성숙으로의 전환이다.

Fail Fast,
Shift Faster

윤예지 하나은행

1983년, 한국이 반도체 산업에 첫발을 내디뎠을 때, 그것은 단순한 신산업 진출을 넘어 한국 경제의 전환점을 의미하는 사건이었다. 이 시기를 기점으로 한국은 대기업을 중심으로 한 산업 성장 모델을 통해 고도성장을 이루었고, 세계 경제 무대에서 두드러진 성과를 만들어 냈다.

이러한 눈부신 성장은 한국 기업들의 근면성과 빠른 모방 능력, 그리고 대기업 중심의 고도 성장 전략 덕분에 가능했다. 선진국의 사례를 철저히 학습하고 이를 효율적으로 흡수한 뒤, 한국만의 방식으로 재해석한 결과였다.

이제 1세대, 2세대 경영인의 시대는 저물고 있으며, 그들이 닦아 놓은 길을 새로운 세대의 기업인들이 이어가고 있다. 중요한 것은 이제 어떻게 이어갈 것인가, 그리고 어떻게 바꿀 것인가이다. 바로 이 지점에서 새로운 경영 방식으로의 전환이 요구된다.

최근 한국 산업 생태계는 크게 달라지고 있다. 과거에는 대기업이 산업의 중심이었다면, 이제는 새로운 혁신 기업들이 빠르게 성장하며 글로벌 시장에서 활약하고 있다. 네이버, 카카오가 대표적인 사례다. 이들은 대기업이 보여주던 수직적 조직 구조나 경직된 의사결정 방식에서 벗어나, 수평적이고 유연한 조직 문화를 통해 빠른 변화에 능동적으로 대응하고 있다.

특히 네이버는 글로벌 Z세대를 주요 타깃으로 삼아 시너지를 창출하고 있다. K-팝 엔터테인먼트 커뮤니티, 네이버웹툰, 웹소설 플랫폼 등으로 사업을 확장하며, 사용자 대다수가 Z세대인 만큼 향후 높은 성장이 기대된다. 단순한 콘텐츠 유통에 그치지 않고, 다양한 수익 모델과 사업 다각화의 가능성 또한 열려있어 더욱 큰 도약이 전망된다.

이러한 기업들의 공통점은 변화에 민감하게 반응하고, 새로운 기술이나 시장 흐름을 빠르게 사업 모델에 반영하는 경영 방식을 지향한다는 점이다. 이는 곧, 한국 기업의 미래가 빠른 실행력과 전환 능력에 달려있음을 시사한다.

이제 한국이 진정한 선진국으로 자리 잡기 위해서는 과거의 성장 방식을 재검토할 필요가 있다. 복잡한 보고 체계, 관료주의, 위험 회피 중심의 의사결정 구조, 완벽을 추구하는 문화는 변화의 속도를 늦추고, 혁신을 가로막는 장애물이 될 수 있다.

오늘날 글로벌 경영 환경에서는 완벽한 계획보다 빠른 실행과, 실패를 기반으로 한 유연한 피봇Pivot이 더 중요하다. 실제 실리콘밸리 기업들은 빠르게 실험하고, 실패를 인정하며, 새로운 방법으로 전환하는 문화를 갖고 있다. 과감히 폐기하고 버리는 것이 생존을 결정짓는 경쟁력이라는 것이다. 변화는 선택이 아니라 필수다. 효율이 떨어지는 전략은 빠르게 폐기하고, 시장 변화에 맞춰 민첩하게 전환하는 전략을 추구해야 한다.

이러한 변화와 혁신은 기업 혼자만의 힘으로 이루어지지 않는다. 기업이 자유롭게 혁신할 수 있도록 불필요한 규제를 완화하고, 기술 개발과 해외 진출에 필요한 세제 혜택과 정책적 지원을 확대해야 한다.

과거 한국을 대표하는 글로벌 기업들 역시 정부의 전략적 지원을 기반으로 성장할 수 있었다. 이제는 플랫폼, K-콘텐츠, AI 등 새로운 산업 분야의 기업들에도 적극적인 정책적 뒷받침이 필요하다. 특히 스타트업이 실패를 감수하며 실험할 수 있도록 제도적 안전망을 구축해야 한다.

불필요한 규제를 완화하고, 도전을 장려하는 정책이 마련될 때, 기업은 보다 과감하게 혁신에 나설 수 있다. 기업과 정부가 함께 변화하며 'Fail Fast, Shift Faster'를 실천하는 한국 기업들이 세계 시장에서 활약하고, 한국을 진정한 선진국으로 끌어올리는 주역이 되기를 기대해 본다.

부국약병이 되어가는 대한민국, 이대로는 안 된다

이경한 코리아크레딧뷰로 경영지원부

대한민국은 이제 명실상부한 부국이 되었다. 트럼프 행정부 시절의 관세 정책으로 많은 이들이 우려했지만, 한국은 여러 주력 산업에서 세계적인 경쟁력을 갖추고 있어 그러한 외부 충격에도 쉽게 흔들리지 않았다. 반도체, 자동차, 조선 등 수십 년간 세계 최상위권을 지켜온 산업들이 이를 증명한다. 뿐만 아니라 화장품, 바이오시밀러, 식품, 문화 등 전통적으로 선진국들이 우위를 점해왔던 분야에서도 이제 한국은 세계적 위상을 확고히 했다. 그리고 1974년 '율곡사업'으로 시작된 방위산업 역시 마침내 꽃을 피우기 시작했다.

실제로 풍산, 한화에어로스페이스, 현대로템, LIG넥스원 등 국내 방산기업들은 뛰어난 품질을 인정받아 유럽, 중동, 남미 등 세계 각지로 무기를 수출하고 있다. 방위산업은 수조 원대의 계약을 잇달아 따내며 국가의 새로운 주력 산업으로 부상했다. 그러나 경제력과 방위 산업이 성장하는 것과 달리, 정작 우리 군대는 점차 약화되고 있다. 결국 '부국강병富國强兵'이 아니라 '부국약병富國弱兵'의 나라가 되어가고 있다.

나는 해군 장교로 복무하며 1년 동안 서해 NLL을 지키는 인천해역 방어사령부에서 참수리 고속정의 기관장으로 근무했다. 영화 『연평해 전』에 등장하는 바로 그 고속정이었다. 함정 생활은 힘들었지만 서해 수호의 사명감을 지닌 장교·부사관·수병들과 함께 복무하며 큰 보람 을 느꼈다. 바로 이러한 이들이 있었기에 우리가 지금 안전하고 평화 로운 삶을 누릴 수 있다는 생각이 들곤 했다.

그 후 3년간은 해군본부 인사참모부에서 장교·부사관·군무원 선 발과 부사관 진급 업무를 담당했다. 이곳에서도 사명감으로 충만한 동료들과 함께 일하며 해군의 우수 인재 확보에 일조했고, 이 과정에 서 인사업무 역량도 키울 수 있었다.

그러나 이러한 간부 선발 업무를 수행하면서 나는 심각한 현실을 깨달았다. 지원자들의 자질은 갈수록 떨어지고, 지원자 수 또한 눈에 띄게 줄고 있었다. 군에 필요한 정원은 정해져 있어 선발 규모를 줄일 수 없었고, 그 결과 경쟁률은 떨어져 합격선도 크게 하락했다. 선발 과정은 더는 제대로 된 '선발'이 아니라 '스크리닝'에 가까워졌다. 나는 이런 변화를 보며 군의 미래가 점점 어두워진다는 걱정을 안고 전역

했다.

전역한 지 4년이 지났지만 여전히 군과의 인연을 이어오고 있다. 매월 상비예비군 신분으로 해군 부대를 찾아 교육을 받고, 해군 OCS 장교 중앙회 활동을 통해 현역 및 예비역 장교들과 꾸준히 교류하고 있다. 이렇게 군과 접촉을 이어가는 과정에서 절감한 것은, 내가 전역하던 때보다 현재 군의 상황이 훨씬 더 심각해졌다는 점이다.

가령 부사관 선발을 보자. 지원자 수가 급감한 탓에 현재는 필기시험도 치르지 않고 고등학교 성적으로 선발하고 있다. 지원자가 너무 부족하다 보니 무시험 선발을 도입할 수밖에 없었고, 이로 인한 인력의 질적 저하는 불가피하다. 머지않아 장교 선발에서도 필기시험을 폐지하고 대학 학점만으로 뽑는 사태가 벌어지지 않을까 우려된다. 만약 병사들보다 수준이 낮은 간부들이 대거 양산된다면 병사들이 간부의 지시를 따르지 않는 일까지 벌어질지 모른다.

군인으로서의 자부심도 빠르게 사라지고 있다. 의무복무만을 위해 장교가 된 사람들뿐 아니라, 평생 군에 헌신하겠다는 포부로 임관했던 후배들마저 이제는 장기 복무를 포기하고 전역을 준비하고 있다. 어떻게 하면 남은 군 생활을 최대한 편하게 보내면서 전역을 준비할 수 있을지 고민하는 모습이 이제는 흔한 광경이 되었다.

심지어 해군사관학교 출신 장교들마저 5년 차에 전역하기 위해 고의로 낮은 평가를 받아 '폐급'으로 분류되려 하는 지경에 이르렀다. 5

년 차 전역 희망자가 워낙 많다 보니 전역 자체가 쉽지 않은 사례도 생겨나고, 일부 장교들은 극단적으로 정신과 치료 이력을 남기거나 아예 고의로 근무를 소홀히 하기도 한다. 급기야 지난해에는 해군사관학교 임관 1순위로 촉망받던 한 장교마저 전역을 선택했다.

나의 사촌 동생 역시 장기 복무를 꿈꾸며 장교로 임관했지만 끝내 전역을 택했다. 그는 병사들을 통제할 권한은 없고 책임만 떠안는 현실에 지쳐 있었다. 병사들이 기본적인 지시조차 따르지 않고, 상급자가 마음에 들지 않는다는 이유만으로 곧바로 민원을 제기해 간부를 괴롭히는 사례도 많아졌다고 했다. 병사 부모들이 수시로 전화를 걸고 카카오톡 메시지로 간섭하는 현실 속에서, 자신이 소대장이 아니라 초등학교 담임선생님이 된 기분이라고 하소연했다. 보상이 충분하다면 참을 수도 있겠지만, 외진 곳에서 젊음을 바치고도 민간보다 턱없이 낮은 보상을 받는 현실에서는 더 이상 군에 남을 이유를 찾기 어렵다고 털어놓았다.

방위산업의 발전과 경제 성장 덕분에 우리 국방력의 '하드웨어'는 갈수록 강력해지고 있다. 그러나 정작 군 조직 내부의 '소프트웨어'는 점점 무너지고 있다. 이대로 가다가는 점진적인 침식이 아니라 어느 순간 급격한 붕괴가 찾아올 수도 있다. 완전히 무너지기 전에 개혁을 통해 군을 되살려야 한다.

무엇보다도 시급한 것은 간부들에 대한 처우 개선이다. 정치적 성향을 막론하고, 그동안 역대 정권은 병사 처우 개선에만 집중해 왔다. 그 결과 병사의 복무 기간은 단축되고 급여는 크게 올랐지만, 간부 처우는 사실상 제자리걸음을 면치 못했다. 이로 인해 군 간부 지원자 수는 급감했고, 우수한 인재들은 군을 기피하게 되었다. 어렵게 임관한 간부들조차 주변의 민간 지인들과 자신의 처우를 견주어 보며 전역할 생각만 키워간다. 이제 우리도 미군처럼 간부 처우를 획기적으로 개선해야 한다. 애국심을 강요하는 것이 아니라, 간부들이 자발적으로 애국심을 발휘하고 싶어지도록 근무 여건과 대우를 마련해주어야 한다.

아울러 초급 간부들을 각종 악성 민원으로부터 보호해야 한다. 요즘 교육부는 교사의 교권 보호를 위해 많은 노력을 기울이고 있다. 교권보호위원회를 설치하고 법률 지원을 제공하는 등, 교사 개인이 아니라 제도적으로 교권을 지키는 장치를 마련해 두었다. 마찬가지로 국방부도 이제는 초급 간부들의 든든한 방패막이가 되어 주어야 한다. 병사들 눈치를 보느라 정당한 지시도 못 내리는 현실, 악성 민원에 시달리다 정신적으로 무너지는 젊은 간부들을 더 이상 방치해서는 안 된다. 그렇게 해야 군 기강이 무너지는 것을 막고, 초급 간부들의 집단 이탈을 줄이며, 궁극적으로 우리 군의 뿌리를 지킬 수 있을 것이다.

마지막으로, 군인이 존중받는 사회적 분위기를 조성해야 한다. 그래야 군인들이 더욱 큰 애국심을 품게 되고, 더 많은 우수 인재가 군에 남고자 할 것이다. 세계 여러 나라에서는 군인을 존중하는 문화가 확고하다. 심지어 군 복무를 하지 않았음에도 군인 행세를 하며 존경받고 싶어 하는, 이른바 'Stolen Valor' 현상까지 나타날 정도다.

반면 한국에서는 군인 신분이 드러나면 오히려 불이익을 받을까 두려워 휴가나 외출 시 일부러 사복으로 갈아입는 일까지 벌어진다. 초·중등학교 교육에서 정기적으로 현충원 참배를 하고 사회 교과에서 군인의 헌신을 가르친다면, 어릴 때부터 자연스럽게 군인을 존중하는 문화가 형성될 수 있을 것이다.

안보 문제만큼은 진보와 보수가 따로 있어서는 안 된다. 천안함 좌초설, 잠수함 충돌설 등과 같은 음모론이 더 이상 발붙일 여지를 없애야 한다. 이런 음모론은 군의 사기를 심각하게 떨어뜨리고, 국방 자원을 불필요한 논쟁에 낭비하게 만들어 결과적으로 우리 적만 이롭게 할 뿐이다.

지금 우리에게 필요한 것은 나약한 군이 아니라 강한 군이다. 그리고 이를 위한 첫걸음은 군인이 존중받는 풍토를 조성하는 군 개혁이다.

한국형 글로벌 선도 외교의 전략과 과제

이진우 전 스웨덴 안보개발정책연구소(ISDP) 방문연구원

지난 2021년, 유엔무역개발회의는 대한민국을 개발도상국에서 선진국 그룹으로 격상하며, 우리나라가 명실상부한 경제적 선진국 대열에 올랐음을 확인했다. 이러한 위상에 발맞춰 정부는 글로벌 중추국가 비전을 내세우며 G7 고정 파트너 진입을 목표로 G7 플러스 외교를 추진했고, 현 정부 역시 국제적 위상에 걸맞은 선진국 외교 실현을 표방하고 있다.

그러나 현재의 외교정책이 그 위상에 부합하는 전략성과 일관성을 갖추었는지는 여전히 의문이다. 외교·안보 분야에는 정쟁과 정치화, 외교안보 대전략의 부재, 초당적 합의 부족, 의회외교의 소극성 등 구조적 문제가 잔존하고 있으며, 한국형 글로벌 선도외교Proactive Diplomacy의 제도적 기반도 취약한 실정이다. 진정한 선진국 외교의

완성을 위해 다음과 같이 제안한다.

첫째, 자유주의 및 규칙 기반 국제질서를 수호하는 능동적 플레이어로서 한국의 외교 역할을 강화해야 한다. 트럼프 2기 행정부 출범 이후 자유주의 질서의 리더십 공백이 커지는 시점에서, 한국은 외교 원칙을 지키며 선도적 역할을 자임해야 한다. 자유민주주의 체제를 바탕으로 성장해 온 한국은 자유주의 질서로부터 실질적인 혜택을 받아 온 국가로서, 이를 수호할 명확한 정체성을 지닌다.

이에 따라 국제 자유민주주의 및 인권 증진을 위한 신규 국제 기금 창설을 한국이 주도해야 한다. 이 기금은 인도·태평양 지역을 포함해 자유·민주주의·인권, 규칙 기반 질서의 가치를 지원하는 방향으로 설계되어야 하며, 설립과 재원 조성 과정에서 한국이 리더십을 발휘해야 한다. EU, 일본, 캐나다, 호주 등 가치 공유국과의 협력은 물론, 글로벌 사우스의 참여도 적극 유도해야 한다.

다국적 사무국을 통한 프로그램 운영은 자유민주주의 가치 확산, 파트너 국가의 역량 강화, 상호 이해 촉진에 기여할 것이다. 특히 참여국 청년을 대상으로 한 펠로우십 및 리더십 프로그램을 통해 자유주의 질서를 수호할 차세대 글로벌 인재를 체계적으로 육성할 수 있다. 한국이 국제사회에서 존경받는 선진국이자 자유주의 국제질서의 리더로 자리매김하려면, 외교적 책임을 감수하며 중장기 전략적 투자를 지속해야 한다.

둘째, 인도·태평양 전략을 넘어서는 외교 대전략의 정립을 위해 초당적 합의가 필요하다. 문재인 정부의 신남방·신북방 정책, 윤석열 정부의 인도·태평양 전략은 각각의 시대적 요구에 맞춰 외교 역량을 확장하고 외교 지평을 다변화하려는 시도였다. 그러나 이러한 전략들이 초당적 합의에 기반한 국가 대전략으로 제도화되지는 못했다.

이제는 기존 전략을 넘어, 보다 구체적이고 지속 가능한 외교·안보·경제 통합 전략이 필요하다. 외교 대전략은 전통적으로 강대국의 전유물로 인식되었지만, 선진국이자 중견국인 한국도 지정학적 이익과 자유주의 국제질서의 가치를 조화시키는 한국형 전략적 비전을 추구할 수 있어야 한다.

예컨대, 일본의 공적안보지원(OSA) 제도처럼, 방산 강국인 한국은 글로벌 사우스 및 개발도상국을 대상으로 무상 안보지원을 추진할 수 있다. 레이더, 해양경비 장비 등 전략 물자를 중심으로 안보 역량을 지원함으로써 외교·안보적 레버리지를 확보하고, 중장기적 파트너십 구축의 기반을 마련해야 한다.

셋째, 국회는 전략적이고 제도화된 의회외교 역량을 갖춰야 한다. 최근 한미의회교류센터(KIPEC), 한미의원연맹, 국회 외교안보포럼 등이 출범하며 의회 차원의 외교 역량 강화 노력이 시도되고 있다. 그러나 전문성, 전략성, 조직 역량 측면에서 여전히 구조적 한계가 존재한다.

이에 따라 전략 검토, 정책 권고, 감시 기능을 통합한 공식 외교안보 기구의 제도화가 필요하다. 미국 의회의 전략태세검토위원회나 국방전략검토위원회는 국방수권법(NDAA)에 근거한 초당적 기구로, 국가안보 전략을 점검하고 의회에 정책을 권고한다. 한국도 국회법 또는 국회 규칙 등을 통해 유사한 형태의 초당적 기구를 제도화함으로써 정쟁을 줄이고 의회의 전략 대응력을 높여야 한다.

또한, 대중국 의원연합체(IPAC) 등 국제 의회 간 네트워크에도 초당적으로 참여해 외교적 연대를 강화하고, 의회 차원의 대외 메시지에 전략적 유연성을 부여해야 한다. 이를 위해선 의회 외교 전문 인재 양성이 선결 과제다. 외교통일위원회, 국방위원회 등 상임위와 연계한 국회 인턴십 확대, 미 의회 대상 민관협력형 인턴십 및 펠로우십 프로그램 신설 등을 통해 실무 경험과 글로벌 네트워크를 축적할 수 있는 체계적 경로를 마련해야 한다.

대한민국이 경제적 선진국에 오른 만큼, 외교·안보 분야에서도 진정한 선진국 외교로 가야한다. 이를 위해, 첫째, 자유주의 국제질서 수호자로 역할을 강화하고, 둘째, 외교·안보·경제를 포괄하는 초당적 외교 대전략을 정립하며, 셋째, 제도적 기반과 전문성을 갖춘 의회 외교 역량을 체계적으로 구축해야 한다. 이러한 전략과 조건이 충족될 때, 한국은 단순한 경제 선진국을 넘어 국제 협력과 책임 이행을 선도하는 국가로서 외교적 위상과 영향력을 확보할 수 있다. 이는 곧, 한국이 지향해야 할 진정한 선진 외교이다.

초고령사회 한국,
일본에게 배우다

장영세 지암청년포럼 운영위원

고등학교 시절, 일본 고베 지역의 한 양로원에서 봉사활동에 참여하면서 일본 사회의 고령화 문제를 직접 체감할 수 있었다. 처음에는 단순한 봉사활동으로 시작했지만, 점차 고령층의 외로움과 돌봄의 어려움, 그리고 사회 전반에 드리운 고령화의 그늘을 생생하게 느끼게 되었다. 양로원에서 만난 어르신들은 오랜 세월을 살아온 지혜로운 분들이었지만, 동시에 사회로부터 고립되어 있었다. 특히 가족과 떨어져 홀로 생활하는 노인들의 공허한 눈빛은 깊은 인상을 남겼고, 고령화라는 말이 단지 인구 통계의 문제가 아님을 일깨워 주었다.

일본은 세계에서 가장 빠르게 초고령사회에 진입한 국가다. 65세 이상 인구 비율이 이미 30%를 넘어서며, 인구 구조 전체가 고령 중심으로 재편되고 있다. 이에 대응하기 위해 일본은 다양한 정책과 제도를 마련해 왔다. 그중에서도 인상적인 것은 '고령자 재사회화'에 대한 적극적인 접근이다. 일본은 은퇴한 고령자에게 단순한 복지 지원을 넘어, 사회에 계속 기여할 수 있는 기회를 제공하고 있다. 정년을 넘긴 고령자들이 지역 커뮤니티 센터나 학교, 공공기관 등 다양한 분야에서 활발히 활동하는 모습은 이제 일상적인 풍경이 되었다. 이들은 단순히 노인이 아니라 지역사회의 일원으로서 역할을 수행하며, 사회적 기여와 개인의 자존감을 동시에 유지하고 있다. 고령자의 재사회화를 위한 제도적 지원이 얼마나 중요한지를 보여 주는 사례다.

또 다른 주목할 만한 정책은 지역 중심의 통합 돌봄 시스템, 이른바 '지역 포괄 케어 시스템'이다. 의료·요양·주거·생활 지원을 하나의 통합 서비스로 운영하여 고령자가 가능한 한 자신의 집이나 익숙한 지역에서 삶을 지속할 수 있도록 돕는 체계다. 이는 단순한 복지 인프라 구축을 넘어, 공동체 기반 돌봄 문화의 정착을 의미한다. 실제 현장에서는 자원봉사자, 사회복지사, 간병인, 지역 병원이 유기적으로 협력하여 고령자의 삶을 전방위적으로 뒷받침하고 있다.

그러나 일본의 고령화 대책이 모든 면에서 이상적인 것은 아니다. 가족 중심의 돌봄 문화에서 아직 완전히 벗어나지 못했으며, 공공 돌봄 서비스의 보편성과 접근성 또한 부족하다는 평가를 받고 있다. 특히 농촌 지역과 도시 외곽에서는 의료 인프라와 간병 인력이 절대적으로 부족하고, 간병 부담이 여성 가족에게 과도하게 편중되는 문제도 여전하다. 일본 사회 내부에서도 이러한 점에 대한 반성과 제도 개선의 목소리가 높아지고 있으며, 보다 공공성이 강한 복지 체계로의 전환이 요구되고 있다.

이러한 일본의 사례는 한국 사회에 중요한 시사점을 제공한다. 한국은 일본보다 늦게 초고령사회에 진입했지만, 고령화 속도는 더 가파르다. 일본 모델을 답습하는 것을 넘어서, 보다 포괄적이고 보편적인 복지 기반 위에서 초고령사회에 대응하는 것이 필요하다.

무엇보다 고령자를 단순한 복지 수혜자가 아닌 사회적 자산으로 인식하고, 그들의 사회 참여를 유도하는 정책이 시급하다. 고령자의 경험, 지식, 지혜는 사회 전체가 공유할 수 있는 귀중한 자원이다. 이들이 자신의 전문성과 역량을 발휘할 수 있도록 지원하고, 사회적 고립을 줄이며 자존감을 회복할 수 있는 여건을 마련해야 한다. 재능 기부, 고령자 맞춤형 일자리, 세대 통합형 봉사활동 등은 이를 실현할 수 있는 구체적인 방안이 될 수 있다.

또한 의료·요양·주거·문화·돌봄이 유기적으로 연계된 지역 중심의 통합 케어 모델을 조속히 확대해야 한다. 특히 농촌과 지방에서도 형평성 있게 이러한 서비스가 제공되어야 하며, 고령화 대응이 도시 중심으로 편중될 경우 지방 소멸과 지역 불균형 문제가 더욱 심화될 수 있다. 공공과 민간, 가족 간의 역할을 재조정하는 일도 시급하다. 간병과 돌봄의 부담이 특정 개인이나 가족에게 과도하게 집중되지 않도록, 사회 전체가 함께 책임지는 구조가 마련되어야 한다. 이를 위해 돌봄 인력의 처우 개선, 간병 지원 제도의 확충, 공공 돌봄 서비스의 강화가 함께 이루어져야 한다.

무엇보다 중요한 것은 고령화에 대한 사회적 인식의 전환이다. 고령화는 더 이상 복지 지출의 증가나 인구 구조 변화로만 접근할 수 있는 문제가 아니다. 우리는 모두 늙어가는 존재이며, 모두가 존엄하게 나이 들 수 있는 사회를 만드는 일은 단지 정책의 영역이 아닌, 우리 공동체 전체의 철학과 가치의 문제이기도 하다. 고령자도 삶의 주체로서 역할을 지속할 수 있는 사회, 세대가 단절이 아닌 협력을 통해 공존하는 사회를 지향해야 한다. 이러한 변화를 위해서는 정책과 제도의 혁신뿐 아니라 시민의식의 변화와 세대 간 이해, 그리고 따뜻한 공동체 회복을 위한 사회적 합의가 함께 뒷받침되어야 한다.

초고령사회는 더 이상 '다가올 미래'가 아니라, '이미 도래한 현실'이다. 일본의 경험은 우리에게 반면교사이자 참고서다. 고령화는 거스를 수 없는 흐름이지만, 그 방향은 우리가 선택할 수 있다. 이제 한국은 단지 빠른 고령화에 대응하는 것을 넘어, 좋은 고령화를 준비해야 할 시점에 서 있다. 모두가 존엄하게 나이 들어갈 수 있는 사회를 실현하기 위해, 정책과 제도의 혁신은 물론 시민의식 변화까지 아우르는 전방위적 노력이 절실하다. 우리의 선택이, 선진 한국의 품격을 결정할 것이다.

빅데이터의 개념과
기술의 발전 방향에 대하여

정지영 강북로타리클럽 총무

4차 산업혁명 시대의 빅데이터 기술은 산업 분야를 가리지 않고 접목이 시도되고 있으며, 앞으로도 지속적으로 발전해 나갈 것이 분명한 블루오션이다. 그러나 일반 대중에게 '빅데이터'라는 개념은 여전히 다소 난해하게 다가온다. 이름만 들으면 그저 많은 데이터를 의미하는 것으로 오해되기 쉽기 때문이다.

도서『이것이 인공지능이다』에서는 빅데이터를 다음과 같이 정의한다. "기존의 데이터베이스 관리 도구로는 수집, 저장, 관리, 분석할 수 없는 규모의 방대한 정형 및 비정형 데이터 세트, 그리고 이로부터 가치를 추출하고 결과를 분석하는 기술."

빅데이터는 일반적으로 데이터의 양Volume, 생성 속도Velocity, 다양성Variety을 핵심 요소로 하는 '3V' 특성을 지닌다. 과거에는 메모리 용량의 한계 등으로 인해 이러한 데이터를 효과적으로 처리하는 데 제약이 있었지만, 기술의 발전으로 이러한 한계가 극복되면서 빅데이터는 본격적으로 활용되기 시작했다. 향후 이 개념은 더욱 진화해 갈 것으로 보인다. 그렇다면 빅데이터의 핵심 기술은 무엇이며, 향후 어떤 방향으로 변화하고 발전할 것인지에 대해 생각해 볼 필요가 있다.

빅데이터를 설명할 때 AI를 빼놓기는 어렵다. AI가 급속도로 발전할 수 있었던 배경에는 AI를 학습시킬 수 있는 빅데이터의 형성이 있었기 때문이다. 반대로, AI는 방대한 데이터를 기반으로 인간에게 새로운 통찰을 제공하며, 빅데이터의 중요성과 분석 기술의 고도화를 촉진했다.

특히 머신러닝과 딥러닝은 빅데이터 분석에서 핵심적인 역할을 하고 있다. 예를 들어, 알파고가 바둑에서 인간을 능가한 것처럼, 승패의 기준이 비교적 명확한 스포츠 분야에서는 이미 AI가 평균적인 인간을 뛰어넘는 성과를 보이고 있다. 2025년 3월 4일 자『매거진 한경』에 소개된 기업 '갤로핑'의 사례에 따르면, 과거 선수의 훈련과 전략 판단은 전문가인 코치진의 몫이었지만, 이제는 AI가 팀 전술을 설계하거나 선수의 성장 가능성을 예측하기까지 한다.

그러나 머신러닝과 딥러닝이 모든 분야에서 효과적인 것은 아니다. 이들의 등장으로 기존의 통계 방식이 완전히 대체되지 않는 데는 분명한 이유가 있다. 여전히 각종 설문조사에서는 전수조사 방식이 아닌 표본 조사를 바탕으로 오차 범위 내에서 결과를 발표한다. 시간, 비용, 데이터의 특성, 분석자의 숙련도 등을 고려하여 적절한 분석 기술을 선택해야 한다.

『이것이 인공지능이다』에서는 통계적 방법과 딥러닝, 머신러닝을 다음과 같이 비교한다. 비용 측면에서는 딥러닝, 머신러닝, 통계적 방법 순으로 비용이 많이 든다. 반면, 기초 정보가 부족한 환경에서는 통계적 방법, 머신러닝, 딥러닝 순으로 효율적이다. 이러한 고려 없이 무작정 AI를 도입할 경우, 많은 시간과 비용을 낭비하고 결국 빅데이터와 AI에 대한 부정적인 인식만 심어 줄 수 있다.

AI 외에도 빅데이터 기술에서 중요한 기반은 분산화와 병렬화다. 분산화는 데이터를 중앙 서버에 집중시키지 않고, 여러 컴퓨터에 나누어 저장하는 방식이다. 대표적인 예가 클라우드다. 병렬화는 하나의 CPU가 모든 일을 처리하는 것이 아니라, 여러 개의 CPU가 작업을 분담하여 동시에 처리하는 구조를 말한다. 조성준의 『세상을 읽는 새로운 언어, 빅데이터』에서는 이를 "CPU가 일을 나누어 처리하는 방식"으로 설명하며 데이터 처리 효율성을 강조한다.

분산 처리 기술의 대표 사례로는 오픈소스 기반의 Apache Hadoop이 있다. Hadoop은 데이터를 여러 노드에 분산 저장하여 대규모 데이터를 보다 저렴하게 처리할 수 있도록 해준다. 또한 Apache Spark는 데이터를 병렬화하여 분석하는 데 특화된 프레임워크로, 속도와 유연성 측면에서 Hadoop과 차별화된다. 두 기술은 각각의 특성에 따라 적절히 활용되며, 많은 데이터 분석가들이 실제 환경에서 널리 사용하고 있다.

이러한 핵심 기술의 발전으로 빅데이터는 점점 더 우리 삶에 밀접하게 다가오고 있다. 이미 개인정보는 디지털화되어 소셜 네트워크, 유통업체, 금융기관은 물론, 공공기관까지 다양한 분야에서 활용되고 있다. 이 데이터를 바탕으로 맞춤형 정책, 정교한 마케팅, 개인화된 서비스가 구현되고 있으며, 이러한 경향은 쉽게 줄어들지 않을 것이다. AI와 빅데이터는 서로의 발전을 가속화하며, 머지않아 스마트폰처럼 우리 삶의 필수 기술로 자리 잡게 될 것이다.

그러나 이러한 기술 발전이 마냥 긍정적이지만은 않다. 많은 이들이 자신의 데이터가 어디까지 제공되고 있는지, 그 데이터가 본인의 의지와 무관하게 사용되고 있지는 않은지에 대해 불안해한다. 실제로 개인정보 유출 사건이 발생할 때마다, 유출된 정보가 이름이나 이메일 주소 등 일부 정보에 불과하더라도 대중의 반응은 냉담하다. 이는 빅데이터를 다루는 기업과 기관에 높은 수준의 신뢰와 책임을 요구하는 사회적 정서를 반영한다.

생명공학 기술이 윤리적 문제로 인해 연구 자체가 금기시되는 경우가 있듯, 빅데이터와 AI 기술도 윤리적 기준과 투명성이 결여된다면, 발전의 걸림돌이 될 수 있다. 따라서 기술 개발과 함께, 윤리적 가

이드라인과 부작용에 대한 사회적 제도 마련이 반드시 병행되어야 한다.

요컨대, 빅데이터는 단순한 기술의 문제가 아니다. 이는 경제, 사회, 문화, 윤리를 아우르는 총체적 구조의 문제이며, 미래 사회의 신뢰를 구축하는 기반이기도 하다. 진정한 진보란 더 빠르고 더 정밀한 기술이 아니라, 더 책임감 있고 더 신뢰할 수 있는 기술이다. 빅데이터는 바로 그 지점에서 우리 삶의 진화를 이끌어야 한다. 속도보다 방향이, 효율보다 윤리가 더 중요해지는 시대다.

4부

회고

선진화의
길

남덕우 제14대 국무총리, 초대 한국선진화포럼 이사장

[한국선진화포럼 제1차 국가정책 토론회, 2005.10.18.]

이제 우리는 개화 운동, 근대화 운동의 역사적 발전 방향의 선상에서 21세기를 살아갈 수 있는 선진화 운동을 전개하려고 한다. 실은 100년 전 개화기의 문제의식과 오늘의 문제의식이 주제에 관한 한 크게 다르지 않다.

예컨대 한국은 지금 미국, 일본, 중국, 러시아의 4강의 틈바구니에서 정치·경제적으로 어떻게 대처해야 할지 고민하고 있는데, 이것은 한말 개화파의 고민과 같은 것이다.

개화파들은 두 가지 진로를 제시했다. 하나는 자강自强이고, 다른 하나는 식산흥업殖産興業이었다. 전자는 교육을 개혁하여 국민 대중으로 하여금 근대적인 국민 의식을 지니도록 계몽하자는 것이고, 후자는 산업을 육성하여 경제력을 키우자는 것이었다.

오늘날 우리의 문제의식도 이와 다를 바 없다. 그러나 개화기의 문제의식과 오늘날의 문제의식 주제가 같다 하더라도 지금 선진화의 내용과 방법은 옛날과 다를 수밖에 없다.

주지하는 바와 같이 20세기 후반기 이후의 세계사의 조류는 △ 시장경제의 확대, △ 정보혁명, △ 민주화, △ 세계화, △ 자연환경에 대한 각성으로 요약할 수 있다. 우리나라는 이러한 조류를 타고 경제 발전과 정치적 민주화에 성공한 예에 속하나 선진국으로 진입하는 문턱에서 그를 가로막는 내외의 도전에 직면하고 있다.

첫째로 정치면에서는 후진적 정치문화로 대의정치의 운영이 난항을 겪고 있고, 국회가 민주사회의 다원화를 통합하는 본래의 기능을 다하는 데에 어려움을 겪고 있다.

둘째로 사회 면에서는 이념의 갈등, 집단적 이기주의, 계층 및 지역 간 격차와 대립, 노사 분규, 법치주의 이완, 국민교육 정책의 방황 등이 우리를 암울케 하고 있다.

셋째로 경제면에서는 중국 경제의 도약으로 우리의 전통적 산업이 경쟁력을 잃어가고 있는데, 이에 대처하기 위해 기업들이 자신의 기술을 개발하고 신제품의 시장을 개척하는 일이 쉽지 않다.

수출이 성장의 버팀목이 되고 있지만 소수 품목에 집중되어 있고 소재와 부품의 수입 의존도가 높아서 고용 흡수력이 미약하여 청년 실업이 늘고 있다. 농업 개방이 불가피한데 농업의 기업화, 과학화 요구에 적응하지 못한 농민들은 실의에 빠져 있다.

이러한 문제점들을 모르는 지식인은 없다. 그러나 문제 해결 방법은 결코 단순치 않다. 민주화된 오늘의 사회에 있어서는 모든 문제마다 이해관계와 견해가 대립하기 때문에 사회적 합의를 도출하기가 쉽지 않다.

앞에서 '합리적 결론'이라 하였는데, 그 궁극의 기준은 자유민주와 시장경제의 원리일 수밖에 없다. 자유를 제도화한 것이 민주적 대의 정치와 시장 경제체제인데 그것은 바로 우리의 국가 이념이자 지구촌의 보편적 가치이기 때문이다.

[한국신진화포럼 22차 국가정책 토론회, 2007.07.11.]

경제 운용에는 네 가지 원칙이 있다. 첫째는 자율과 경쟁의 원칙, 둘째는 공정 경쟁의 원칙, 셋째는 균형과 형평의 원칙, 넷째는 시장 보완의 원칙이다. 이러한 원칙을 정책으로 구체화하는 것이 선진화를 염원하는 식자들의 할 일이다.

선진화의 과제는 산적해 있지만 다행히 많은 단체가 같은 목적으로 활동하고 있고 또 과거의 경험이 길잡이가 될 수 있다. 우리가 활동할 수 있는 환경은 우리의 선인들이 직면한 것처럼 혹독한 상태는 아니다.

그러나 우리의 앞길에 장애물이 없다고 할 수는 없다. 우리는 온갖 어려움을 무릅쓰고 이 나라의 선진화를 촉진하는 데 최선을 다해야 한다.

특히, 우리는 허구적 관념을 배격하고 실사구시의 가치관으로 나라의 앞날을 개척해야 한다는 개화기 선각자들의 교훈을 되새겨야 한다고 생각한다.

*이 글은 2007년 삼성경제연구소에서 출간한 남덕우『한국, 과거를 딛고 미래를 보자』중에서 발췌

남덕우 박사와의
반세기

이승윤 전 부총리 겸 경제기획원 장관, 제2대 한국선진화포럼 이사장

[한국선진화포럼 22차 국가정책 토론회, 2007.07.11.]

한국선진화포럼은 차세대 지도자를 양성하고 세계와의 협력 네트워크를 구축하여 선진화 이념을 확산시키고자 하는 원로 모임이다. 한국을 선진적 의식구조를 갖춘 나라로 만들자는 취지에서 정치, 경제, 사회, 문화 문제에 대한 구체적이고 실용적인 정책을 개발하고, 확산시키고자 2005년 설립되었다.

남덕우 이사장을 비롯해 이사로 구평회, 김재철 회장 등 재계 인사와 이종찬, 이용만, 고병우, 이동호, 이봉서, 진념, 박병윤, 이한구 씨등 정관계 출신이 있다. 또한, 학계 출신인 유장희, 이승훈 씨가 정책을, 김윤형 씨가 총괄을 맡고 있다.

나는 선진화포럼에서도 남덕우 박사와 함께하고 있지만 남 박사와 공적, 사적으로 50년이라는 긴 세월을 교류해 왔다. 이런 인연도 없을까 싶다.

2011년 5월 24일 남덕우 박사는 미수를 맞았다. 반세기를 교류하며 맞은 남 박사의 미수는 내게 감회가 깊었다. 나는 남 박사의 미수 준비위원장을 맡기도 했는데, 이때 했던 축사를 소개한다.

"어느덧 남덕우 박사님의 미수를 맞이하였습니다. 반세기의 긴 세월을 교류해 온 저로서는 감회가 깊습니다…. 남 박사님의 미수를 맞아 지난 반세기의 여러 가지 일들이 주마등처럼 스쳐 지나갑니다. 지난 반세기, 한국은 격동의 역사였고 고난과 영광의 시대였습니다. 저는 감히 지난 반세기 동안 이루어진 한국의 경제적 근대화의 중심에 남덕우가 있었다고 말씀드리고 싶습니다. 오늘날 우리가 누리는 번영과 풍요의 바탕에 남덕우가 자리하고 있다는 것을 누군들 부정하겠습니까!

저는 오늘 남덕우 박사님과의 첫 만남을 떠올립니다. 1961년 연세대 강사 시절이었습니다. 참 세월이 빠릅니다. 어느새 50년이라는 세월이 흘렀습니다. 그때는 남 박사님이 30대 후반이었고, 저는 30대 초반이었습니다. 그런데 벌써 88세, 미수라니요. 바로 엊그제 같은데 말입니다. 정말 세월은 쏜 살과 같다는 말을 실감하게 됩니다.

1964년 서강대 경제학부를 한국 제일의 경제학부로 만들자며 남 박사님과 저는 의기투합했고, 그것은 전근대적 한국 경제에 서구 경제이론을 접목하는 시발점이기도 했습니다.

남덕우 박사가 국가의 부름을 받고 한국 경제의 성장과 발전 정책을 이끌던 1969년부터 1982년은 근대화 시기와 일치합니다. 이것은 한국 경제의 성장과 발전의 이면에는 남덕우라는 탁월한 경제적 지도자가 있었다는 것을 방증하는 것이라고 생각합니다, 역대 최장수 재무장관과 경제부총리로 기록을 갖고 계신 것은 그 일단일 것입니다.

그러나 저는 한국 경제에 큰 업적을 남긴 남덕우보다, 자연인 남덕우를 더 좋아합니다. 남덕우 박사님은 외유내강하고 온화하신 인품을 가진 후덕한 신사입니다. 저는 50년이라는 긴 세월 동안 공사석에서 누구보다 가까이 남 박사님을 봤지만, 한 번도 화내는 걸 보지 못했습니다.

또 당신의 주장을 관철하기 위해 큰 목소리를 내거나 비방하는 것을 한 번도 보지 못했습니다. 그러면서도 은근히 당신의 주장을 관철하는 리더십을 갖고 계십니다.

남 박사님은 자기관리도 철저하신 분입니다. 운동도 남보다 많이 하고, 무엇이든 하시겠다고 마음먹으면 남모르게 열심히 노력하시는 분이기 때문입니다. 수준급인 사진 촬영이라든지, 골프, 그리고 서예 등 취미활동도 열심히 하시고 지금도 젊은이들 못지않게 인터넷과 트위터를 즐기십니다.

남 박사님의 이런 자기관리는 아무래도 가정이 그 원천이 아닐까 라고 생각합니다. 남덕우 박사님은 최혜숙 여사님과 사이에 2남 1녀의 단정한 자녀를 두시었고, 8명의 손자 손녀를 거느리고 계십니다. 가정적으로도 다복하고 행복한 분이라고 생각합니다. 남 박사님은 요즘 골프가 수준급인 부인 최혜숙 여사와 건강하고 단란한 노년의 삶을 누리고 계십니다. 그런 한편으로 남 박사님은 지금도 나라 걱정을 많이 하십니다.

선진화포럼을 창립하여 국가의 선진화에 노심초사하고 계신 것도 그 일단인 것입니다. 그렇습니다. 남 박사님은 앞으로도 할 일이 많습니다. 후배들과 더 공유해야 할 경험이 너무 많기 때문입니다,

남 박사님! 백수 때도 이 자리에 계신 분들과 함께하실 수 있겠지

요! 건강히 오래도록 우리 곁에 계서주십시오!"

　* 이 글은 2011년 투데이미디어가 출간한 고 이승윤 회고록『전환의 시대를 넘어』
중에서 발췌

[지암 선진화 아카데미 제15기 수료식, 2015.06.25.]

1차 한국 경제 선진화의 조건과 과제(2005.10.18.)

좌장: 남덕우(한국선진화포럼 이사장), 특강: 정창영(연세대학교 총장), 진행 유장희 (정책위원장), 주제 1: 한국 경제의 현주소, 발표: 김광두(서강대학교 교수), 토론: 김 중수(경희대학교 교수), 노성태(한국경제연구원 원장), 김정수(중앙일보 경제연구소 소장), 차은영(이화여자대학교 교수), 주제 2: 선진화에 대한 국민 의식, 발표: 유항근 (중앙대학교 교수), 배남영(한국갤럽), 주제 3: 선진화의 기본 과제, 좌장: 김영래(아 주대학교 교수), 토론: 함인희(이화여자대학교 교수), 유창선(시사평론가), 이형승(CJ 경영연구소 소장), 박태호(서울대학교 교수), 김인규(한림대학교 교수)

2차 2006년 경제 정책 운용_10대 긴급 제안(2005.11.25.)

좌장: 남덕우(한국선진화포럼 이사장), 발표: 박원암(홍익대학교 교수), 토론: 김석동 (재정경제부 차관보), 김중수(경희대학교 교수), 이종은(세종대학교 교수), 이형승(CJ 경영연구소 소장)

3차 국민 경제 의식과 경제교육(2005.12.22.)

사회: 최종찬(고려대학교 초빙교수), 발표: 권남훈(건국대학교 교수), 토론: 조남현 (교육공동체 사무처장), 육동한(재정경제부 정책기획관), 김정호(한국교육과정평가 원 기획처장), 송상훈(중앙일보 차장), 김춘현(인천연수고등학교 교사)

4차 한국 경제 비전과 2006년 경제운용 방향(2006.1.13.)

사회: 박태호(서울대학교 교수), 특별강연: 한덕수(경제부총리)

5차 북한의 경제개혁과 남북한 협력(2006.2.23.)

사회: 백영옥(명지대학교 교수), 발표: 최준성(국가안보통일정책연구소 연구위원), 토론: 모종린(연세대학교 교수), 문흥호(한양대학교 교수), 백학순(세종연구소 남북한관계연구실장), 조동호(KDI 기획조정실장)

6차 한국 사회, 어디로 가야 하나(2006.3.29.)

사회: 함인회(이화여자대학교 교수), 이승훈(서울대학교 교수), 교과서포럼 발제: 박효종(서울대학교 교수), 전상인(서울대학교 교수), 토론: 김종석(홍익대학교 교수), 김일영(성균관대학교 교수), 좋은정책포럼 발제: 김형기(경북대학교 교수), 임혁백(고려대학교 교수), 토론: 임경순(포항공과대학교 교수), 이태수(현도사회복지대학교 교수)

7차 한미 FTA 모험인가 기회인가?(2006.04.27.)

사회: 박태호(한국선진화포럼 국제협력 분과위원장), 발표: 김종훈(외교통상부 한미FTA협상 수석대표), 토론: 안세영(서강대학교 국제대학원 원장), 최병일(이화여자대학교 국제대학원 교수), 이태호(서울대학교 교수)

8차 한국산업의 블루오션 전략 시리즈

사회: 이상호(한국선진화포럼 산업기술 분과위원장), 발제: 서병문(한국문화콘텐츠진흥원 원장), 토론: 고정민(삼성경제연구소 선임연구위원), 김휴종(추계예술대학교 문화예술경영대학원 원장)

9차 成年의 한국노사관계 - 이젠 변해야 한다(2006.6.22.)

사회: 이종훈(한국선진화포럼 회원), 발제: 김대환(전 노동부장관), 토론: 이수영(한국경영자총협회 회장), 이용득(한국노동조합총연맹 위원장), 김수곤(경희대학교 명예교수)

10차 부동산 정책, 무엇이 문제인가(2006.07.27.)

사회: 김경환(한국선진화포럼 부동산SOC 분과위원장), 발제: 손재영(건국대학교 교수), 토론: 임주영(서울시립대학교 교수), 장영희(서울시정개발연구원 선임연구위원), 정규재(한국경제신문 논설위원)

11차 동북아 정세 변화와 한미동맹(2006.09.21.)

사회: 모종린(한국선진화포럼 국제정치 분과위원장), 강연: 한승주(고려대학교 명예교수)

12차 우리 교육 어디로 가야 하나: 진단과 대안(2006.10.26.)

사회: 이승훈(한국선진화포럼 교육특별위원장), 발제: 조전혁(인천대학교 교수), 토론: 김용일(한국해양대학교 교수), 김진성(서울시의회 교육분과위원), 이형승(CJ경영연구소 소장)

13차 한국 투자 부진 원인과 대책(2006.11.23.)

사회: 박원암(재정·금융 및 거시분과위원장), 발제: Jeffrey D. Jones(미래의 동반자재단 이사장), 토론: 이승철(전국경제인연합회 상무), 추동화((주)Jupiter Express 사장), 최병일(이화여자대학교 교수)

14차 한미 관계의 오늘과 내일(2006.12.21.)

사회: 모종린(한국선진화포럼 국제정치 분과위원장), 발제: 조전혁(인천대학교 교수), 토론: 김용일(한국해양대학교 교수), 김진성(서울시의회 교육분과위원), 이형승(CJ경영연구소 소장)

15차 국가경쟁력 강화, 지금부터 시작이다(2007.2.27.)

사회: 박원암(재정·금융 및 거시분과위원장), 발제: 조동성(서울대학교 교수), 토론:

양병무(한국인간개발연구원 원장), 우천식(KDI 산업·기업 경제연구부 연구위원·경제부총리 자문관), 정진호(경쟁력평가원 원장), 하동만(전국경제인연합회 전무)

16차 인기영합적 경제정책을 넘어서: 선거공약 철저히 검증하자(2007.3.27.)

사회: 김경환(한국선진화포럼 부동산SOC 분과위원장), 발제: 이승훈(한국선진화포럼 교육특별위원장), 부문별 사례연구 참여자 : 김경환(서강대학교 교수), 김종석(홍익대학교 교수), 이종훈(명지대학교 교수), 조전혁(인천대학교 교수), 토론 : 강봉균(국회의원), 이명희(한국매니페스토 공동대표), 허승호(동아일보 논설위원)

17차 폭증하는 서비스수지 적자, 활로는 있다: 관광, 의료, 교육을 중심으로 (2007.4.26.)

사회: 박태호(한국선진화포럼 국제협력 분과위원장), 발제: 현오석(한국무역협회 국제무역연구원 원장), 토론: 권태균(재정경제부 경제자유구역기획단장), 김상태(한국문화관광연구원 관광정책연구실장), 정영호(한국보건사회연구원 팀장), 이영(한양대학교 교수)

18차 21세기 선진한국, 여성이 연다(2007.5.27.)

사회: 백영옥(한국선진화포럼 분과위원장), 발제: 김영옥(한국여성개발원 인적자원연구실장), 토론: 박광서(Towers Perrin 사장), 신동엽(연세대학교 경영학과 교수), 홍은주(MBC 논설주간)

19차 한미 FTA와 동북아 지역 안보(2007.6.21.)

사회: 박인휘(이화여자대학교 국제대학원 교수), 발제: 모종린(한국선진화포럼 국제정치분과위원장), 박태호(서울대 국제대학원 원장), 송문홍(동아일보 차장), 이상현(세종연구소 안보연구실장), 이혜민(외교통상부 한미FTA 기획단장)

20차 선진한국, 이렇게 만들자(2007.7.16.)

사회: 모종린(한국선진화포럼 국제정치 분과위원장), 발제: 이승훈(한국선진화포럼 교육특별위원장), 집필진: 모종린(연세대학교 교수), 이형승(CJ 경영연구소 소장), 조전혁(인천대학교 교수), 토론: 나성린(한양대학교 교수), 이각범(IT전략연구원 원장), 이재홍(UBS증권 한국대표), 총평: 이어령(중앙일보 고문)

21차 격변하는 중국경제 : 기회와 도전 -젊은이들의 체험수기(2007.9.20.)

사회: 김용삼(월간조선 전략기획실장), 발제: 천영준(연세대학교 교육학과), 강평: 백영옥(명지대학교 교수), 이화승(서울디지털대학교 교수), 조전혁(인천대학교 교수)

22차 선진화를 위한 국가발전 모델의 모색(2007.10.25.)

사회: 유장희(한국선진화포럼 정책위원장), 발제: 전상인(서울대학교 환경대학원 교수), 토론: 김일영(성균관대학교 교수), 김형기(경북대학교 교수)

23차 선진화를 위한 문화의 힘(2008.2.21.)

사회: 김윤형(한국선진화포럼 상임이사), 강연: 이어령(중앙일보 고문, 전 문화부 장관)

24차 노사문화의 선진화(2008.3.21.)

사회: 김수곤(노동교육원 명예교수), 발제: 김대환(인하대학교 교수), 토론: 勞측 백헌기(한노총 사무총장), 이용식(민노총 사무총장), 使측 김영배(한국경영자총협회 상임부회장), 학계 김동원(고려대학교 교수), 남성일(서강대학교 교수)

25차 선진 국민 되는 길, 결코 멀지 않다(2008.4.24.)

사회: 이승훈(한국선진화포럼 이사), 발제: 이 찬(에일회계법인 고문), 토론: 강인재(숭실대학교 교수), 최성자(문화재청 전문위원), 홍찬식(동아일보 논설위원)

26차 중소기업 경영환경의 선진화(2008.5.22.)

사회: 이봉서(한국선진화포럼 운영위원장), 발제: 유관희(고려대학교 교수), 토론: 홍석우(중소기업청장), 장지종(중소기업중앙회 상근부회장), 한정화(한양대학교 교수), 조병선(기업은행 경제연구소장), 김귀식((주)선엔지니어링 부사장)

27차 선진국 도약을 위한 우리의 미래전략(2008.6.23.)

사회: 김윤형(한국선진화포럼 상임이사), 강연: 안병만(대통령직속 미래기획위원장)

28차 인터넷 선진화를 위하여: 문제점과 해결 방안(2008.7.24.)

사회: 장원재(숭실대학교 교수), 발제: 변희재(실크로드CEO포럼 회장, 한국인터넷미디어협회 정책위원장), 토론: 이준영(트레이스존컨설팅 대표이사), 이준희(한국인터넷기자협회 회장), 이지호(법률사무소 정률 변호사), 정동훈(광운대학교 교수)

29차 경제살리기·일자리 창출, 어떻게 실천할 것인가?(2008.9.24.)

사회: 김윤형(한국선진화포럼 상임이사), 강연: 강만수(기획재정부 장관)

30차 만성적 관광수지적자, 어떻게 개선할 것인가? -선진관광한국, 이렇게 만들자(2008.10.23.)

사회: 이연택(한양대학교 교수), 관광레저도시개발, 성공전략은 무엇인가?
발표: 우승헌(현대도시개발(주) 개발사업본부장), 제주도 국제 관광도시와 블루오션전략, 무엇이 문제인가? 발표: 유덕상 (제주특별자치도 환경부지사), 관광개발 민간투자, 어떻게 촉진할 것인가? 발표: 최현택 (한솔개발 상무), 도시관광 르네상스, 어떻게 할 것인가? 발표: 김태경(동남발전연구원 원장)

31차 세계적 금융위기와 자유시장경제(2008.11.20.)

사회: 유장희(한국선진화포럼 정책위원장), 주제: 김병주(서강대학교 명예교수), 토

론: 박상용(연세대학교 교수), 안국신(중앙대학교 교수), 최윤열(서강대학교 교수)

32차 오바마 차기 미국 대통령 시대의 한미관계(2008.12.9.)

사회: 유장희(한국선진화포럼 정책위원장), 발표 : <외교·안보> 김석우(21세기 국가발전연구원 원장), 남성욱(국가안보전략연구소장), <경제·통상> 채욱(대외경제정책연구원 원장), 최병일(이화여자대학교 국제대학원장), <종합토론> 공로명(글로벌아시아 발행인), 김용규(한국외교협회 부회장), 박수길(유엔 한국협회 명예회장), 정종욱(서울대학교 국제대학원 초빙교수)

33차 위기 시대의 오바마와 '말'의 힘(言力)(2009.2.19.)

사회: 김윤형(한국선진화포럼 상임이사), 강연: 이어령(전 문화부 장관)

34차 실종된 의회정치, 해법은 없는가?(2009.3.26.)

사회: 이승훈(한국선진화포럼 이사), 발제: 김호기(연세대학교 사회학과 교수), 박효종(서울대학교 윤리교육과 교수), 토론: 공성진(국회의원), 김진(중앙일보 논설위원), 송영길(국회의원), 최명길(MBC 정치부장)

35차 경제불황, 언제쯤 어떻게 풀릴 것인가?(2009.4.30.)

사회: 유장희(한국선진화포럼 정책위원장), 발표: 채욱(대외경제정책연구원 원장), 현오석(KDI 원장), 토론: 김윤형(한국선진화포럼 상임이사), 김정수(중앙일보 경제전문 기자), 이승훈(한국선진화포럼 이사)

36차 취약한 외환관리 시스템 어떻게 할 것인가?(2009.5.28.)

사회: 유장희(한국선진화포럼 정책위원장), 발표: 김태준(한국금융연구원 원장), 토론: 김동원(금융감독원 부원장보), 김수룡(도이치은행그룹 한국회장 겸 한국대표) 신제윤(기획재정부 국제업무관리관), 허창수(서울시립대학교 교수)

37차 미래 산업전략-녹색성장 산업의 비전(2009.7.3.)

사회: 최종찬(한국선진화포럼 이사), 강연: 이윤호(지식경제부 장관)

38차 세계 경제 판도의 변화와 우리의 대응(2009.7.14.)

사회: 유장희(한국선진화포럼 정책위원장), 특별강연: 남덕우(한국선진화포럼 이사장), 분야별 토론: 동북아 천연가스 파이프라인 구축: 김진우(에너지경제연구원 에너지정보통계센터소장), 동북아 철도망 구상: 황기연(한국교통연구원 원장), 러시아 연해주·시베리아 진출: 기연수(한국외국어대학교 명예교수), 동북아 안보 협의체의 창설: 정종욱(서울대학교 국제대학원 초빙교수)

39차 최근 경기 동향 및 향후 경제 정책 방향(2009.9.21.)

사회: 최종찬(한국선진화포럼 이사), 강연: 윤증현(기획재정부 장관)

40차 행정복합도시(세종시), 어떻게 할 것인가?(2009.10.22.)

사회: 이승훈(한국선진화포럼 이사), 발표: 류동길(숭실대학교 명예교수), 토론: 세종시 찬성: 김형기(경북대학교 교수), 육동일(충남대학교 교수), 조명래(단국대학교 교수), 세종시 반대: 김영봉(중앙대학교 명예교수), 남영우(고려대학교 교수), 신도철(숙명여자대학교 교수)

41차 복수노조·전임자 문제, 어떻게 풀어야 하는가?(2009.11.4.)

사회: 임종률(성균관대학교 명예교수), 토론: 노동계: 정문주(한국노총 정책국장), 김태현(민주노총 정책실장), 정연수(서울메트로 노조위원장), 경영계: 이동응(한국경총 전무이사), 박종남(대한상의 조사2본부장), 백양현(중소기업중앙회 인력지원본부장), 전문가: 이강성(삼육대학교 교수), 이승욱(이화여자대학교 교수), 이철수(서울대학교 교수)

42차 젊은이들의 생명 의식(2010.2.23.)

사회: 최종찬(한국선진화포럼 이사), 강연: 이어령(중앙일보 고문, 전 문화부 장관)

43차 국민 의식의 선진화(2010.3.25.)

사회: 김세원(한국선진화포럼 자문위원), 발표 1: 강규형(한국선진화포럼 기획위원), 발표 2: 김종석(한국선진화포럼 이사), 발표 3: 김인섭(법무법인 태평양 명예대표)

44차 신뢰와 사회적 자본의 구축(2010.4.22.)

사회: 김용학(한국선진화포럼 기획위원), 발표 1: 이병기(한국경제연구원 선임연구위원), 발표 2: 장덕진(서울대학교 교수), 발표 3: 박통희(이화여자대학교 교수)

45차 정치 및 공공부문의 선진화(2010.5.20.)

사회: 김종석(한국선진화포럼 이사), 발표 1: 김형준(명지대학교 교수) 발표 2: 임승빈(명지대학교 교수), 발표 3: 이창원(한성대학교 교수)

46차 성장잠재력 및 국가경쟁력 제고(2010.6.22.)

사회: 현정택(인하대학교 교수), 발표 1: 차문종(한국개발연구원 선임연구위원), 발표 2: 윤창현(서울시립대학교 교수), 발표 3: 강석훈(성신여자대학교 교수)

47차 서비스산업 선진화와 일자리 창출(2010.7.21.)

사회: 김종석(한국선진화포럼 이사), 발표 1: 이기효(인제대학교 보건대학원 원장) 발표 2: 김학소(한국해양수산개발원 기획조정본부장), 토론: 정기택(경희대학교 교수), 김율성(부산발전연구원 동아시아물류연구센터장)

48차 노사관계의 안전과 사회갈등 해소(2010.9.28.)

사회: 안세영(한국선진화포럼 기획위원), 발표 1: 박효종(한국선진화포럼 자문위원),

발표 2: 박길성(고려대학교 교수), 발표 3: 조준모(성균관대학교 교수)

49차 대한민국 국가 위상과 국가 브랜드 제고(2010.10.12.)

사회: 이승훈(한국선진화포럼 이사), 발표 1: 이동훈(삼성경제연구소 수석연구원), 발표 2: 모종린(연세대학교 교수), 발표 3 : Robert J. Fouser(서울대학교 교수)

50차 복지제도의 선진화(2010.11.23.)

사회: 최광(한국외국어대학교 경제학부 교수), 발표 1: 안상훈(서울대학교 교수) 발표 2: 안종범(성균관대학교 교수), 발표 3: 김찬우(가톨릭대학교 교수)

51차 국가재정건전성의 유지 (2010.12.21.)

사회: 김종석(한국선진화포럼 이사), 발표: '국가 재정 건전성의 유지'를 위한 실행 과제 1. 재정 건전성, 앞으로가 더 문제, 발표: 백웅기(상명대학교 부총장), 2. 급증하는 국가부채, 미리 막아야 발표: 옥동석(인천대학교 교수), 3. 재정 건전성과 사회통합, 두 마리 토끼를 잡는 조세정책, 발표: 이영(한양대학교 교수)

52차 오늘의 갈등은 내일의 창조력이다(2011.02.22.)

사회: 김윤형(한국선진화포럼 상임이사), 강연: 이어령(중앙일보 고문)

53차 부진한 한국의 외국인 기업 직접투자, 무엇이 문제인가?(2011.03.22.)

사회: 모종린(연세대학교 교수), 발표: 안충영(중앙대학교 석좌교수), 토론: 장 마리 위르띠제(주한유럽연합상공회의소 회장), 이종철(인천경제자유구역청장), 장윤종(산업연구원 선임연구위원)

54차 일본의 대지진, 우리는 어떻게 대처할 것인가?(2011.04.26.)

사회: 안세영(한국선진화포럼 기획위원), 발표: 이지평(LG경제연구원 수석위원), 토

론: 마키노 요시히로(아사히 신문사 서울지국 특파원), 김호섭(중앙대학교 교수)

55차 동반성장과 새로운 기업문화(2011.05.17.)

사회: 김윤형(한국선진화포럼 상임이사), 강연: 정운찬(동반성장위원장, 전 국무총리)

56차 원자력의 미래와 그린에너지(2011.06.21.)

사회: 강규형(한국선진화포럼 기획위원), 발표: 김명자(전 환경부 장관, 그린코리아 21포럼 이사장), 황일순(서울대학교 교수)

57차 LCC(저비용 항공사)시대와 항공 자유화(2011.07.21.)

사회: 이종찬(한국선진화포럼 이사, 전 국정원장), 발표: 엄태훈(세계항공학회 회장), 토론: 김연명(한국교통연구원 항공정책기술연구본부 본부장), 김윤형(한국선진화포럼 상임이사), 김한영(국토해양부 항공정책실장), 함대영(제주항공 경영 고문)

58차 차기 대통령의 역사적 소명(2011.09.27.)

사회: 안세영(한국선진화포럼 기획위원), 발표: 송호근(서울대학교 교수) 토론: 박성희(이화여자대학교 교수), 이종찬(전 국정원장), 최종찬(전 건설교통부 장관), 함성득(고려대학교 교수)

59차 복지사회로의 길, 어떻게 갈 것인가?(2011.10.18.)

좌장: 남덕우(한국선진화포럼 이사장), 발표: 현진권(아주대학교 교수)

60차 SNS가 우리 사회에 미치는 영향(2011.11.29.)

사회: 이창원(한국선진화포럼 기획위원), 발표: 조화순(연세대학교 교수), 주창범(동국대학교 교수) 토론: 유성이(경희대학교 교수), 박상남(한신대학교 교수)

61차 2040문제 어떻게 볼 것인가?-진단과 해법(2011.12.20.)

사회: 강석훈(한국선진화포럼 기획위원), 발표: 전상진(서강대학교 교수), 박성희(이화여자대학교 교수) 토론: 한준(연세대학교 교수), 남재량(한국노동연구원 박사)

62차 중국과의 FTA : 위기인가 기회인가?(2012.02.23.)

사회: 정인교(인하대학교 교수), 발표: 안세영(서강대학교 교수) 토론: 최낙균(KIEP 대외경제정책연구원 선임연구위원), 김기수(세종연구소 국제정치경제연구실장), 이태호(서울대학교 교수)

63차 한국 정치 패러다임의 변화: 분석과 진단(2012.03.15.)

사회: 김영호(성신여자대학교 교수), 발표: 김용직(성신여자대학교 교수), 토론: 강원택(서울대학교 교수), 정진영(경희대학교 교수), 고성국(정치평론가)

64차 대한민국의 진정한 보수란 무엇인가(2012.04.30.)

사회: 이병혜(명지대학교 교수), 발표: 박성현(정치평론가), 토론: 강규형(명지대학교 교수), 김기원(방송통신대학교 교수), 김영호(성신여대 교수)

65차 경제민주화, 그것은 무엇을 말하는가?(2012.05.24.)

사회: 이영선(전 한림대학교 총장), 발표: 이승훈(서울대학교 명예교수) 토론: 김정호(전 자유기업원장), 김형기(경북대학교 교수)

66차 취업난의 불편한 진실 : 일할 사람도 없다?(2012.06.26.)

사회: 안세영(서강대학교 교수), 발표: 금재호(한국노동연구원 선임연구원) 토론: 오종남(서울대학교 과학기술혁신 최고과정 주임교수), 제경모(웰바이코리아 대표이사), 황인학(한국경제연구원 기업정책연구실 실장), 정영태(동방성장위원회 본부장)

67차 신분 상승의 사다리, 한국 사회에도 존재하는가?(2012.07.26.)

사회: 김용학(연세대학교 교수), 발표: 신광영(중앙대학교 부총장), 토론: 조전혁(인천대학교 교수), 조화순(연세대학교 교수), 장덕진(서울대학교 교수)

68차 다가오는 경제위기, 어떻게 대처할 것인가?(2012.09.27.)

사회: 안세영(서강대학교 교수), 발표: 현오석(한국개발연구원 KDI 원장), 토론: 오상봉(국제무역연구원 원장님), 박원암(홍익대학교 교수)

69차 급변하는 동북아 정세와 한국의 대응 전략(2012.10.25.)

사회: 김영호(성신여자대학교 교수), 발표: 이태환(세종연구소 수석연구위원), 토론: 김호섭(중앙대학교 교수), 유호열(고려대학교 교수)

70차 대학생과의 대화: 새 대통령에게 바란다(2012.11.26.)

사회: 강규형(명지대학교 교수) 발표: 남덕우(전 국무총리), 이승윤(전 경제부총리), 진념(전 경제부총리), 이종찬(전 국정원 원장), 이용만(전 재무부 장관), 김덕중(전 교육부 장관), 최종찬(전 건교부 장관)

71차 인사(人事)가 만사(萬事)다: 성공하는 대통령이 되려면?(2012.12.26.)

사회: 조화순(연세대학교 교수), 발표: 이종찬(전 국정원 원장), 김진표(제16대 대통령직 인수위원회), 김형오(제17대 대통령직 인수위원회), 토론: 김종석(홍익대학교 교수), 김형준(명지대학교 교수)

72차 한중일 새로운 지도자 체제에서의 동북아 정세: 박근혜 정부의 대외·대북 전략 (2013.02.28.)

좌장: 남덕우(한국선진화포럼 이사장), 발표: 유호열(고려대학교 교수), 토론: 김경수(명지대학교 명예교수), 김영호(성신여자대학교 교수), 유성옥(국가안보전략연구소

소장)

73차 시민의식 선진화, 어떻게 할 것인가?(2013.03.25.)

사회: 이배용(한국선진화포럼 시민의식 특별위원회 위원장), 발표: 박일영(가톨릭대학교 교수), 토론: 곽삼근(이화여자대학교 교수), 박효종(서울대학교 교수), 안양옥(한국교원단체총영합회 회장), 양삼승(법무법인 화우 고문변호사), 한준(연세대학교 교수)

74차 창조경제, 어떻게 할 것인가?(2013.04.25.)

사회: 이창원(한성대학교 교수), 발표: 장윤종(산업연구원 성장동력산업연구센터 소장), 토론: 유병규(현대경제연구원 경제본부장), 홍대순(Arthur D. Little), 전현철(중견기업연합회 상근부회장)

75차 선진 안전의식, 어떻게 정착할 것인가?(2013.05.23.)

좌장: 이배용(한국선진화포럼 특별위원회 위원장), 발표: 정희선(전 국립과학수사연구원 원장), 토론: 손욱(한국리더십연구회장), 이명선(이화여자대학교 교수), 이홍종(부경대학교 교수), 정종제(안전행정부 안전정책국장)

76차 박근혜 정부의 경제 운영 120일: 현황과 과제(2013.06.20.)

좌장: 안세영(서강대학교 교수), 발표: 김종석(홍익대학교 교수), 윤창현 (한국금융연구원 원장), 토론: 김기천(조선일보 논설위원), 윤증현(전 기획재정부 장관), 이동근(대한상공회의소 상근부회장), 최종찬(전 건설교통부 장관)

77차 인성교육, 어떻게 정착할 것인가?(2013.07.25.)

좌장: 이배용(한국선진화포럼 특별위원회 위원장), 발표: 양정호(성균관대학교 교수), 토론: 김동규(건양고등학교 교사), 김성기(교육부 창의인재정책과), 김주성(한국교원대학교 총장), 양병무(JEI재능교육 대표이사), 이영옥(성균관대학교 명예교수),

특별토론 : 장만기(한국인간개발연구원 회장)

78차 증세 없는 복지의 과제: 복지의 우선순위 어떻게 할 것인가?(2013.09.26.)

좌장: 조전혁(명지대학교 교수), 발표: 안상훈(서울대학교 교수), 토론: 김용하(전 한국보건사회연구원장), 옥동석(한국조세재정연구원 원장), 유종일(KDI 국제정책대학원 교수), 황성현(인천대학교 교수)

79차 선진시민의식과 언론의 역할(2013.10.24.)

좌장 : 이배용(한국학중앙연구원 원장), 발표: 김정탁(성균관대학교 교수), 토론: 박효종(서울대학교 교수), 이광재(경희대학교 명예교수), 이병혜(명지대학교 교수), 인보길(뉴데일리 대표이사)

80차 국회의 입법 과잉, 어떻게 할 것인가?(2013.11.28.)

좌장: 김종석(홍익대학교 경영대학장), 발표: 김정호(연세대학교 교수), 김태윤(한양대학교 교수)

81차 문화의 선진화, 어떻게 할 것인가?(2013.12.26.)

좌장: 이배용(한국학중앙연구원 원장), 발표: 조희문(인하대학교 교수), 토론: 곽삼근(이화여자대학교 교수), 나선화(문화재 위원), 이선민(조선일보 선임기자), 정갑영(청운대학교 교수)

82차 외국인이 바라본 한국의 기업 환경, 무엇이 문제인가?(2014.02.27.)

좌장: 안충영(KOTRA 외국인투자옴부즈맨), 발표: 브래드 벅월터(ADT코리아 사장), 나카지마 토오루(한국미쓰이물산 사장), 세르지오 호샤(한국GM 사장), 안드레 노톰브(솔베이코리아 사장)

83차 공동체의식(나눔, 배려 등)의 선진화, 어떻게 실천할 것인가? (2014.03.27.)

좌장: 이배용(한국학중앙연구원 원장), 발표: 양삼승(법무법인 화우 변호사), 토론: 임성빈(목사님, 장로회신학대학교 교수), 금강(스님, 해남 미황사), 최준규(신부님, 가톨릭대학교 교수), 박상원(방송인, 서울예술대학교 교수), 박연수(고려대학교 교수)

84차 경제를 살리는 정치, 죽이는 정치(2014.04.24.)

좌장: 최종찬(한국선진화포럼 정책위원장), 발표: 김정호(연세대학교 특임교수), 이창원(한성대학교 행정학과 교수), 토론: 이옥남(바른사회시민회의 정치실장), 김기천(조선일보 논설위원)

85차 세대 간 소통의 선진화, 어떻게 실천할 것인가?(2014.05.22.)

좌장: 이배용(한국학중앙연구원 원장), 발표: 박효종(서울대학교 교수), 토론: 김현란(성음유치원 원장), 심재은(서울미동초등학교 교수), 하지연(마포고등학교 교사), 김석언(교육부 인성체육 예술교육과 장학관)

86차 안전 방재시스템 개혁, 제대로 되고 있는가?-평가와 대안(2014.06.26.)

좌장: 김종석(홍익대학교 교수), 발표: 박연수(고려대학교 초빙교수), 이창원(한성대학교 교수), 토론: 권남훈(건국대학교 교수), 임승빈(명지대학교 교수)

87차 지역 간 소통의 선진화, 어떻게 실천할 것인가?(2014.07.24.)

좌장: 이배용(한국학중앙연구원 원장), 발표: 김주성(한국교원대학교 총장), 토론: 배점모(호원대학교 교수), 우천식(KDI 선임연구위원), 이홍종(부경대학교 교수), 김재근(대전일보 논설위원), 김창우(강원일보 부국장), 박현수(경인일보 편집국장)

88차 벼랑 끝에 선 대한민국, 어떻게 할 것인가(I)-경제,복지편(2014.09.25.)

좌장: 김종석(한국선진화포럼 정책위원장), 발표: 조갑제(조갑제닷컴 대표), 강규형(명지대학교 교수), 토론: 김대호(사회디자인연구소장), 이상래(국민통합시민운동 상임운영위원)

89차 지자체와 선진시민운동 성공사례(2014.10.30.)

좌장: 이배용(한국학중앙연구원 원장, 한국선진화포럼 특별위원장), 발표: 신연희(서울특별시 강남구청장), 박승호(전 경상북도 포항시장), 염홍철(전 대전광역시장), 토론: 박연수(전 소방방재청장), 양정호(성균관대학교 교수), 허남석(포스코ICT 상임고문)

90차 벼랑 끝에 선 대한민국, 어떻게 할 것인가(II)-경제,복지편(2014.11.20.)

좌장: 유장희(이화여자대학교 명예교수), 발표: 김종석(홍익대학교 경영대학장), 김용하(순천향대학교 교수), 토론: 김영수(조선비즈 대표이사), 김원식(건국대학교 교수)

91차 통일의식의 선진화, 어떻게 실천할 것인가?(2014.12.23.)

좌장: 이배용(한국학중앙연구원 원장), 발표: 박세일(한반도선진화재단 상임고문), 토론: 곽삼근(이화여대 교수), 양삼승(법무법인 화우 변호사), 이영옥(성균관대 명예교수), 전인영(이화여대 명예교수)

92차 창조 경제 실현과 외국인 투자기업: 어떻게 서로 도울 수 있는가? (2015.02.26.)

발제 및 좌장: 안충영(동반성장위원회 위원장), 토론: 에미 잭슨(주한미국상공회의소 대표), 우에노 야사키(한국후지제록스 사장), 데이비드-피에르 잘리콩(주한 프랑스상공회의소 회장), 안드레 노톰브(솔베이코리아 사장)

93차 문화유산의 세계화(2015.03.26.)

> 좌장: 이배용(한국학중앙연구원 원장), 발표: 이상해(성균관대학교 명예교수), 토론: 박상미(한국외국어대학교 교수), 배일환(이화여자대학교 교수), 신숙원(서강대학교 명예교수), 전택수(한국학중앙연구원 교수)

94차 급변하는 한반도 주변 정세: 위기인가 기회인가?(2015.04.23.)

> 좌장: 유호열(고려대학교 교수), 발표: 문흥호(한양대학교 국제학대학원장), 진창수(세종연구소 센터장), 김창수(한국국방연구원 책임연구위원), 김중호(한국수출입은행 선임연구원)

95차 생활문화의 선진화(2015.05.21.)

> 좌장: 이배용(한국학중앙연구원 원장), 발표: 이명선(한국여성정책연구원 원장), 토론 : 양병무(인천재능대학교 교수), 이영옥(성균관대학교 명예교수), 전병율(연세대학교 보건대학원 교수), 최혜경(이화여자대학교 교수)

96차 꺼져가는 한국경제, 어떻게 살릴 것인가?(2015.06.25.)

> 좌장: 김종석(홍익대학교 교수), 발표: 김도훈(산업연구원 원장), 조준모(성균관대학교 교수), 토론: 이정(한국외국어대학교 교수), 오정근(건국대학교 특임교수)

97차 법률문화의 선진화(2015.07.23.)

> 좌장: 이배용(한국학중앙연구원 원장), 발표: 양삼승(법무법인 화우 변호사), 토론: 곽삼근(이화여자대학교 교육학과 교수), 김봉선(서울중앙지방법원 판사), 이명숙(한국여성변호사회 회장), 채명성(대한변호사협회 법제이사)

98차 헬조선, 출구는 있는가?(2015.11.20.)

> 좌장: 조화순(연세대학교 교수), 발표: 곽금주(서울대학교 교수), 토론: 이창원(한성

대학교 교수), 조준모(성균관대학교 교수), 김수빈(芝巖선진화아카데미 15기), 이경한(芝巖선진화아카데미 14기)

99차 다함께 가는 '착한' 선진화, 어떻게 할 것인가?(2015.12.24.)

좌장: 이배용(한국학중앙연구원장), 발표: 김윤형(한국외국어대학교 명예교수), 토론: 김경동(대한민국학술원 회원), 김용하(순천향대학교 글로벌경영대학장), 임마누엘 페스드라이쉬(경희대학교 교수)

101차 정신적 풍요와 함께하는 '착한'선진화 : 실천 방안(2016.03.24.)

좌장: 이배용(한국학중앙연구원장), 발표: 김용하(순천향대학교 글로벌경영대학장), 김주성(교원대학교 교수), 양삼승(영산대학교 석좌교수), 강병구(인하대학교 교수)

102차 20대 국회에 바란다(2016.04.28.)

좌장: 이병혜(명지대 교수), 발표: 오정근(건국대학교 교수), 조화순(연세대학교 교수), 이옥남(바른사회시민회의 정치실장), 이대영(중앙대학교 교수)

103차 모든 계층이 함께하는 '착한' 선진화: 실천 방안(2016.05.26.)

좌장: 곽삼근(이화여자대학교 교수), 발표: 양병무(인천재능대학교 교수), 토론: 김성국(이화여자대학교 경영대학장), 이영옥(성균관대학교 명예교수)

104차 한국경제, 구조조정과 새판짜기(2016.06.23.)

좌장: 김도훈(전 산업연구원장), 발표: 김영욱(한국금융연구원 상근자문위원), 토론: 박종규(한국금융연구원 선임연구위원), 이종은(세종대학교 교수), 황인학(한국경제위원 선임연구위원)

105차 대자연과 함께하는 '착한' 선진화: 실천방안(2016.07.28.)

> 좌장: 박연수(고려대학교 그린스쿨대학원 초빙교수), 발표: 이배용(한국선진화포럼 회장), 토론: 신숙원(서강대학교 명예교수), 김학범(한경대학교 교수)

106차 국내 부동산 시장의 현황과 전망: 위험 요인을 중심으로(2016.09.22.)

> 좌장: 이창원(학교법인 창성학원 이사장), 송인호(한국개발연구원 연구위원), 토론: 고성수(건국대학교 교수), 백성준(한성대학교 교수), 허윤경(건설산업연구원 연구위원)

108차 2017년 한국경제 회생하나 침몰하나: 위기관리의 해법 모색 (2016.11.24.)

> 좌장: 이병혜(명지대학교 교수), 발표: 임진(한국금융연구원 거시경제연구실장), 토론: 권남훈(건국대학교 교수), 김종석(국회의원), 안세영(서강대학교 교수)

109차 산업주의 4.0과 한국의 미래(2016.12.22.)

> 좌장: 김주성(전 한국교원대학교 총장), 강연: 이어령(전 문화부 장관), 음악 공연(뷰티풀마인드: 배일환(이화여자대학교 교수)와 함께

110차 한국적 포용성장의 구상과 전략(2017.03.24.)

> 좌장: 안세영(서강대학교 교수), 발표: 김용하(순천향대학교 교수), 토론: 윤창현(서울시립대학교 교수), 김원중(건국대학교 교수)

111차 흔들리는 한국 자본주의:새로운 국민정신을 찾아서(2017.04.28.)

> 좌장: 이배용(영산대학교 석좌교수), 발표: 김윤형(한국외국어대학교 명예교수), 토론: 양병무 (인천재능대학교 교수), 이재운(전주대학교 교수)

112차 새 정부의 정책 기조에 대한 제언(2017.05.26.)

좌장: 김윤형(한국외국어대학교 명예교수), 발표: 강규형(명지대학교 교수), 윤창현(서울시립대학교 교수), 토론: 김원중(건국대학교 교수), 이창원(학교법인 창성학원 이사장)

113차 문명사적으로 본 위기관리와 지혜의 리더십(2017.06.23.)

좌장: 김용하(순천향대학교 교수), 발표: 양병무(인천재능대학교 교수), 토론: 김성국(이화여자대학교 학장), 김주성(전 한국교원대학교 총장)

114차 문재인 정부 경제정책의 평가와 전망(2017.09.22.)

좌장: 윤창현(서울시립대학교 교수), 발표: 현진권(전 자유경제원 원장), 토론: 권남훈(건국대학교 교수), 조동근(명지대학교 교수)

115차 한국인의 문화적 정체성(2017.10.26.)

좌장: 김윤형(한국선진화포럼 상근부회장), 강연: 유동식(전 연세대학교 신학과 교수)

116차 트럼프 방한 이후 한반도 국제 정세(2017.11.24.)

좌장: 유호열(고려대학교 교수), 발표: 이춘근(한국해양전략연구소 선임연구위원), 토론: 조성환(경기대학교 정치전문대학원 교수), 조영기(고려대학교 교수)

117차 한국인의 문화적 정체성, 어떻게 회복할 것인가? -종교를 통한 포용적 공동체 운동 실천 방안(2017.12.22.)

좌장: 이배용(영산대학교 석좌교수), 토론: 최성규(인천순복음교회 원로 목사), 최영진(성균관대학교 명예교수), 박경준(동국대학교 교수), 이상철(가톨릭대학교 교회음악대학원 원장)

118차 3.1운동 100주년: 역사에서 길을 찾다(2019.03.27.)

좌장: 전인영(이화여자대학교 명예교수), 강연: 이배용(제16대 한국학중앙연구원 원장), 토론: 김용하(순천향대학교 교수), 이영옥(제7대 안중근의사기념관 관장), 김태준(동덕여자대학교 교수)

119차 한국 경제, 이대로는 안 된다(2019.08.27.)

좌장: 조동근(명지대학교 명예교수), 발제: 윤창현(서울시립대학교 교수), 토론: 김대호(사회디자인연구소 소장), 전삼현(숭실대학교 교수), 현진권(전 자유경제원 원장)

120차 한국 경제 진단과 대안(2022.12.07.)

좌장: 김광두(국가미래연구원 원장), 발제: 신세돈(숙명여자대학교 교수), 토론 : 김태기(단국대학교 교수), 옥동석(인천대학교 교수), 이승호(한국자본시장연구원 센터장)

121차 남덕우 총리님 10주기 추모 토론회: 한국 경제의 도전과 대응 (2023.05.31.)

기조 강연: 현오석(전 부총리), 좌장: 신세돈(숙명여자대학교 교수), 발제: 권남훈(건국대학교 교수), 토론: 박정수(서강대학교 교수), 민세진(동국대학교 교수), 김동호(중앙일보 기자)

122차 2024년 한국 경제의 도전과 대응(2023.12.13.)

좌장: 김세형(매일경제신문 감사), 발표: 신관호(고려대학교 교수), 토론, 김홍균(서강대학교 교수), 옥동석(인천대학교 교수), 박진(KDI국제정책대학원 교수)

123차 선진 대한민국의 길: 경제 금융편(2024.08.28.)

좌장: 김홍균(서강대학교 교수), 발표: 박덕배(금융의 창 대표), 토론: 전용일(성균관대학교 교수), 신관호(고려대학교 교수), 김용하(순천향대학교 교수)

124차 2025년 세계 경제 및 한국 경제의 전망과 대응 방안(2024.12.18.)

기조 강연: 윤상직(전 산업통상자원부 장관), 좌장: 현오석(전 부총리), 발표: 허준영(서강대학교 교수), 김성용(가천대학교 교수), 김우철(서울시립대학교 교수), 박덕배(금융의 창 대표)

1차 선진화의 길 - 대선 후보로부터 듣는다 I (2007.11.6.)

사회: 김윤형(한국선진화포럼 상임이사), 특강: 이명박(한나라당 대통령 후보)

2차 선진화의 길 - 대선 후보로부터 듣는다 II (2007.11.9.)

사회: 김윤형(한국선진화포럼 상임이사), 특강: 정동영(대통합민주신당 대통령 후보)

3차 국제적 금융위기와 우리의 대응 (2008.9.26.)

사회: 유장희(한국선진화포럼 정책위원장), 토론: 진영욱(한국투자공사 사장), 임기영(IBK투자증권 사장), 신용상(한국금융연구원 선임위원), 김민석(한국증권연구원 연구위원), 신제윤(기획재정부 국제업무 차관보)

4차 한미 FTA, 왜 조속히 비준해야 하는가? (2011.4.7.)

사회: 김종석(홍익대학교 교수), 발표: 김현종(삼성전자 사장, 전 통상교섭본부장)

5차 대구·경북지역 외국인 직접투자, 무엇이 문제인가? (2011.6.24.)

사회: 남덕우(한국선진화포럼 이사장), 발표: 안충영(규제개혁위원회 위원장), 한국선진화포럼 이사진: 이승윤, 이종찬, 이봉서, 이동호, 유장희, 김윤형, 기준, 추동화, 대구·경북지역 전문가: 김연창(대구광역시 정무부시장), 모세샤론(TaeguTec 사장), 신경섭(대구경북경제자유구역청 투자유치본부장), 이효수(영남대학교 총장), 최용호(경북대학교 명예교수), 이상흔(경북대학교 부총장)

6차 '서남해안' 개불 구상: 실체적 『성장동력 거점화』 방안 (2011.11.4.)

사회: 김윤형(한국선진화포럼 상임이사), 발제: 박병윤(한국선진화포럼 이사), 사회:

남덕우(한국선진화포럼 이사장), 토론: 정종득(목포시장), 정순남(전라남도 경제부지사), 토론(서남해지역고위정책담당자): 주영순(목포상공회의소 회장), 김병식(초당대학교 총장), 하동만(전라남도발전연구원 원장), 한국선진화포럼 이사진: 이승윤, 김재철, 이종찬, 김덕중, 이봉서, 이동호, 김윤형, 기준, 추동화, 민병성

7차 미래 국부 창출을 위한 '북극해' 전략(2011.11.24.)

사회: 김윤형(한국선진화포럼 상임이사), 발제: 김학소(한국해양수산개발원장), 사회: 진념(전 경제부총리), 토론: 류재혁(한진 SM 대표이사), 황성구(부산항만공사 부사장), 김진우(한국에너지경제연구원장), 이종구(동원산업주식회사 부사장), 박중흠(삼성중공업 부사장), 이근관(서울대학교 법학전문대학원 교수)

8차 21세기 메가트랜드와 부산 경제의 활로(2012.9.3.)

사회: 이승윤(전 경제부총리), 발표: 엄태훈(세계항공학회 회장), 김윤형(미국 동서문화센터 수석연구위원), 모창환(한국교통연구원 연구위원), 사회: 남덕우(한국선진화포럼 이사장), 토론: 하명신(부경대학교 경영대학장), 남청도(북극해 항로 연구센터 센터장), 이수호(한국해양대학교 교수), 토론: 임기택(부산항만공사 사장), 이언오(부산발전연구원 원장), 박종수(부산상공회의소 상근부회장), 김효영(부산시 교통국장), 정현민(부산시 해양농수산 국장), 안종일(부산진해 경제자유구역청), 한국선진화포럼 이사진: 이승윤, 이종찬, 김덕중, 이동호, 김윤형, 기준, 추동화, 김학소

9차 「경제민주화」에 관한 정책 제안(2012.9.25.)

사회: 남덕우(전 국무총리), 토론: 한갑수(전 농수산부 장관), 강봉균(전 재정경제부 장관), 이용만(전 재무부 장관), 이종찬(전 국정원 원장), 이승윤(전 경제부총리), 강경식(전 경제부총리), 이동호(전 내무부 장관)

10차 북핵 문제와 전작권 전환(한미연합사 해체) 문제, 어떻게 할 것인가?(2013.4.15.)

사회: 박용옥(평안남도 지사), 발표: 송대성(세종연구소 소장), 토론: 김성만(전 해구군 작전사령관), 정경영(동아시아 국제전략연구소 소장), 김창수(한국국방연구원 안보전략연구 센터장), 윤덕민 (외교안보연구원 교수)

11차 고용률 70%, 어떻게 달성할 것인가?(2013.10.11.)

사회: 이승훈(서울대학교 명예교수), 발표: 금재호(한국노동연구원 선임위원), 토론: 김종석(홍익대학교 경영대학장), 변양규(한국경제연구원 거시정책연구실장), 유길상(한국기술교육대학교 교수), 이의춘(데일리안 편집국장)

12차 저성장 늪에 빠진 한국 경제-창조경제 일자리 창출이 돌파구다(2013.11.19.)

사회: 최종찬(한국선진화포럼 정책위원장), 발제: 윤종록(미래창조과학부 차관), 김광두(국가미래연구원 원장), 박병윤(일자리방송 회장), 이경재(방송통신위원회 위원장), 현정택(국민경제자문회의 부의장)

13차 격변하는 주변 정세와 우리의 대응(2013.12.17.)

사회: 이종찬(전 국정원 원장), 발표: 김태우(동국대학교 석좌교수), 김태효(전 대통령실 대외전략기획관), 김한권(아산정책연구원 중국연구센터장), 김영근(고려대학교 일본연구센터 교수), 토론: 유호열(고려대학교 교수), 신종호(경기개발연구원 연구위원), 이종국(동북아역사재단 연구위원)

14차 가라앉는 한국경제, 이제 시간이 없다(2014.7.17.)

사회: 유장희(동반성장위원회 위원장), 발표: 김정식(한국경제학회 회장), 토론: 최종찬(국가경영전략연구원 원장), 남주하(서강대학교 교수), 김현아(한국건설산업연구

원 건설경제연구실장), 김현석(테라컨설팅그룹 대표)

15차 경영권 방어와 기업지배구조 논란, 어떻게 해결할 것인가(2015.7.14.)

사회: 조동근(명지대학교 교수), 발표: 전삼현(숭실대학교 교수), 토론: 연강흠(연세대학교 교수), 윤창현(서울시립대학교 교수), 최준선(성균관대학교 교수)

16차 창립 10주년 기념세미나 I_故 芝巖선생의 비전과 유산-대한민국 선공신화의 세대 간 공유(2015.9.1.)

사회: 윤창현(서울시립대학교 교수), 발표: 안병직(서울대학교 명예교수), 좌승희(영남대학교 석좌교수), 한승희(KDI 초빙교수), 토론: 유장희(대한민국학술원 회원), 권혁찬(芝巖선진화아카데미 16기), 고병우(전 건설부 장관), 김수빈(芝巖선진화아카데미 15기), 진념(전 경제부총리), 이경한(芝巖선진화아카데미 14기)

17차 창립 10주년 기념세미나 II_다함께 가는 '착한' 선진화: 새로운 가치관과 목표

사회: 이배용(한국선진화포럼 특별위원회 위원장), 발표: 김용하(순천향대학교 교수), 발표: 양병무(인천재능대학교 교수), 박연수(고려대학교 초빙교수), 곽삼근(이화여자대학교 교수), 토론: 남주하(서강대학교 교수), 곽수근(서울대학교 교수), 신숙원(서강대학교 명예교수), 김주성(한국교원대학교 총장)

1차 한국의 경제·사회 미래 진로 모색 I(2018.7.17.)

사회: 김용하(한국선진화포럼 운영위원장), 좌담: 송병준(전 산업연구원 원장), 이각범(전 국가정보화위원회 위원장), 임채성(건국대학교 교수), 옥동석(인천대학교 교수), 조성한(중앙대학교 교수)

2차 한국의 경제·사회 미래 진로 모색 II(2018.7.18.)

사회: 김용하(한국선진화포럼 운영위원장), 좌담: 이종원(전 성균관대학교 교수), 최광(성균관대학교 초빙교수), 최종찬(국가경영전략연구원 원장)

3차 4차 산업혁명과 문화예술의 새로운 역할(2018.11.23.)

사회: 전택수(한국학중앙연구원 명예교수), 발제: 박광무(성균관대 초빙교수), 주성혜(한국예술종합학교 교수), 구문모(한라대학교 교수)

4차 초저출산에 따른 인구 위기와 대응 자료집(2019.1.30.)

사회: 김용하(한국선진화포럼 운영위원장), 토론: 김대환(동아대학교 교수), 이명선(전 한국여성정책연구원 원장), 이삼식(한양대학교 고령사회연구원 원장)

5차 코로나 극복을 위한 한국 경제 진단과 대응(2020.12.16.)

사회: 김용하(한국선진화포럼 운영위원장), 토론: 옥동석(인천대학교 교수), 김태기(단국대학교 교수), 김태준(동덕여자대학교 교수)

6차 국가재정 위기의 원인과 대책(2021.7.30.)

사회: 김용하(한국선진화포럼 운영위원장), 토론: 박형수(K정책플랫폼 원장)

7차 부동산 가격 상승의 원인과 대책(2021.12.3.)

　　사회: 김용하(한국선진화포럼 운영위원장), 토론: 권대중(명지대학교 교수)

8차 조세 부담 증가의 원인과 대책(2021.12.3.)

　　사회: 김용하(한국선진화포럼 운영위원장), 토론: 오문성(한양여자대학교 교수)

9차 연금개혁의 필요성과 방향(2022.8.18.)

　　사회: 강평기(한국선진화포럼 사무국장), 토론: 김용하(순천향대학교 교수)

10차 노동개혁, 어떻게 해야하나?(2022.11.9.)

　　사회: 김용하(한국선진화포럼 운영위원장), 토론: 정승국(대통령직 인수위원회 전문
위원)

11차 세계 경제환경의 변화와 대응(2023.9.22.)

　　사회: 김용하(한국선진화포럼 운영위원장), 토론: 송의영(서강대학교 교수)

12차 2024년 국가 예산과 국민경제(2023.10.13.)

　　사회: 김용하(한국선진화포럼 운영위원장), 토론: 옥동석(인천대학교 교수)

13차 최근 국제 무력 분쟁의 배경과 전망 및 대응(2023.12.1.)

　　사회: 김용하(한국선진화포럼 운영위원장), 토론: 김동명(독일문제연구소 소장)

14차 절대 위기의 한국 경제, 해법은?(2024.05.22.)

　　사회: 김용하(한국선진화포럼 운영위원장), 토론: 이현훈(강원대학교 교수)

1차 지역 간 소통의 선진화, 어떻게 실천할 것인가(2014.6.21.~6.22.)

　　인솔강연: 이배용(제13대 이화여자대학교 총장, 제16대 한국학중앙연구원 원장)

　　장소: 경북 영주 소수서원, 부석사, 안동 하회마을, 도산서원, 병산서원, 유교문화박물관

2차 다 함께 가는 착한 선진화 I(2015.6.14.)

　　인솔강연: 이배용(제13대 이화여자대학교 총장, 제16대 한국학중앙연구원 원장)

　　장소: 경기 구리 동구릉, 조선시대 왕릉군

3차 다 함께 가는 착한 선진화 II(2015.11.07.~2015.11.8.)

　　인솔강연: 이배용(제13대 이화여자대학교 총장, 제16대 한국학중앙연구원 원장)

　　장소: 전남 장성 필암서원, 담양 소쇄원, 식영정, 전남 화순 운주사

4차 다 함께 가는 착한 선진화 III(2015.12.18.~2015.12.19.)

　　인솔강연: 이배용(제13대 이화여자대학교 총장, 제16대 한국학중앙연구원 원장)

　　장소: 전남 해남 대흥사, 전남 진도 명량대첩, 고금도, 녹우당

5차 다 함께 가는 착한 선진화 실천 방안 I(2016.6.17.~2016.6.18.)

　　인솔강연: 이배용(제13대 이화여자대학교 총장, 제16대 한국학중앙연구원 원장)

　　장소: 경북 경주 첨성대, 황룡사 9층 목탑터, 선덕여왕릉, 감은사터 쌍탑, 수중릉, 함월산 기림사, 양산 통도사, 서운암

6차 다 함께 가는 착한 선진화 실천 방안 II(2016.11.6.)

　　인솔강연: 이배용(제13대 이화여자대학교 총장, 한국선진화포럼 회장)

장소: 인천 강화도 전등사, 강화성당, 용흥궁, 초지진

7차 백제 문화유적지 답사(2017.6.17.)

인솔강연: 이배용(제13대 이화여자대학교 총장, 한국선진화포럼 회장)

장소: 충남 부여 능산리고분, 무량사, 성주사지

8차 율곡 선생의 정신문화유산 유적지 답사(2017.10.29.)

인솔강연: 이배용(제13대 이화여자대학교 총장, 한국선진화포럼 회장)

장소: 경기 파주 자운서원, 화석정

9차 정조의 꿈과 화성 행차(2018.6.15.)

인솔강연: 이배용(제13대 이화여자대학교 총장, 한국선진화포럼 회장)

장소: 경기 수원 화성 행궁, 방화수류정, 융건릉, 용주사

10차 강화도 유적 답사(2019.6.21.)

인솔강연: 이배용(제13대 이화여자대학교 총장, 한국선진화포럼 회장)

장소: 인천 강화도 광성보, 초지진, 고려궁터, 성공회 강화성당, 용흥궁

11차 유네스코 세계유산_한국의 서원과 사찰(2019.9.28.)

인솔강연: 이배용(제13대 이화여자대학교 총장, 한국선진화포럼 회장)

장소: 경북 영주 소수서원, 부석사

12차 유네스코 세계유산_불국사와 서원(2020.10.7.)

인솔강연: 이배용(제13대 이화여자대학교 총장, 한국선진화포럼 회장)

상소: 경북 경주 불국사, 녹산서원, 녹탁냥

13차 다산 정약용 선생의 정신문화유산 유적지 답사(2021.6.18.)

인솔강연: 이배용(제13대 이화여자대학교 총장, 한국선진화포럼 회장)

장소: 경기 양평 다산 정약용 생가, 두물머리, 세미원

14차 추사 김정희 선생의 정신문화유산 유적지 답사(2021.11.11.)

인솔강연: 이배용(제13대 이화여자대학교 총장, 한국선진화포럼 회장)

장소: 충남 예산 추사 김정희 생가, 온양민속박물관

15차 세종대왕릉 답사(2022.6.23.)

인솔강연: 이배용(제13대 이화여자대학교 총장, 한국선진화포럼 회장)

장소: 경기 여주 세종대왕릉, 신륵사, 명성황후 생가

16차 유네스코 세계유산_서원과 유교(2023.6.17.)

인솔강연: 이배용(제13대 이화여자대학교 총장, 국가교육위원회 위원장)

장소: 충남 논산 돈암서원, 윤증 고택, 종학당, 한국유교문화진흥원

17차 유네스코 세계유산 등재와 전주 한지(2024.7.11.)

인솔강연: 이배용(제13대 이화여자대학교 총장, 국가교육위원회 위원장)

장소: 전북 전주 한지 박물관, 전북 김제 금산사

대한민국 국가발전전략: 선진화의 길

The Republic of Korea's National Development Strategy:
The Path to Advancement

초판 인쇄 | 2025년 8월 25일
초판 발행 | 2025년 8월 29일

지은이 | 재단법인 한국선진화포럼

펴낸 곳 | 페이지미디어브릿지
편집 디자인 총괄 | 최새롬
편집 디자인 | 채효정

출판등록 | 2025년 8월 6일 제 2025-000219
전자우편 | pr@pmb.kr

ISBN   979-11-994241-0-4 03300